ワールド・シネマ・スタディーズ

世界の「いま」を映画から考えよう

小長谷有紀／鈴木紀／旦匡子［編］

勉誠出版

「ワールドシネマ」の世界へようこそ！

この本は、映画を通じて、世界中が同じようにいろいろな悩みを抱えながら現実に立ち向かっていることを伝えるために、編まれた。

わたしがこの本の共編者のひとりである旦さんに「私たちの研究成果を生かして映画を解説する本を作りたい。だから、映画の選択など協力して！」と申し出たのは、二〇〇九年三月一九日のことである。その日、大阪駅付近にあるオーパルホールというところで、みんぱくこと、国立民族学博物館の公開講演会「激動するインド世界」があり、そこで映画の仕事をしている旦さんと久しぶりに会うことができ、かねてからの希望を伝えたのだった。

彼女は即座に却下。「本もいいんですけどねえ、それよりまず上映でしょう」と。確かにそうだよね。まずはみんなで観る。一緒に考える。研究者が介添する。つまり、考えるための視座をできるだけ提供することが必要だ。そんな映画鑑賞会を実はみんぱくはすでに実施していた。ただし、従来は、世界各地の風俗習慣を紹介するという傾向が強いものだった。もちろんそれらも重要ではあるが、さらに加えて、同時代の社会的課題に焦点をあてようと始まったのが「みんぱくワールドシネマ」である。

二〇〇九年秋からみんぱくで開始された「包摂と自律」をテーマとする研究に沿って、「移民」「家族」「支援」「多文化」などに焦点をあてて解説付きの映画会を実施した。多様な文化的背景をもつ人々との共生を実現するために、どのような社会を築いていけばよいのか。人々の違いを承認し、移民、難民、無国籍者、障害者、失業者など社会的に弱い立場にある人々が自分らしさを生かすことのできる公正で平等な社会を実現しよう。論文一つで世界が変わるわけでなし。私たちの価値観が変わってゆくために、むしろ社会全体で研究成果を作っていくという意味で、まさしく「共創の精神」で貫かれた映画会である。

足かけ八年、通算三三回。二〇一四年度からは私に代わって同僚の鈴木紀さんが企画責任者を務め、毎回、映画の内容にふさわしい解説者を全国からお招きし、登壇していただいた。それらの試みを改めてここにまとめた。編集にあたっては、上映順に配し、もとのテーマを踏襲するとともに、展示場のリニューアルオープンに連動して上映した、ヨーロッパ映画二本とインド映画四本を加えた。また、地図を見れば、世界各地を映し出す映画を取り上げていることが了解されよう。

一般に、映画を観る前に解説を読むと、ネタバレして感動が削がれるように思われるかもしれない。しかし、本書で解説しているのは、映画が描いている社会の歴史や問題の構造などの背景である。あるいは、普通なら見過ごしてしまうような些細な表現のもつ文化的意味である。したがって、決して感動を目減りさせるものではない。それどころか、感動を増量する効果があります！　と宣言したい。

まずは読むべし。解説を読めば、映画を観たくなること間違いなし。だから、観るための情報も付してある。観たら感動まちがいなし。だから、もっと読みたくなる人のための文献情報も付しておいた。「世界のいま」について、論理的に理解することと感動を伴って理解することのどちらをも願う本書の試みが、あなたの左脳と右脳の同時駆動をもたらしますように。

小長谷有紀

【コラム】

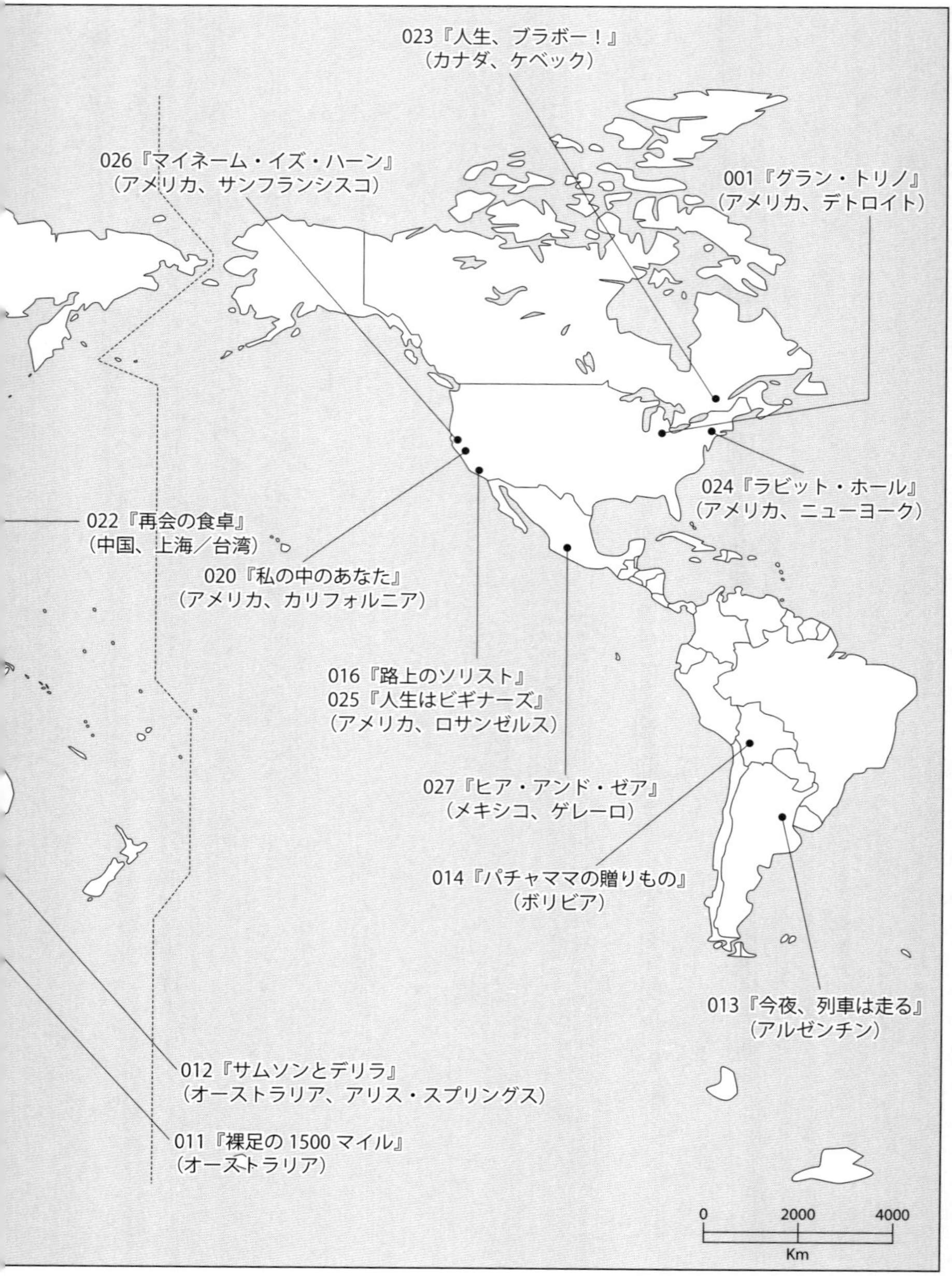
023『人生、ブラボー！』
（カナダ、ケベック）
026『マイネーム・イズ・ハーン』
（アメリカ、サンフランシスコ）
001『グラン・トリノ』
（アメリカ、デトロイト）
024『ラビット・ホール』
（アメリカ、ニューヨーク）
022『再会の食卓』
（中国、上海／台湾）
020『私の中のあなた』
（アメリカ、カリフォルニア）
016『路上のソリスト』
025『人生はビギナーズ』
（アメリカ、ロサンゼルス）
027『ヒア・アンド・ゼア』
（メキシコ、ゲレーロ）
014『パチャママの贈りもの』
（ボリビア）
013『今夜、列車は走る』
（アルゼンチン）
012『サムソンとデリラ』
（オーストラリア、アリス・スプリングス）
011『裸足の 1500 マイル』
（オーストラリア）
0
2000
4000
Km

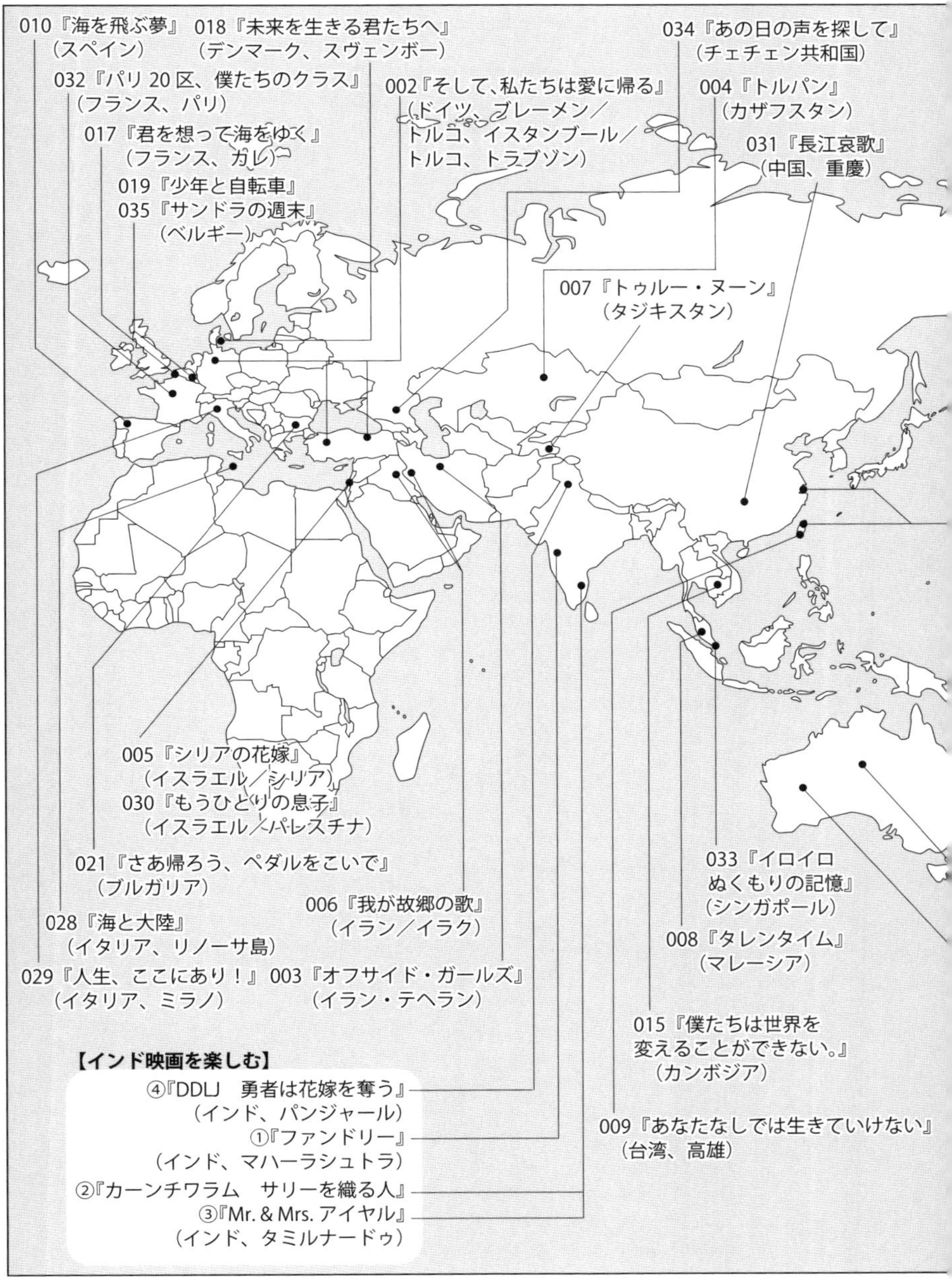
010『海を飛ぶ夢』
（スペイン）
018『未来を生きる君たちへ』
（デンマーク、スヴェンボー）
034『あの日の声を探して』
（チェチェン共和国）
032『パリ 20 区、僕たちのクラス』
（フランス、パリ）
002『そして、私たちは愛に帰る』
（ドイツ、ブレーメン／
トルコ、イスタンブール／
トルコ、トラブゾン）
004『トルパン』
（カザフスタン）
017『君を想って海をゆく』
（フランス、カレ）
031『長江哀歌』
（中国、重慶）
019『少年と自転車』
035『サンドラの週末』
（ベルギー）
007『トゥルー・ヌーン』
（タジキスタン）
005『シリアの花嫁』
（イスラエル／シリア）
030『もうひとりの息子』
（イスラエル／パレスチナ）
021『さあ帰ろう、ペダルをこいで』
（ブルガリア）
033『イロイロ
ぬくもりの記憶』
（シンガポール）
006『我が故郷の歌』
（イラン／イラク）
028『海と大陸』
（イタリア、リノーサ島）
008『タレンタイム』
（マレーシア）
029『人生、ここにあり！』
（イタリア、ミラノ）
003『オフサイド・ガールズ』
（イラン・テヘラン）
015『僕たちは世界を
変えることができない。』
（カンボジア）
【インド映画を楽しむ】
④『DDLJ　勇者は花嫁を奪う』
（インド、パンジャール）
①『ファンドリー』
（インド、マハーラシュトラ）
②『カーンチワラム　サリーを織る人』
③『Mr. & Mrs. アイヤル』
（インド、タミルナードゥ）
009『あなたなしでは生きていけない』
（台湾、高雄）

映画紹介　文・旦匡子、服部香穂里

I　包摂と自律の人間学

001

グラン・トリノ

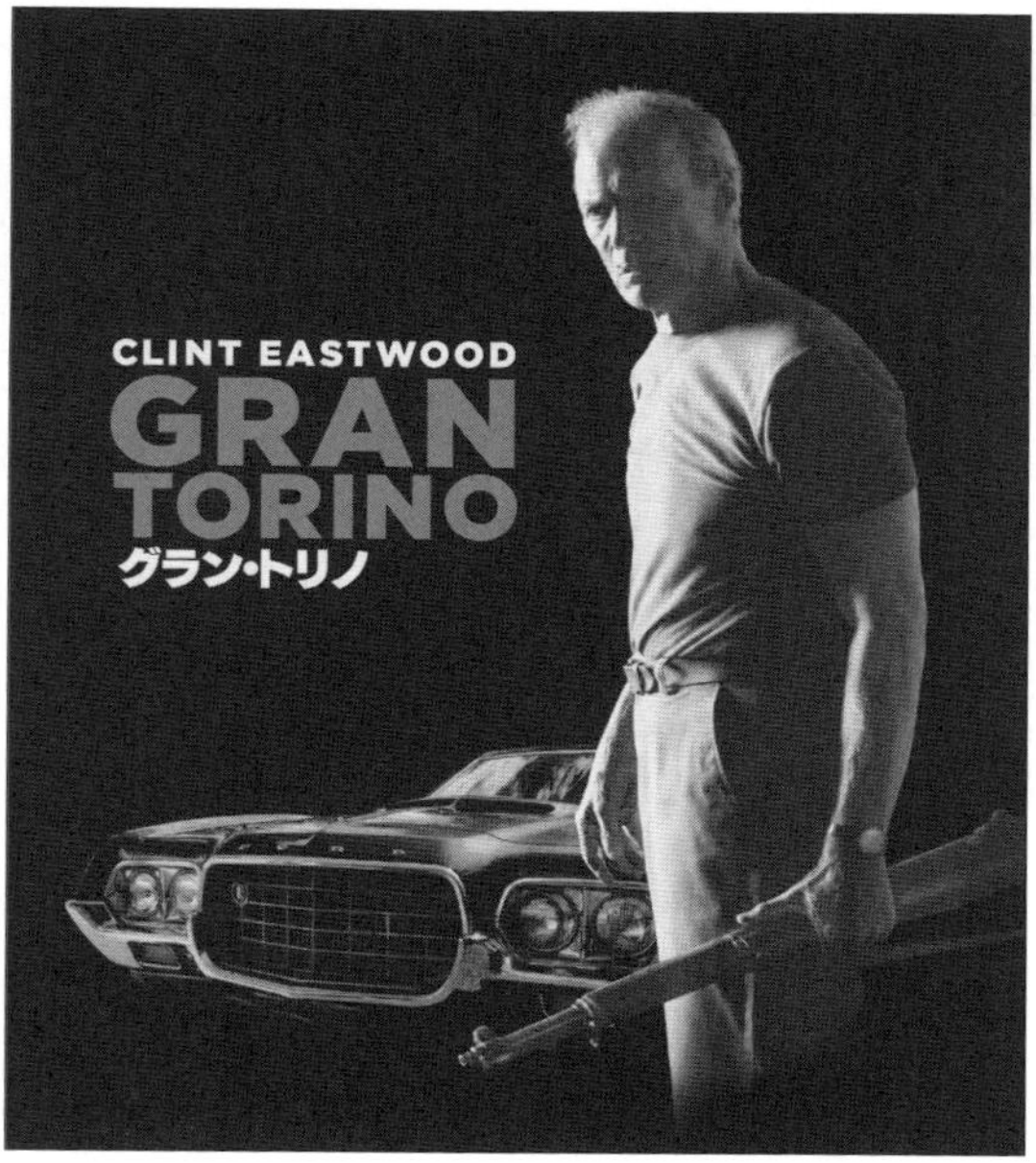

Gran Torino
2008年／アメリカ／英語・モン語／117分
監督　クリント・イーストウッド
出演　クリント・イーストウッド　ビー・ヴァン　アーニー・ハー
DVD／Blu-ray
発売・販売元：ワーナー・ブラザース ホームエンターテイメント

名匠クリント・イーストウッド監督が、移民の少年に心を突き動かされる元軍人役で主演も務めた、痛切な人間ドラマ。朝鮮戦争から帰還し、フォードの自動車工場を定年まで勤め上げたウォルトだが、妻亡き後は、息子や孫にも頑固さを煙たがられる孤独な日々。そんな中、自慢の愛車・一九七二年製ヴィンテージ・カー〝グラン・トリノ〟の盗難未遂事件を機に、隣に住むアジア系移民タオに仕事の世話をすることになる。男親のいない少年への厳しくも温かい指導を通してウォルトも変化していくが、絶ち難い暴力の連鎖が彼らを襲う。自らの正義を貫く男を演じてきたイーストウッドが、長き役者人生の総決算として、若者の将来を守り、苦難の人生に決着をつけるべく衝撃の行動に出る老境のタフガイを力演し、作品ともども絶賛された。

翻弄された歴史のなかで強く生きる人たち

乾　美紀

いぬい・みき――兵庫県立大学環境人間学部准教授。専門は多文化共生教育、国際協力教育（ラオスの教育）。主な著作に、"Hmong Women and Education: Challenge for Empowerment in the Lao PDR." *Hmong Studies Journal*, Vol.16, 2015, *Minority Education and Development in Contemporary Laos*, Union Press, 2009、『ラオス少数民族の教育問題』（明石書店、二〇〇四年）などがある。

『グラン・トリノ』は、アメリカ人のウォルトとベトナム戦争に巻き込まれてラオスから移住してきたモン難民の交流を描く物語である。歴史に翻弄され、中国、ラオスを追われたモンたち。難民二世のタオは迷いながらも懸命に今を生きている。ウォルトとタオが通り過ぎた二つの異なる戦争から生まれる深い絆から、アメリカ社会を支える現在のモンの人々の姿を読み解く。最後にウォルトからタオへ命を懸けて渡されるバトンはあまりにも重い。

彼らはその古い歴史の中でいったい何度離ればなれになり、故郷を失ったのだろうか。モンはこれまで何度も自らを守るために戦ってきたが、一度として自分たちの国を守れたことがない。モンはもともと中国に住んでいたが一九世紀に清王朝により勢力を恐れられ、中国を追われてラオスやベトナムなど東南アジアに移り住んでいった。しかしここでも平和な暮らしは続かず、ベトナム戦争に巻き込まれていくのである。

映画の舞台は、二〇〇〇年初頭のミシガン州デトロイト郊外。かつて自動車産業が栄えたとは思えないほど街自体が衰退している。元自動車組立工でフォード社製の名車「グラン・トリノ」を愛するウォルトは、この街に移り住んできたアジア系の移民を鬱陶しく思い、不快感を露骨に表す。どこからの移民でなぜこの街に来たのか、ウォルトは知らないし、知ろうともしない。

このアジア系移民は、ラオスから命からがら逃れてきたモン難民である。時代は一九七〇年代に遡る。ベトナム戦争時、アメリカ軍はインドシナ半島の共産化を防ぐために、山岳地での戦いに強いモンの一派を特別ゲリラ部隊として秘密裏に組織していた。モンが住むシェンクワン県は激戦区となるディエンビエンフーの後方に位置し、北ベトナムが武器や物資を輸送する補給路として使用していたホーチミン・ルート上にあった。モン自体がラオス・ベトナム国境にまたがって分布するため、ベトナム戦争が激化するに従いモン族特殊部隊の重要性が増していったのである（竹内正右『モンの悲劇――暴かれた「ケネディ戦争」の罪』毎日新聞社、一九九九年）。しかも、敵の北ベトナム軍やラオス愛国戦線の中にもモンがいたため、同族で戦うという悲劇の運命を背負った。モンを利用した作戦はジュネーブ協定に違反していたため「秘密戦争」と呼ばれていた。

一九七五年にアメリカはベトナム戦争に敗北して

しまう。共産化が進んだラオスでは、アメリカ軍に加担していたモンを敵とみなし、迫害が始まった。故郷を追われタイにたどり着いたモンは、難民キャンプで時間を過ごし、アメリカをはじめ世界中に散って行った。実は筆者は、一九九〇年の初頭に日本語教師として働いていたウィスコンシン州で多くのモンに遭遇していた。毎週のように増えていったアジア系の生徒は、英語を全く話さず、鉛筆を持ったことがない者もいた。中国系移民だと思い漢字を書いてみても通じないし、アメリカ人さえ彼らを誰だか認識していなかった。「日本語ではなく彼らにアルファベットを教えて」と頼んできた英語教師が教えてくれたモンの境遇に身震いがした。

ウォルトの隣人の少年タオはこの頃にアメリカで生まれたモン難民二世だ。タオの家に飾られているモンの刺繍タペストリーには、その悲しい歴史が縫い込まれているに違いない。モン難民は主に教会の主導で、アメリカ全土に受け入れられ、現在の総人口は二世を含めて二六万人余りにのぼっている（US Census Bureau, http://www.census.gov/,2010〔二〇一五年一二月二五日閲覧〕）。西海岸のカリフォルニア州に約九万人、中西部と呼ばれるミネソタ州に約六万人、ウィスコンシン州に約五万人、ミシガン州には約六〇〇〇人が住んでいることから、約半数のモンが中西部に住んでいると考えてよい。中西部にはもともとヨーロッパ系白人が多かったために、アジア系移民、つまりモン難民の突然の到来は、ウォルトのようにモンの歴史を知らない白人に少なからず驚きを与えていた。ベトナム戦争に加担したために故郷を失わざるをえなかったモン。そのことを知らずにモンの到来を時には迷惑がるアメリカ社会。両者が容易には理解しえないことは、たとえ歴史を知らない者でも、映画の冒頭から明らかであった。

映画の中でも見られたようにモンの文化や慣習と

アメリカ社会のそれは大きく異なるために、適応は容易ではなかった。中西部の厳しい冬に耐えることが最初の試練であった。またラオスは農業中心の生活であったこと、書き言葉がなかったこと、法律への意識が低いことなども影響して、地域から取り残されている印象を持った。モンの慣習である一夫多妻や略奪婚がアメリカでは違法であるのは言うまでもない。子どもを叩いてしつける習慣は、虐待と受け取られ、精霊信仰に則りお祝いごとには豚や鶏を供儀として捧げることが動物虐待として通報された。

筆者が研究のために頻繁に訪れているラオスの山岳地帯と近代化の象徴であるアメリカの大都市は文字通り別世界である。ラオスではモンのほとんどが基本的に自給自足で生活し、農作物、モン特有の刺繍工芸品など売るものがあれば町の市場に持って行き、しばしの蓄えを得る。電気のない村は珍しくなく、太陽の動きをもとに一日のリズムが繰り返されるのどかな光景がみられ、産業化、工業化とは縁遠い社会に生きている。ラオスとアメリカのモンの共通点は、残すべき習慣を守っていることだ。映画にも出てくる精霊崇拝の儀式は定期的に行われており、その時には大勢で食卓を囲む。食べ物をたくさんつくって近所や親せきに分けることは、モンの社会では当然のことである。

移民嫌いだったウォルトがモンの人たちに惹かれていったのは、彼らの律義で正直な人柄であった。意外にもモンの料理はウォルトの口に合った。お礼を述べる時は感謝の贈り物を家に持ち込み、謝罪する時は手伝いをさせて欲しいと頼み込む。これまで彼らの行動に神経をとがらせていたウォルトだが、二世のタオやその姉のスーと交流が始まってからはどんどん彼らに魅了され、やがて自分の人生を懸けてまで守ろうとする。朝鮮戦争で何人もの人を殺めたことに苦しみ、人生を懺悔するように若い牧師に何度諭されても聞かないウォルトが、ベトナム戦争に翻弄されたモンの家族に心を開いていく。この歴史の重なりに奇跡的な繋がりを感じざるを得ない。

さて、ウォルトが心を開いた二世について話しておこう。彼らはアメリカ生まれで流暢に英語を話すので、振る舞いはまるでアメリカの若者と変わらない。ウォルトが初めて隣家に招かれた時のシーンでは、一世がモン語でにぎやかに話すのとは対照的に、二世はベースメント（地下）で流行りの音楽を聞きながら英語での会話を楽しむ。移住当初は、「英語が話せないどこかしらの難民」と揶揄こそされ、映画に見られるようなギャング化する若者も見かけたが、もともと勤勉な性格であることが影響して、異例のスピードで弁護士、医師など専門職に就くものが出てきた。大学などで研究職に就いているモンも全米各地におり、大学にはモンに関する研究センターが併設されていることもめずらしくない。映画のラストシーンに出てくるモンの警官のようにモン語と英語を操る二世が社会を支えている。

モンが多いラオスのシェンクワン県の郵便局に座っていると、アメリカからの小切手を待つモンたちに会うことがあった。聞いてみると、アメリカに住む親戚を頼りにしているのである。封筒を見るとカリフォルニア、ミネソタからなどさまざまだ。アメリカに渡ったモンが故郷の親戚を支えているのを見ると複雑な気持ちになるが、中にはシェンクワンからカリフォルニアに飛び立つ勇気ある若者も出てきているので、前向きな姿勢として捉えてもよいのかもしれない。

これまで歴史に翻弄され、中国、ラオスを追われたモンたち。彼らは一度として国を守れたことはないが、その絆は誰よりも強いように思える。故郷には戻らずアメリカで強く生きるモンと、ラオスに残るモンはベトナム戦争や国境などという言葉を乗り越えて強く繋がっているのである。

002
そして、私たちは愛に帰る

©CORAZON INTERNATIONAL

Auf Der Anderen Seite / The Edge Of Heaven
2007年／ドイツ・トルコ／ドイツ語・トルコ語・英語／122分
監督　ファティ・アキン
出演　バーキ・ダウラク　ハンナ・シグラ　ヌルセル・キョセ
DVD
発売・販売元：ポニー キャニオン

ドイツとトルコの間で、生と死をめぐり複雑な因縁で絡み合う三組の親子を見つめた愛のドラマ。男手一つで育てられ、今や大学教授となった息子と、疎遠な父。トルコからドイツに渡り、娘の学費稼ぎのため娼婦となった母と、母の愛に飢えながら、反政府活動家となりトルコから逃れた娘。親友のため全て投げ打ち、ドイツからトルコに発つ娘を、素直に愛情を伝えられないまま突き放してしまった母。トルコ系移民二世としてドイツに生まれたファティ・アキン監督は、トルコとドイツの直面するさまざまな社会問題を浮き彫りにしつつ、運命のいたずらに導かれて出逢いと別れを繰り返す人々の心模様を、きめ細やかに描写。カンヌ国際映画祭で最優秀脚本賞とキリスト教会賞をW受賞したほか、数々の賞に輝いた。

ドイツとトルコを結ぶ第二世代の物語

森　明子

もり・あきこ――国立民族学博物館教授。専門は中部ヨーロッパの文化人類学。主な編著書に、『ヨーロッパ人類学――近代再編の現場から』（編、新潮社、二〇〇四年）、Akiko Mori (ed.) *The Anthropology of Europe as Seen from Japan : Considering Contemporary Forms and Meanings of the Social* (SES81), 2013、『ヨーロッパ人類学の視座――ソシアルなるものを問い直す』（編、世界思想社、二〇一四年）などがある。

三組の親子の葛藤は、移民第二世代のかかえる苦悩とそれを克服しようとする、それぞれのあらがいを映し出す。これは現代のヨーロッパの多くの都市に見られるテーマであり、映画はこの問題を活写している。現代の若者をとりまいているのはどのような世界で、この世界はどのように成立したのか。この世界を生きていくために逃れることのできない苦悩を、ファティ・アキン監督は、どのように克服していこうとするのか、彼の描く世界像をたどっていく。

うす暗い街角、ブレーメンの裏町を、数人の男が罵声を発しながら駆ける。男たちのことばはトルコ語で、同国出身の娼婦を追っている。映画は、こんな場面からはじまる。

ドイツの都市で、トルコ系の人々の姿を目にすることはめずらしくない。この映画は、そのようなトルコ系の人々が、ドイツ社会のなかで、どのような居場所をみつけているのか、その居場所を得るためにどのような葛藤をかかえているのかを考えさせる。物語は、トルコ系ドイツ人の第二世代の男性を中心に、三組の親子をめぐって展開する。ドイツとトルコという、二つの文化のライフスタイルや価値をめぐるすれ違いが、親と子の感じ方や考え方の違いと重なって描き出される。

子どもは、ときに親と違う視線で世界を見る。だが、移民の第一世代と第二世代の場合は、その違いはラディカルにあらわれる。いま、自分が生きている世界への入り方が、親と子で大きく異なるからである。トルコ系の人々が、どのような経緯でドイツに暮らすようになったのか、見ていこう（表1参照）。

トルコ系の人が多くドイツに生活する現在の状況は、ドイツ政府がトルコから労働者を募ったことに起因する。そのときドイツにやってきた労働者が、現在、子供や孫の世代を迎えているのである。

ドイツは一九五〇年代半ばから、「経済の奇跡」と呼ばれる高度経済成長期にはいり、深刻な労働力不足に陥った。高度経済成長期、日本では地方から工業地帯への人口移動によって労働力需要を満たしたが、西ヨーロッパの国々では、外国に労働力を求めた。二国間協定にもとづいて行う労働者募集がそれである。ドイツ政府は、一九五五年、イタリアとの協定を皮切りに、ギリシャ、スペインとも協定を結び、四番目の相手国としてトルコとの協定を一九六一年に結んだ。

1949	アデナウアー（ドイツキリスト教民主同盟、以下CDU）首相
1955	イタリアと協定、労働者募集
1960	スペイン・ギリシャと協定、労働者募集
1961	トルコと協定、労働者募集。「ベルリンの壁」
1963	モロッコと協定、労働者募集。エアハルト（CDU）首相
1964	ポルトガルと協定、労働者募集
1965	チュニジアと協定、労働者募集
1966	学生デモ激化
1968	ユーゴスラビアと協定、労働者募集
1969	ブラント（ドイツ社会民主党、以下SPD）首相
1973	外国人労働者の募集停止。ファティ・アキン監督、ハンブルクで生まれる
1974	シュミット（SPD）首相
1977	このころテロ続発
1979	緑の党躍進
1980	トルコで、軍部暴動
1982	コール（CDU）首相
1983	外国人労働者帰国支援支度金（～1984）。緑の党、連邦議会に進出
1989	「ベルリンの壁」撤去。フランスでスカーフ問題表面化
1990	東西ドイツ統一
1991	このころ外国人嫌悪の事件頻発、トルコ人住宅放火など。湾岸戦争
1992	ドイツ、アウスジードラー・難民の受け入れ規制。ボスニア紛争勃発
1993	マーストリヒト条約発効、ＥＵ発足
1995	ボスニア和平協定調印
1998	シュレーダー（SPD）首相
2000	新しい移民法
2001	9.11事件
2004	失業が大きな社会問題に
2005	メルケル（CDU）首相。フランス暴動（移民差別）
2007	『そして、私たちは愛に帰る』発表

表1　ドイツの外国人／移民にかかわるできごと（1949-2007）

トルコで募集に応じた志願者たちは、アンカラやイスタンブールで審査を受けた。とくにドイツから派遣された医師の健康診断は厳しく、申し分なく健康な人だけが、ドイツの各都市に送られた。トルコからきた外国人労働者は、南欧出身者に比べて、まじめによく働いたことが知られている。

政府は、外国人労働者の募集を一九七三年に停止する。石油危機も起こったこの年は、高度経済成長期の終焉を印すことになった。募集停止によって、外国人労働者人口の極端な右肩上がりは抑制されたが、外国人人口そのものは減少することなく、その後もゆるやかな増加を続けた(図1参照)。労働者の多くが、仕事がなくなっても故国に帰らずに、そのままドイツに留まるようになったからである。彼らは、いったん帰国すれば再びドイツで働くことができなくなることを考慮して、次の仕事を探しながら滞在を続けた。滞在の長期化にともなって、トルコから家族を呼び寄せて、ドイツで家族生活をいとなむようになった。こうして、トルコ人家族がドイツ

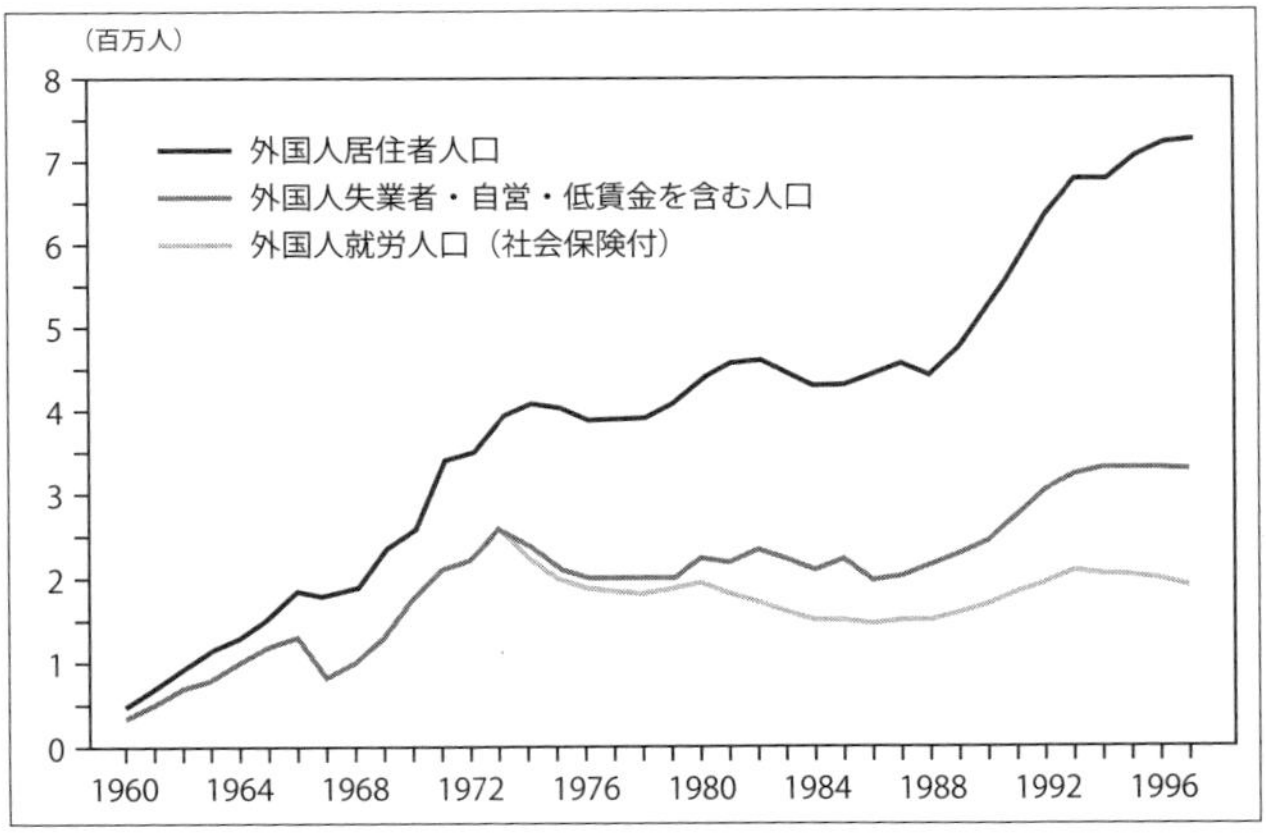

図1　ドイツ在住外国人人口の変化(1960-1996)

人家族の隣人として、集合住宅やスーパーマーケット、学校や病院、役場や公園など、あらゆる生活場面に関わりをもつようになっていった。

ことばや信仰、食物や生活習慣の違いは、さまざまな出会いとともに、数えきれないすれ違いや無理解も引き起こす。第一世代にとって、それはしばしば苦い経験として記憶される。だが、第二世代にとって、世界はさらに複雑である。家庭では、トルコ語を話し、故郷の生活や風景を最善のものと考えている両親に育てられているのに、学校では、ドイツ語を使い、ドイツの制度や文化を学ぶことを求められる。家庭で絶対的に強い立場にある父親が、いったん外に出ると、ひじょうに弱い立場におかれることを理解するのは容易ではない。第二世代は、家庭の内と外で、異なる価値のなかで成長していくことを余儀なくされている。第二世代のドイツ人社会に対する考え方やドイツ人との関わり方は、第一世代とは大きく異なるものになっていく。

このことは、もちろんドイツ人の親子関係にも影響を及ぼす。トルコ系の子どもとともに学ぶ経験は、親世代が経験しなかった若年世代の新しい経験である。それゆえ子どものトルコ系との友人関係は、親が理解しにくい側面もある。そうしたずれが、親と子のライフスタイルや文化的な価値をめぐる考え方の違いを、露見させることにもなる。

主要な登場人物は、三組の親子六人である。一組目の親子は、娼婦街に出入りする初老の男（アリ）とその息子（ネジャット）である。アリとは対照的に、ネジャットは知的な大学教授で、ハンブルクに住む。休日に父を訪問するが、娼婦に金を払って同居させるような父を嫌悪する気持ちをおさえきれない。アリの年齢や風体は、外国人労働者として渡独した男の老後を描き出す。年金生活で金には困っていないが、金だけが彼を支えている。父と子のライフスタイルは、まったく異なっている。

二組目の親子は、アリと同居する娼婦（イェテル）とその娘（アイテン）である。イェテルは、娘の将来だけを楽しみに、娼婦として稼いだ金を娘の学費として送金している。アイテンはイスタンブールの大学生だが、政治運動に奔走している。学費を送ってくれる母親は、店員として働いていると信じて、母を頼ってドイツに逃亡する。

三組目の親子は、ドイツ人学生（ロッテ）とその母（スザンヌ）である。衝動的で未熟なロッテは、アイテンに魅せられて盲目的に彼女を支援し、母親と衝突する。ロッテは、母親のミドルクラス的なライフスタイルを嫌悪する。一方のスザンヌは、娘と衝突しながら、娘の影響のもとに、時間をかけてトルコの友人に心をひらいていく。

映画は三章から成り、第一章は「イェテルの死」、第二章は「ロッテの死」という章タイトルをもつ。死は、この物語の重要なモティーフである。死は再生への転機であるが、ここでその再生とは、新しい友人関係の構築をさしている。それは、ドイツとトルコという二つの文化を結び、親と子の二つの世代を結ぶことで、新たな次元を切り開いていくのである。舞台は、第一章のドイツの北の都市ブレーメンとハンブルクから、第二章ではトルコのイスタンブールに展開している。

さて、最終の第三章は、「天国のほとりで」というタイトルをもつ。黒海を左に見ながら、海岸沿いの長い道を、ネジャットが東へと車を走らせる。この長い海岸線が、章タイトルと重なる。目的地はアリの故郷トラブゾンで、ネジャットは長く断絶していた父アリに会おうとしているのである。

「天国のほとりで」は、映画の英語タイトルでもある。ドイツ語の映画タイトルは、Auf der anderen Seite（向こう側へ／次のページへ）、英語タイトルはThe edge of

©CORAZON INTERNATIONAL

『そして、私たちは愛に帰る』より

heaven（天国のほとりで）、トルコ語タイトルは Yasamın Kiyisnda（生の岸辺で）であるが、日本語では「そして、私たちは愛に帰る」と邦題がつけられた。ドイツ語、英語、トルコ語タイトルが、彼岸を感じさせるのに対して、日本語タイトルが訴えようとしているのは回帰の感情である。彼岸を意味するタイトルは、死のテーマとも関連して選ばれたものと思われる。それに対して、日本語タイトルをつけた方は、親子の和解を重視したのであろう。ネジャットとアリの関係だけでみれば和解が強調されるが、スザンヌとアイテンの関係で見れば、新たな友人関係の構築を読み取ることができる。私自身は、新しい次元を切り開くという意味で、ドイツ語のタイトルに親近感をもつ。

映画をつくったファティ・アキンは、映画監督であると同時に、ライター、プロデューサーであり、俳優やＤＪもこなす。トルコ系ドイツ人の第二世代で、アキン自身は一九七三年にハンブルクで生まれた。父はトルコのトラブゾン出身で、一九六六年にドイツに渡った。

003 オフサイド・ガールズ

Offside／آفساید
2006年／イラン／ペルシア語／92分
監督　ジャファル・パナヒ
出演　シマ・モバラク・シャヒ　サファル・サマンダール
DVD
発売元：新日本映画社　販売元：ジェネオンエンタテイメント

女性が男子とともに競技場でスポーツ観戦することが法律で禁止されているイラン。ワールドカップ・ドイツ大会の出場をかけたイラン対バーレーン戦が開かれるテヘラン・アーザーディー・スタジアムで、熱い男性サポーターたちの中へ、男装して忍び込もうとする熱狂的なサッカーファンの少女たちの姿をユーモアたっぷりに描く。入場ゲートで変装を見破られて、兵士たちに連行されるものの、情熱と知恵を絞り、何とかして世紀のサッカー試合を観ようと試みる個性豊かな彼女たちの奮闘を、気鋭ジャファル・パナヒ監督が実際にゲリラ的撮影で追いかけて完成させた。さまざまな規制の中でしたたかに生きるイラン女性と、混沌としたイラン社会を痛切に皮肉った秀作として世界中で絶賛され、ベルリン国際映画祭銀熊賞などを受賞した。

したたかな異性装——イラン版「とりかへばや」物語

山中　由里子

やまなか・ゆりこ——国立民族学博物館准教授。専門は比較文学、比較文化。主な著書に『アレクサンドロス変相——古代から中世イスラームへ』（名古屋大学出版会、二〇〇九年）、編著に『〈驚異〉の文化史——中東とヨーロッパを中心に』（名古屋大学出版会、二〇一五年）、共編に *Arabian Nights and Orientalism: Perspectives from the East and West*, London: I. B. Tauris, 2006などがある。

女であるがために行動を制限されるなら、男になってやろうじゃないか。彼女らの異性装は目的ではなく、手段である。囲いの中におとなしく納まっているわけではない、イラン女性のパワーを決してあなどってはいけない。

イスラーム共和国であるイランには女性を「守る」ために、服装や行動を規制するさまざまな法律がある。ムスリムでない外国人でも女性は、公共の場に出る際にはヴェールをかぶり、長めのコートを羽織らなければならない。そして何かと「ハーノムハー」(女性側)と「アーガーユーン」(男性側)が分離される。空港の入り口は「女性用」と「男性用」に分かれているし、ごく最近はどうかわからないが、大学の教室でも女子学生と男子学生は、なんとなく分かれて座っていた。

肉体的な運動がともなうスポーツにおいても、男性と女性は隔離される。たとえば海水浴場も、スキーのゲレンデも男女別々が規則である(取り締まりの目を盗んで、家族や恋人と一緒にスポーツを楽しもうとする女性の姿は浜辺にも、ゲレンデにも実はいるのだが)。公園など、屋外に設置されているエクササイズ用の器具——ぶらさがる、まわす、踏むなどの運動を通

かごの中の鳥を見る女性たち。イラン、キーシュにて(筆者撮影)

して、バランス感覚や筋力を鍛えるための道具——も、ちゃんと男性用コーナーと、女性用コーナーが分かれており、女性が使う器具は、ビニールシートで中が見えないようにした囲いの中にある。私自身、囲われていない方の器具で遊んでいて、周囲から冷たい視線を浴びたことがある。

　女性のスポーツ選手がいないわけではない。テヘランのアーザーディー総合スポーツセンターには、女性用のサッカー練習場があるし、同センターの人工池では女性のボートチームが練習をする。しかしあくまでも男性の目が届かない場でなければならない。さらには、スポーツの実践だけでなく、観戦も基本的には分離されている。女性の競技は女性しか見てはいけないし、男性の競技を女性が応援してもいけないのである。

　しかし国民的スポーツともいえるサッカーとなると、ナショナルチームを応援したい気持ちに男女の

テヘラン市の公園にある男性用の運動器具（筆者撮影）

差などない。ジャファル・パナヒ監督の『オフサイド・ガールズ』は、サッカーワールドカップ予選をどうしてもライブで観戦したいサッカー好き少女たちが、男装してまでアーザーディー・スタジウムに潜り込もうとする物語である。実にしたたかに、しなやかに不平等に対抗する、イランの女子パワーを生き生きと描いた映画である。

この映画を見て、一九世紀末に男装をしてイランを旅したフランス人女性、ジャンヌ・デューラフォア（一八五一―一九一六）を思い起こした。イランのみならずヨーロッパ社会においても、女性の社会的役割や行動範囲はまだまだ制限されていた時代にジャンヌは男装して夫のマルセルとともに、一八七〇年に普仏戦争に行き、一八八一年から八二年にかけてはイランを旅行し、さらには八五年から八六年には再びイランのスーサで夫婦協同で発掘をした。マダム・デューラフォアはイランの歴史、文化、そしてさまざまな階級の人々の生活について詳細な記録を残し、写真も撮った。男装しながらも女性であること自体は隠していなかったので、イランにおいては、外国人男性が入れないような「アンダルーン」（奥の間）にも受け入れられ、女性社会を詳らかに観察することができた。ジャンヌはその後パリに戻っても男装を続け、デューラフォワ夫妻は社交界から好奇の目で見られた。だが、「男のように

図1　マダム・デューラフォアの肖像
Jane Dieulafoy, *La Perse, la Chaldée et la Susiane,* Paris : Hachette et Cie, 1887

生きたい」と願った彼女も、その彼女を対等なパートナーとして敬愛していた夫も、世評などお構いなし。文人サロンで活躍し、ジャンヌは小説もいくつか書いた。彼女の旅行記の扉には、実に潔く、凛々しい断髪姿のポートレートが載っている（図1）。

今年（二〇一六年）は、ちょうどマダム・デューラフォワの没後一〇〇年にあたる。一〇〇年後の今、ヨーロッパにおいては女性が男性のような恰好をしていても、特に奇妙には思われなくなった（その逆の場合は、まだなかなか受け入れられないだろうが）。それに対してムスリム女性のヴェールは、後進性のシンボル、女性の社会進出を妨げるものと欧米人には受けとめられがちである。しかし、イランに関していえば、社会で活躍するイラン女性は実は多いのである。個人的に知る限りでも上昇志向の強い、したたかで、かつ努力家の女性が多く、実際に大学や研究機関の要職に就いている女性も少なくない。決して囲いの中におとなしく納まっているわけではない。

欧州各国のイランに対する経済制裁が今年に入って解除された。外国の企業がこれからどんどんとイラン国内に進出してゆくだろう。その過程において、経済的な不利益をもたらす可能性のある規制が見直される動きになり、イラン女性のさらなる活躍の場が増えるかどうか、注目したい。

【参考文献】

上岡弘二編『アジア読本　イラン』（河出書房新社、一九九九年）
ズイーバー・ミール＝ホセイニー／山岸智子監訳『イスラームとジェンダー――現代イランの宗教論争』（明石書店、二〇〇四年）
岡田恵美子編『イランを知るための65章』（明石書店、二〇〇四年）
森茂男編『イランとイスラム――文化と伝統を知る』（春風社、二〇一〇年）

004

トルパン

Tulpan
2008年／カザフスタン・ドイツ・スイス・ロシア・ポーランド／カザフ語・ロシア語／102分
監督　セルゲイ・ドヴォルツェヴォイ
出演　アスハット・クチンチレコフ　サマル・エスリャーモヴァ

ありのままの自然と人間が共生するカザフスタンの広大なステップ地帯を舞台に、一人前の遊牧民を目指す青年の奮闘を描く、日本劇場未公開作。海軍での兵役を終えた陽気な青年が、姉夫婦と個性豊かな子どもらと遊牧生活を始め、意中の女性に大きな耳を嫌われプロポーズを断られても前向きに成長する様を、ユーモアをたたえ伸びやかに綴る。ドキュメンタリー制作を経て長篇劇映画デビューを飾るセルゲイ・ドヴォルツェヴォイ監督が、四年もの歳月をかけ、猛烈な砂嵐や息を呑む羊の出産など決定的瞬間を活写。現実と虚構が絶妙に溶け合うユニークなドラマへと結実させ、カンヌ国際映画祭ある視点部門グランプリに輝いたほか、東京国際映画祭では最高賞と監督賞をW受賞した。

ささやかな願い

小長谷　有紀

こながや・ゆき――人間文化研究機構理事、国立民族学博物館併任教授。専門はモンゴル、中央アジアの遊牧社会に関する文化人類学。主な著書に『モンゴルの春』（河出書房新社、一九九一年）、『モンゴル草原の生活世界』（朝日新聞社、一九九六年）、『モンゴルの二十世紀―社会主義を生きた人々の証言』（中央公論新社、二〇〇四年）、『人類学者は草原に育つ――変貌するモンゴルとともに』（臨川書店、二〇一四年）などがある。

ユーラシアでは古来より匈奴、突厥などのさまざまな騎馬遊牧民がその軍事力を生かして文明を築いてきた。しかし、近代になると、マルクス主義にもとづく歴史観によって、遊牧は、農耕が発生するまえの段階にとどまる生業とみなされ、定着化が積極的に進められた。それでも、家畜の恵みを利用し、季節的に移動する生活は、やはり遊牧的である。生き物との暮らしが人々にエネルギーをもたらし、移動すること自体が共同体にパワーをもたらしてきた。遊牧民が培ってきたそうした生活技法は、社会主義体制の崩壊のように、世の中が激変したときにこそ、その効力を大いに発揮する。

広々とした草原で家畜たちとともに人々の暮らしが展開するなか、素敵な女性を嫁にもらおうとする若者のささやかな願いが物語を牽引する。舞台となったカザフスタンは、ユーラシア中央部に位置し、旧ソ連から独立した共和国である。

二〇世紀を通じて、カザフスタンでは社会主義のイデオロギーにもとづき、農牧業の近代化が進められた。一九三〇年代には、スターリンによる強制的な集団化政策が裏目に出て大飢饉となり、多くの遊牧民が流出した。その空白を埋めるべく、四〇年代になると、ソ連国内の住民が国境外の周辺地域と通じて脅威となることを防ぐために、東からドイツ人が、西から朝鮮人が、ソ連の内奥部である、ここカザフスタンに強制的に移されてきた。五〇年代には、フルシチョフによる「処女地開拓」政策によって大規模な農業開発が行われ、世界的な小麦地帯が出現した。こうして、カザフ人の割合は低くなり、牧畜業よりも耕種農業が主となった。

こうした社会変容は、ソビエト体制が崩壊して「ポスト社会主義」と呼ばれる時代になったとき、大きな影響をもたらす。隣国のモンゴルと比べるとわかりやすいだろう。

両国はユーラシア草原として連続しており、植物の構成も科レベルでは似ている。ただし、カザフスタンでは降雨期が春に始まり、夏はいつも乾燥してしまうため、家畜にとっての越冬がより厳しくなる。ジュトと呼ばれる雪害・寒害の名前は共通しているが（モンゴル語ではゾド）、その被害はカザフスタンのほうがより大きかった。そこで、社会主義時代には、徹底的に畜舎が整備されて定住化が進み、干し草のみならず、水までもが運搬されるほど、根本的に改造された。モンゴルよりもはるかに社会制度に依存する牧畜業になったのである。そのため、そうしたシステムが崩壊したとたん、牧畜業は成り立たなくなってしまった。自然災害に強くなろうと建設された社会は、その仕組みが社会的なだけに、社会災害にはとても弱かったと言えよう。図1は、一九一六年から二〇一四年までのカザフスタンにおける家畜飼養頭数の変化を示している。社会主義体制の崩壊によるショックはようやく回復しつつあることが了解される。

CIS（国家共同体、旧ソ連から独立した諸国が参加する組織）の中でカザフスタンは安定していると見られている。この映画『トルパン』が公開された二〇〇八年の貿易額を見ると、輸出総額はおよそ七〇〇億ドルに伸び、その七〇％近くが石油による。恵まれた鉱産資源を隣接する中国などに輸出することによって経済的な安定が確保されている。また、カザフスタンにかつて移住してきた朝鮮人を通じて、韓国からの資本投下も多い。

一方、政治面では、社会主義時代最後期からのリーダーであったナザルバエフ氏が二〇一五年四月、大統領選挙で九七・七％の得票率を得て、五回目の当選を果たした。社会主義時代から長期政権を維持しているという点で、ロシアのプーチン大統領からも一目置かれている、という。ナザルバエフ大統領は一九九七年に首都をアルマータからアスタナに遷すとともに、ユーラシア国立大学、ユーラシア文化財団、ユーラシア開発銀行などを創設し、カザフスタンをユーラシアのリーダー国にしようと奮闘している。

このように、ポスト社会主義時代の優等生とされてきたカザフスタンにおいて、遊牧民の存在はもはや決して経済的に大きくはない。にもかかわらず、というよりむしろ、だからこそというべきか、文化的にこそ意義深い。カザフ人の拠り所として、とりわけ外国人に対して自らを説明する表象として、遊牧の暮らしは重要となる。遊牧民として自立した

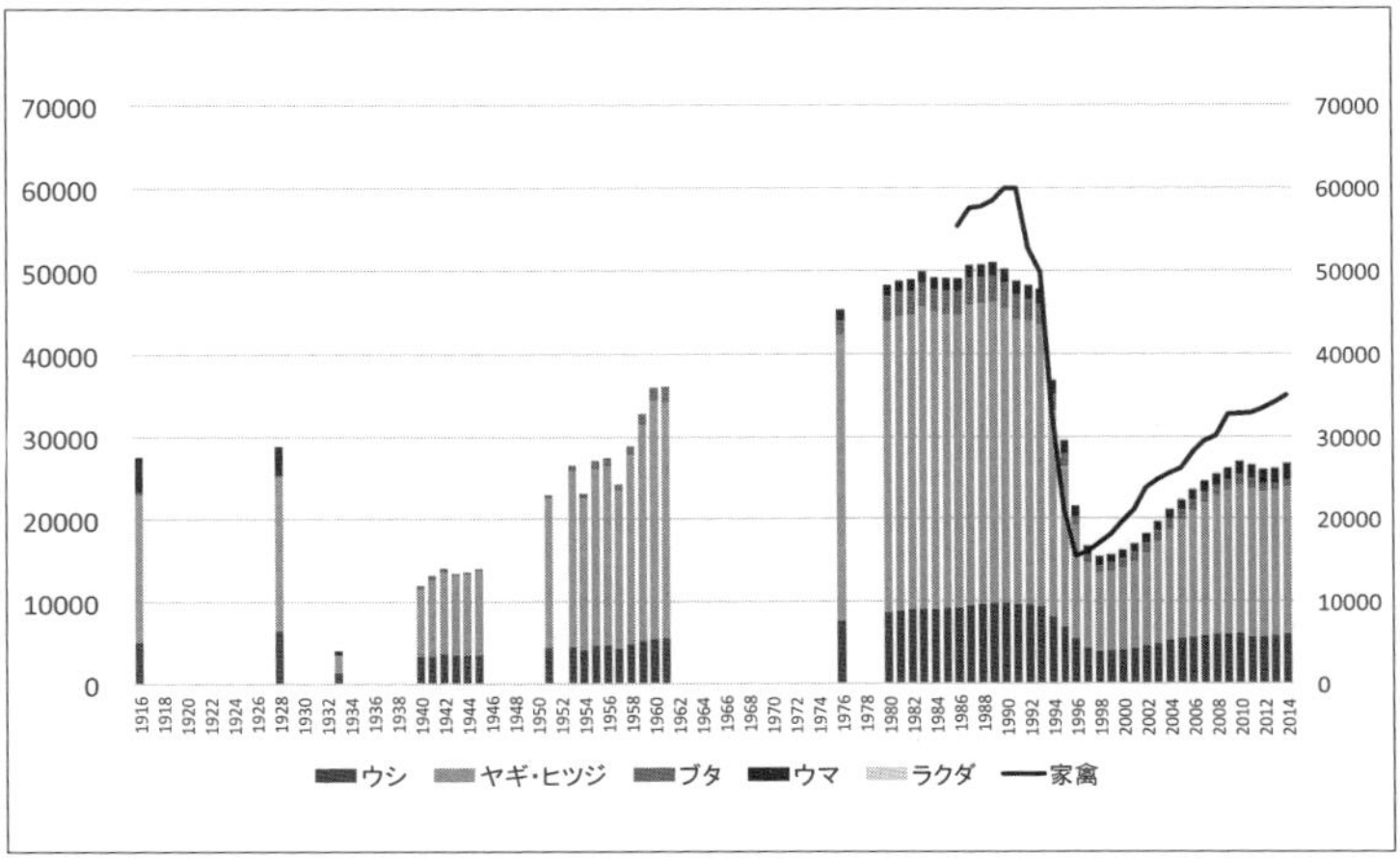

図1　カザフスタンにおける家畜飼養頭数（渡邉美津子作成）
カザフスタン統計局（http://stat.gov.kz/faces/homePage）
国際農林業協力協会編（1995）：国別統計シリーズNo.15『旧ソ連主要4ヵ国の農業統計（ベラルーシ、カザフスタン、ロシア、ウクライナ）（1980～1992）、p126.
野部公一（2003）『CIS農業改革研究序説 ――旧ソ連における体制移行下の農業』p234.（表3－3資料：Колодин, Указ. Соч.,стр.57）
Государственный комитет Казахской ССР по Статистике（1989）“Животноводство Казахстана”, Алма-Ата.
Госкомстат СССР（1990）“Народное Хозяйство СССР в Великой Отечественной Войне 1941-1945гг. Статистический Сборник”, Москва Информацинно-Издательский Центр
Центральное Статистическое Управление ССС, в 1956,1958,1959,1960году（1957, 1958, 1959, 1960, 1961）Народное Хозяйство СССР Статистический сборник, Государственное Статистическое Издательство, Москва

い、そのためにまず嫁をもらいたい、そんな主人公のささやかな願いは同時に、カザフ人のアイデンティティーであるはずの遊牧を描いておきたい、というささやかな願いでもあるように思われる。

　映画のタイトルであるトルパンとはカザフ語でチューリップ（ユリ科）のこと。カザフスタンはその原産地の一つであり、非公式ながら国花と見なされている。本映画では、妙齢の女性の名前として登場する。けれども、彼女の容姿はほとんどわからない。わからなくてもかまわない。なぜなら、その名は「草原の花」を象徴しているからである。

草原の花を手に入れるのは難しい。主人公の青年アサが、チューリップさんを求めても実らない姿は、彼が草原での牧畜生活を希求しても認められない様子と重なる。生粋の遊牧民から見れば明らかに都会っ子であり、都会人から見れば田舎者である。耳が大きくて嫌われるのも、体の割に耳の大きなロバがもともと遊牧民の家畜でないことと無関係ではないように思われる。

映画全体を通じて、都会と地方の対比は、ロシア語とカザフ語の使い分けや、ディスコミュージック（聖書に基づく帰郷の念をあまりに軽やかに歌う「バビロンの河」）と民謡の違いとで象徴されている。どちらも受容しうる青年が、どっちつかずの矛盾に満ちた状況から、やけっぱちになった時、子ヒツジの誕生を支援することが彼自身のリセットとなる。支援は他人のためならず。命の誕生を支援できたことが彼にとって大いなる転換点となってゆく。

主人公のマインド・リセットは、登場人物たち全体が共有するリセットでもある。この災いの地を去ろう！　やり直そう！　コミュニティのリセットは、放牧地の交換すなわち移動によって表現されている。実際のところ、遊牧民にとって移動とは、共同体にとっての心機一転にほかならない。そんな生活の術の真実が映画のプロットに応用されている。

さらにこの転換点は歌を伴って現れる。市場経済へ移行している現在、人々は企業から家畜群の放牧を委託されて生計を立てている。何度もボスに交渉してようやく移動することになった喜びは、歌うことで表現されている。いつも歌うなと禁じられているから、転換点がわかりやすい。移動の喜び、すなわち自由の獲得。父から歌うことを禁じられていた娘が母とともに大いに歌う。けんかしながら兄も加わる。そんなふうに、チューリップさんたちは、草原のそこかしこに咲いている。

Ⅱ 国境と民族を超えて

005

シリアの花嫁

©Eran Riklis Productions

The Syrian Bride
2004年／イスラエル・フランス・ドイツ
／アラビア語・ヘブライ語・英語・ロシア語・フランス語／97分
監督　エラン・リクリス
出演　ヒアム・アッバス　マクラム・J・フーリ

元々シリア領だが、一九六七年の第三次中東戦争以来、新たに引かれた軍事境界線でイスラエル占領下に置かれ、住民の多くが無国籍となったゴラン高原マジュダル・シャムス村。顔しか知らない結婚相手の待つシリアに嫁いだが最後、故郷には二度と戻れない花嫁や、結婚式に集う家族らの心が、激しく揺れ動く一日を追う。血縁ならではの根深い確執や、理不尽な境界線、融通の利かない国連の実情などが、ユーモアを交え浮き彫りにされていく。奮闘する花嫁の姉を演じるイスラエル国籍の国際派女優ヒアム・アッバスの好演を得て、境界線をテーマに撮り続ける実力派監督エラン・リクリスが、胸に迫る家族劇を完成。モントリオール世界映画祭でグランプリはじめ四冠に輝くなど高く評価された。

越えられない境界線

錦田　愛子

にしきだ・あいこ——東京外国語大学アジア・アフリカ言語文化研究所准教授。専門は中東地域研究、パレスチナ難民。主な著書に『移民／難民のシティズンシップ』（編著、有信堂高文社、二〇一六年）、「紛争とともに住むこと——イスラエルとパレスチナの境界」（堀内正樹編『〈断〉と〈続〉の中東——非境界的世界を游ぐ』悠書館、二〇一五年、二一七—二四七頁）、『ディアスポラのパレスチナ人——「故郷（ワタン）」とナショナル・アイデンティティ』（有信堂高文社、二〇一〇年）などがある。

『シリアの花嫁』は、イスラエル北部占領地のゴラン高原に住む主人公のモナが、軍事境界線を越えてシリアへ花嫁に行く過程を描いた作品である。フィクションではあるが実在の家族をモデルにしたストーリーで、境界線の両側に分断されて住むドゥルーズ派の間では実際に婚姻により移動する人々がいる。シリアとイスラエルは敵対関係にあるため、結婚式は家族にとって娘とはもう会えなくなるお別れの日となってしまう。政治や宗教による独特の事情が、晴れの門出となるはずの日に多くのトラブルを家族にもたらすことになる。果たしてモナは無事に花婿のところにたどり着くことができるのだろうか…。

国に対するイメージは、情勢によって絶えず左右される。シリアという国でいえば、二〇一五年末の時点では、アサド政権と反政府勢力、さらにイスラーム国が加わっての長期化した紛争と、それによる難民の存在を思い浮かべる方が多いだろう。だがこの映画の舞台となるのは、それよりも一五年ほど前、二〇〇〇年七月のゴラン高原だ。ちょうど先代のハーフィズ・アサドから息子のバッシャール・アサドへと大統領が交代するときで、比較的政権が安定した時期であった。エラン・リクリス監督は、そうした時代背景やゴラン高原の特徴、イスラエルとシリアの関係など、地域の実情をうまく織り込んで、この映画を製作している。

ゴラン高原は、シリアとイスラエルの国境地帯に位置する係争地だ。年間平均降雨量が五〇〇〜八〇〇ミリと恵まれた水源地であり、穀物や柑橘類のとれる農地が広がり、高台にあるため戦略上も重要な

伝統衣装姿のドゥルーズ派女性（筆者撮影）

拠点となる。第三次中東戦争（一九六七年）ではイスラエル軍によって占領され、八一年に併合宣言が出された。だがシリア側はこれを認めていない。住民の大半は戦闘から避難し、または追放されたが、ドゥルーズ派を中心とする約八〇〇〇人の住民が残った。今ではユダヤ人の移住も増えて、イスラエル統計局によると二〇〇九年時点で約四万人の人口のうち、一万七〇〇〇人がユダヤ人、二万二〇〇〇人がアラブ人だ。

この映画の主人公モナはこのうち後者のアラブ人であり、第三次中東戦争後もこの地に住み続けたドゥルーズ派の家族である。ドゥルーズ派とは、レバノン、シリア、イスラエル北部などに住むイスラーム教シーア派系の少数宗派である。婚姻は同じドゥルーズの間で行われるのが基本で、異教徒との婚姻は忌避される。戦争で実効的な境界線が移動したため、彼らはシリアとイスラエルの軍事境界線の両側に親族が分断されて住むことになった。シリアとイスラエルがいまだ交戦状態にあることから、境界線を越えた人の移動は原則として禁止されている。その例外として、実際に認められているのが、映画で描かれた結婚による移動である。

モナはゴラン高原で最大のドゥルーズ派の村、マジュダル・シャムスで生まれ育った。親や兄姉に可愛がられて育った末娘だが、シリアに住む親族のタレルのところに嫁に行くことが決まる。中東アラブ社会ではごく最近まで普通にあった「写真お見合い」で、一度も会ったことのない相手との結婚を不安がるモナに、花嫁衣裳姿を撮りに来たカメラマンのアリクは励ます。「結婚はスイカと一緒。割ってみないと分からない」。心を決めて、ムナは結婚式へ臨む。しかし当日になって、式を妨げるハプニングがいくつも起きることになる。

ゴラン高原をシリア側へ移動する花嫁は、一度渡るともはや戻ることはできない。併合後にイスラエルはゴラン高原の住民に対して国籍取得を迫ったものの、大半はこれを拒否し、ドゥルーズ派はイスラエル国内では国籍未確定（事実上の無国籍）となっている。それでも、シリア側に入国するとシリア人とされるため、敵対国民としてイスラエルへの再入国が禁止されてしまう。すなわち、シリアへの嫁入りは家族と娘との今生の別れとなってしまう。

親族は花嫁衣裳のモナを送って、境界線である兵力引き離し地帯の越境ポイントへ向かう。しかしモナの父ハメッドは、娘を見送ろうとそこへ向かう途中でイスラエルの治安関係者に足止めされてしまう。彼は親シリア派として有名な政治活動家であったため、軍事領域である兵力引き離し地帯への立ち入りを許されないのだ。モナの姉のアマルは顔見知りのイスラエル治安関係者に、妹を父が見送れるよう、特別に例外を認めてほしいと懇願しに行く。占領者であるイスラエルと、それに反発するアラブ系住民の間の、微妙な距離感が、こうした個人の関わりを描く中に映し出されている。

モナの兄ハテムの結婚式への参列も、村では大問題となる。ハテムは異教徒であるロシア人女性と結婚したため、八年前に村を追放されていた。もう二度と会えない妹の結婚式に出るため、意を決して彼は村へ帰ろうとする。だが村の長老たちは猛反発し、ハテムが「帰るのを認めるなら、お前の家族と関係を絶つ」と父ハメッドに迫る。そもそも親子の関係が断絶状態になっているハテムに対して、父ハメッドや母はどんな反応を示すのか。「宗教教義上は許されない」という縛りだけでは単純にわりきることのできない、中東イスラーム社会での親子関係が、ここからは垣間見える。

なんとか結婚式まで漕ぎついたものの、モナがシリア側に渡ろうとした瞬間に、最大の事件が起きる。花嫁用の一時パスポートに、イスラエルの出国スタンプを押されてしまうのだ。法的にはまだ交戦状態にあるシリアとイスラエルの間では、入国審査の際にパスポートがとりわけ厳密にチェックされる。シリア側としては、ゴラン高原はシリアのものなので、マジュダル・シャムスからの移動はシリア国内での移動という扱いになる。そのため出入国スタンプはもちろん必要ない。むしろイスラエルの出国スタンプを受容することは、イスラエルという国家の存在と権威を認めることを意味する。また、ゴラン高原に対するイスラエルの領有権を認めることになるため、シリアとしては容認できない。こうした対立を避けるため、シリアへ渡る花嫁に対しては、一時パスポートに出国スタンプを押さないのが通例だが、本映画では「新しい規則」により例外なく押すことになった、というのだ。

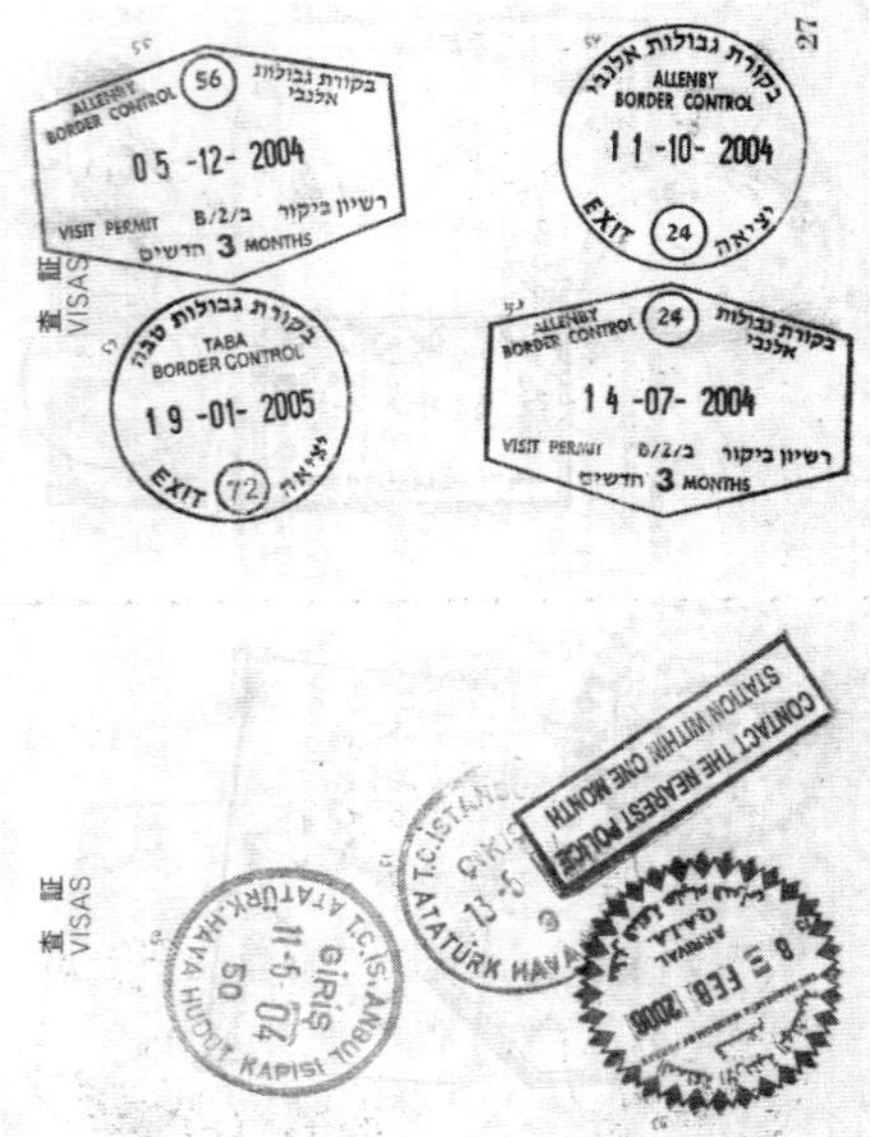

かつて押されていたイスラエルの出入国スタンプ
（丸と六角形のセット）

スタンプを押したイスラエル側出入国管理官のジョセフの行動も、ゴラン高原とイスラエルを取り巻く状況を絶妙に反映している。エルサレム事務所から派遣されたジョセフは、同僚から「リンゴをお土産に買って来てくれ」と頼まれ、露天の商人を見つけて車を止める。リンゴはゴラン高原の特産品である。買い物をしているところで携帯に電話がかかってきて、息子がナブルスでの軍務中に騒乱に巻き込まれていることを知る。おそらく兵役年齢の息子がいるのだろう。イスラエルは国民皆兵で、高校卒業後は男女ともに兵役義務がある。ジョセフはシリア国境の勤務地に到着するものの、内心は息子が心配で、早く仕事を片付けてしまいたい様子がありありと伺われるのだ。

花嫁の越境をめぐる問題は、係官レベルでは決着がつかず、シリア大統領官邸まで電話が取り次がれる。普通ならありえない状況だが、モナの未来の夫であるタレルはシリアでは名の知れた俳優で顔が利く、という設定がま

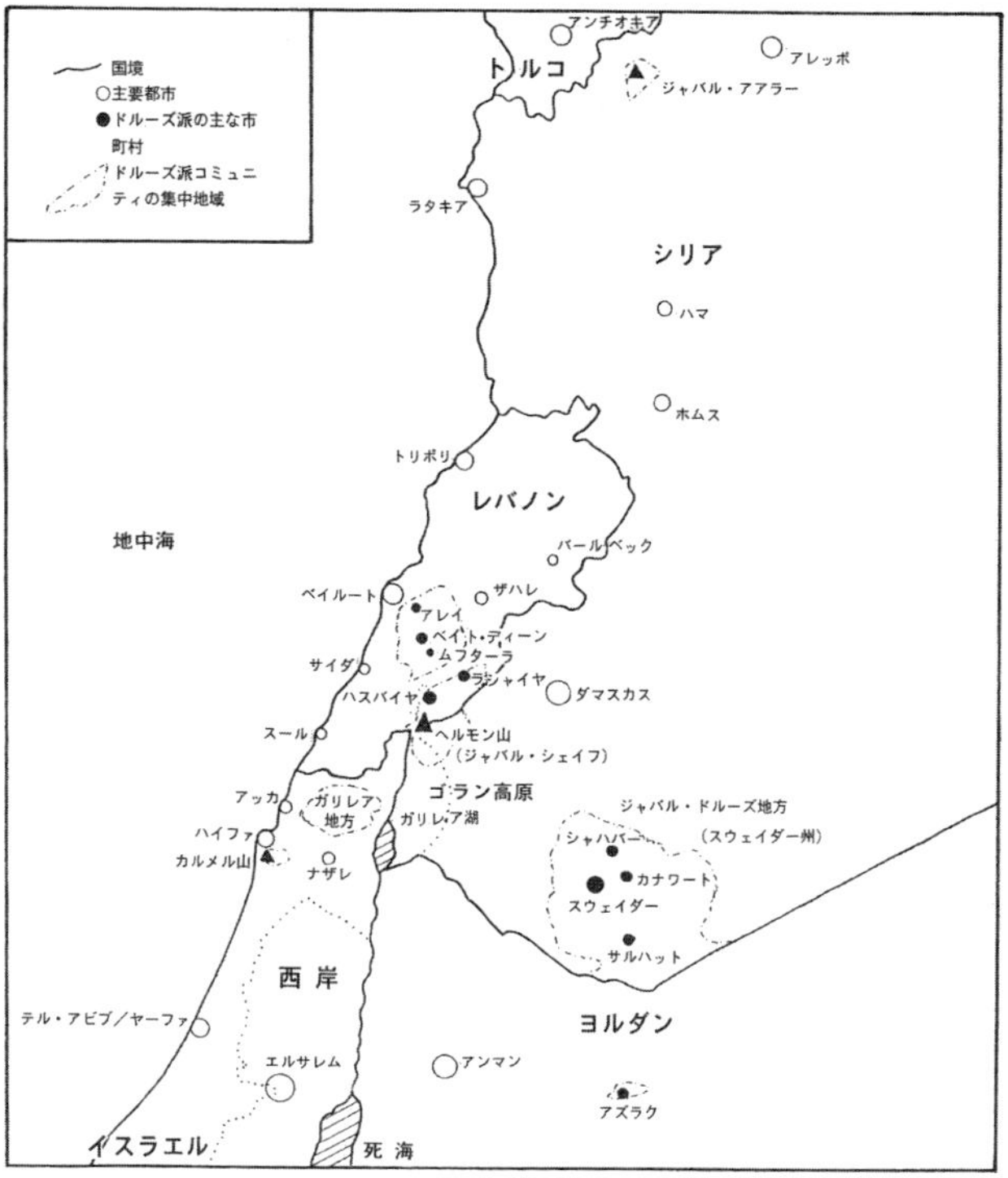

中東におけるドゥルーズ派居住地域(出典:宇野1996)

た、アラブ社会の非境界的な人のつながりをよく表している。そのくせ係官は定時でさっさと事務所から帰宅する、といった展開も、中東を訪れたことのある人なら思わず共感して笑ってしまうだろう。本映画は、視る人をハラハラどきどきさせながら、地域社会をうまく描いた素晴らしい作品の一つなのだ。

【参考文献】

宇野昌樹『イスラム・ドルーズ派――イスラーム少数派からみた中東社会』(第三書館、一九九六年)
宇野昌樹「マイノリティ研究としてのドゥルーズ派研究」(『中東研究』四六一号、二〇〇〇年、三六―四〇頁)

006

わが故郷の歌

Gomgashtei dar Aragh / Songs of My Motherland
2002年／イラン／クルド語・ペルシア語／100分
監督　バフマン・ゴバディ
出演　シャハブ・エブラヒミ　アッラモラド・ラシュティアン

イラン・イラクの国境周辺に広がるクルディスタンを舞台に、クルド民族音楽家親子の波乱の旅路をエネルギッシュに描くロードムービー。イランの著名なクルド人歌手は、イラクへ駆け落ちした元妻が助けを求めていると知り、渋る音楽家の息子二人を伴いオートバイで出発する。思わぬ珍騒動に巻き込まれるものの、何とか国境を越えてイラク側に渡った一行は、イラク軍による空爆や化学兵器がもたらす、クルド人の過酷な現実を目の当たりにする。メガホンをとるのは、世界最大の少数民族とされるクルド人の苦難や現況を世界に発信し続ける、イラン出身のバフマン・ゴバディ。個性的な本職のミュージシャンを起用することで、人間のバイタリティを呼び覚ます音楽の力をも生き生きと捉え、カンヌ国際映画祭などで賞賛された。

クルド問題とクルディスタン

玉本　英子

たまもと・えいこ——東京都出身。アジアプレス大阪オフィス所属。戦争や紛争地など戦火のなかの市民を視点に取材活動。イラク、シリア、レバノン、コソボ、トルコ、アフガニスタン、ミャンマーなど、写真、ビデオで取材、発表。テレビのニュースリポートや新聞、雑誌、ラジオ、講演会を通して伝えている。

クルド人は国を持たぬ世界最大の民族である。トルコ、イラク、イラン、シリア、アルメニアにまたがる地域を中心に、およそ三〇〇〇万人が暮らす。かつてメソポタミア文明が栄えたチグリス・ユーフラテス川上流一帯で、クルド人は自分たちの大地をクルディスタンと呼んできた。中東にあって砂漠ではなく、険しい山々と緑の平原が多くを占めるクルドの地は、豊かな自然に恵まれる。石油に加え、貴重な水資源も抱えていることなどから、この地域をめぐる緊張関係は絶えなかった。中東でアラブ人、トルコ人、ペルシャ人につぐ四番目の人口がありながらも、民族国家を持てなかったことがクルド人の悲劇を招いてきた。

クルド民族独立を求める運動は、彼らが分断されて暮らすそれぞれの国で起きたが、国家分裂をもたらすとしてことごとく弾圧された。トルコは長年、クルド語を奪う同化政策を強い、イラクのフセイン政権は集団虐殺や強制移住でコミュニティーを破壊した。迫害にさらされるたびにクルド人は山に逃げるしかなく、またその地形が、軍隊の侵入を阻んできた。「クルド人には山のほか友はいない」という表現がある。それは民族が直面してきた苦難の歴史を表すものでもある。

国際社会も「国なき民」に冷淡だった。欧米の大国は中東政策の思惑から、クルド問題を切り離した。イラン・イラク戦争や、トルコでのクルド民族運動の熾烈な弾圧。数百万のクルド人が故郷を追われ難民となって欧米諸国に逃れた。

『わが故郷の歌』の終盤に出てくる女性たちだけのキャンプは、「アンファール作戦」で夫を失った未亡人の悲劇を伝えている。イラン・イラク戦争の末期の八〇年代後半、フセイン政権が反体制傾向の強いクルド人を弾圧するために遂行されたのが、アンファール作戦だ。

四〇〇〇におよぶ村が破壊され、二〇万におよぶクルド人が殺害、強制連行されたといわれる。一九八八年三月、北東部の町ハラブジャにイラク軍は毒ガス爆弾を投下、五〇〇〇人以上の住民が殺された。被害者はいまも気管支疾患などの後遺症に苦しむ。クルド人たちはこのハラブジャでの事件をヒロシマの原爆投下になぞらえ「ハラブシマ」とも呼び、民族の悲劇の記憶として心に刻まれている。

一九九一年の湾岸戦争直後、イラク北部のクルド地域でフセイン政権に対する大規模な蜂起が起きた。だがクルド人への支援を約束していたアメリカは突如、政策転換し、蜂起は失敗に終わる。その結果、フセイン政権の報復を恐れた一〇〇万にのぼるクルド住民がトルコやイランの国境地域に避難民となって押し寄せた。アメリカ・イギリス・フランスは、クルド人居住地域にイラク軍戦闘機が侵入できないよう飛行禁止空域を設定し、自治区が成立した。

その後、自治区の主要勢力、クルディスタン民主党（KDP）とクルディスタン愛国同盟（PUK）が対立し、クルド人どうしの内戦となった。二〇〇三年のフセイン政権崩壊とともに、両勢力は和解、クルド自治区はイラク国内にありながら独自の首相府や防衛部隊を置き、イラク中央政府とは別に、クルディスタン地域政府（KRG）が置かれている。一方で、クルド人はイラク中央政府の政治的枠組みでも力を発揮し、大統領、外務大臣など主要閣僚のポストを占めた。クルド自治区は独自行政を行っているものの、住民はイラク国籍のイラク人であり、通貨もイラクのディナールが使われている。自治区はイラク国内でもっとも治安のいい地域といわれ、イラク戦争後、めざましい発展を遂げた。しかし急速な経済発展は貧富の差を広げ、社会問題になりつつある。

イラクとイランのクルド人の行き来は活発である。国境沿いに点在する村々の中では、国は違うが親戚関係にあたるクルド人たちが少なくない。この地域の人々が、いくつかあるクルド語の方言のなかでも、共通のソラニ方言を話すことも一体性を保っている理由の一つといえる。

アンファール作戦やイラン・イラク戦争の戦火に追われてイランへ逃げたイラクのクルド人の多くは、フセイン政権崩壊後、イラクへ戻った。一方、弾圧されたイランのクルド人がイラク側のクルド自治区へ逃げ込むこともあった。近年、クルド自治区内を短期訪問するイランのクルド人をよく見かけるようになった。彼らはイランにない最新のショッピングモールやクルド人歌手の音楽コンサートを楽しむ。イラン本国で義務化されているスカーフをかぶらない女性たちも少なくない。

映画『わが故郷の歌』では、夫とともに歌手として音楽グループで活動していた妻が、一九七九年のイラン・イスラム革命によって女性が公の場で歌うことが禁止されたため、同じグループの別の男とイラクへ駆け落ちし、その後、アンファール作戦に巻き込まれ、イランにいる元夫に助けを求めて呼びよせるというストーリーになっている。イスラム社会とクルドの伝統文化、そして民族問題にも目を向けながら映画を観れば、より深いクルド理解につながるかもしれない。

イラク戦争後、イスラム教シーア派、スンニ派、クルド人が手を取り合って新生イラクの復興を進めるはずだった。ところが、各派は利害をめぐって衝突を繰り返した。脆弱な政府システムと混乱した治安状況のなか、武装組織「イラクの聖戦アルカイダ」が登場し、駐留米軍だけでなくシーア派も攻撃対象としたことで宗派抗争が先鋭化した。クルド勢力は両派の仲介役を担ったものの、シーア派主導のマリキ政権はスンニ派を抑圧し、亀裂は決定的になった。「イラクの聖戦アルカイダ」は諸組織を統合し、のちにイスラム国（ＩＳ）を名乗る。ＩＳは、スンニ派地域のイラク西部で急拡大、さらに内戦に陥ったシリアで支配地域を広げた。過激な外国人義勇兵も加わり、イラク・シリア両政府軍や行政機関への攻撃だけでなく、多数の住民を殺戮した。

イラクでもっとも過酷な状況に直面したのは、クルド系少数宗教、ヤズディの人たちだ。ＩＳはヤズディを「悪魔崇拝の邪教」と決めつけ、制圧した町や村で集団虐殺を行ったうえ、女性は「奴隷」として拉致し、幼い少女までもが戦闘員と強制結婚させられている。ＩＳから逃れたヤズディ住民の多くはクルド自治区に身を寄せているが、拉致された女性や子どものうち、一〇〇〇人以上がいまも行方不明のままとなっている。

シリア北部のクルド人居住地域もＩＳの激しい攻撃にさらされ、十数万がトルコなどに難民となって逃れた。クルド組織・人民防衛隊（ＹＰＧ）とＩＳとの熾烈な戦闘は続き、クルド人はふたたび戦火にさらされ、故郷を失う状況となっている。

クルド人にとって「クルディスタン独立」は民族の悲願といわれてきた。現在の中東の政治状況にあって、独立の可能性は低い。イランでは、国内のクルド人の動きは政治体制を揺さぶる問題に直結するため、いまも弾圧や監視が続いている。イラクではクルド防衛部隊ペシュメルガが、そしてシリアではＹＰＧがＩＳとの戦闘を繰り広げている。トルコではクルディスタン労働者党（ＰＫＫ）が武装闘争を激化させ、クルド問題解決の道のりはまだ遠い。

クルド人は「国際政治のカード」とされるのを分かっていながらも、それに頼らざるをえないという現実も知っている。「クルディスタン独立」という共通の思いを胸に抱きながらも、当面は、分断されたそれぞれの国で、民族自治や言語などの権利を求める政治運動が広がっていくことになるだろう。ＩＳが世界的な脅威となるなか、今後、クルド民族の運動が中東の政治構造を変える動因の一つとなって影響力を増すのは間違いない。

007

トゥルー・ヌーン

True Noon
2009年／タジキスタン／タジク語／83分
監督　ノシール・サイードフ
出演　ユーリー・ナザーロフ　ナシバ・シャリポワ

ソ連崩壊直後の混乱期を背景に、タジキスタンで製作された初の長篇劇映画。境界近くの山岳地帯に隣り合う二つの村では、村人同士が自由に行き交い仲良く暮らしていた。ソ連の気象観測所の所長を務めるロシア人キリルは、政情不安で通信機能も停止中のため、愛娘のような助手ニルファへの仕事の引き継ぎもできず、故郷を想いつつ日々を過ごしていた。太陽が真南に昇る〝トゥルー・ヌーン〟の日に結婚するニルファと隣村の男性との祝宴準備が進む中、兵士の手で鉄条網の国境が作られ、周辺には地雷が埋められる。長篇デビューを飾るノシール・サイードフ監督は、情勢の変化で突如現れた国境に翻弄されてもなお、人を思いやる崇高さを力強く描出。アジアフォーカス・福岡国際映画祭で福岡観客賞に輝くなど、幅広い支持を得た。

タジキスタンの国境問題と地雷問題——ソ連時代からの負の遺産

島田　志津夫

中央アジアの山国タジキスタンは、ソ連崩壊により突如独立することになった。独立の際の国境線は、ソ連時代にソ連中央政府によって人為的に引かれた境界をそのまま引き継いだものであり、様々な問題をはらむものであった。さらに、アフガニスタンと国境を接し、独立後の内戦も経験したタジキスタンでは、様々な時期に国内各地に埋設された地雷が市民の生活をも脅かす社会問題となっている。

しまだ・しづお——東京外国語大学大学院総合国際学研究院特任講師。ウズベキスタン共和国科学アカデミー言語・文学研究所研修員、外務省在タジキスタン日本国大使館専門調査員等を経て現職。主な論文にṢadr al-Dīn ʻAynī, *Bukhārā inqilābining ta'rīkhi*, SHIMADA Shizuo and Sharifa TOSHEVA (eds.), Tokyo: Department of Islamic Area Studies, Center for Evolving Humanities, The University of Tokyo, 2010.; 島田志津夫（訳・解題）「V. V. バルトリド「タジク人：歴史的概説」」（『東京外国語大学論集』92号、二〇一六年）などがある。

この映画の舞台であるタジキスタンは、旧ソ連中央アジアの最南端に位置する小国である。東は中国、南はアフガニスタンと国境を接し、ソ連時代には中ソ対立やソ連軍によるアフガニスタン侵攻といった国際情勢の流れの中で、つねに国防の最前線に位置していた。さらに、一九九一年のソ連崩壊に伴う独立後の政治的混乱は内戦にまで発展し（一九九二〜九七年）、国土は疲弊し、経済的にも大きな打撃を受けた。

また、タジキスタンは、こうした政治状況とは別に、映画の中でも美しい山々の情景が描写されているとおり、すばらしい自然の景観に富んだ山国でもある。国土の九三％は山地で、そのうちの五〇％以上が標高三〇〇〇メートル以上の高地であり、国の東部には七〇〇〇メートル級の山々が連なるパミール高原が広がっている。山がちな国土では大規模な農業に適した平地は限られており、石油や天然ガスなどのエネルギー資源にも恵まれておらず、旧ソ連中央アジア五ヵ国のうちでは最貧国に位置づけられている。こうした状況から、近年は年間のべ一〇〇万人もの労働者がロシアなどへ出稼ぎに出ており、彼らからの送金額はタジキスタンのGDPの約四割にも相当するが、リーマンショック後の資源価格下落や経済制裁によるロシア経済の悪化により、送金額も減少している。

タジキスタンは、主要民族であるイラン系のタジク人が人口の八割以上を占め、その他テュルク系のウズベク人やキルギス人、スラヴ系のロシア人などが住む多民族国家である。ロシア人は、おもにソ連時代に専門家や技術者等としてソ連各地から移住してきた人々であり、独立後は内戦の混乱を避けて国外に再移住する人々が増えたため、その人口は激減している。しかしながら、ソ連時代の教育により普及したロシア語は、現在のタジキスタンにおいてもある程度の社会的重要性を保ち続けており、タジク語とロシア語のバイリンガルの状況もめずらしくない。本作品でも、村人たちはタジク語とロシア語の二言語を自由に使い分けており、こうした言語状況が反映されている。

この映画の第一のテーマとなっているのは、「国境」の問題である。舞台は、タジキスタンの国境に位置する小さな山村、時代設定はソ連崩壊直後か、それから一～二年経ったくらいの頃であろうか。首都は独立後の混乱により戒厳令が敷かれている。ソ連崩壊前から赴任していたロシア人測候所長キリルは、ソ連崩壊後の混乱と自身の責任感によりロシアに帰国する機会を逃していた。そこへ、それまで自由に行き来ができた隣村と分断する形で突如国境線が引かれ、村人たちはお互いの村への往来ができなくなってしまった。一九九一年のソ連崩壊により突然独立することとなった旧ソ連の諸共和国では、国境管理の整備にはしばらく時間がかかったはずであり、幹線道路上の主要な国境地点でもない山村に国境線のバリケードを建設するためには、独立後何年か時間が必要であったかもしれない。たとえば、筆者が一九九四年二月に内戦中のタジキスタンを訪問した際には、外国人旅行者に対してはタジキスタン独自の査証は発給されず、ロシアの査証で代用していた。

ロシア帝政時代の一八六〇年代、ロシア帝国軍は中央アジア地域に侵攻し、その大部分を植民地として併合した。また、現地政権のブハラ・アミール国とヒヴァ・ハン国はロシアの保護国とし、名目的な独立国としての地位を認めた。その当時、現在のタジキスタンの領域は、南西部がブハラ・アミール国の領域にとどまり、北部や東部など残りの地域はロシア帝国領となっていた。言い換えれば、現在のタジキスタンの国境線は、ロシア帝政時代の行政区分の境界とはほとんど無関係であり、たとえば現在の首都ドゥシャンベ市も含むブハラ・アミール国領内に住む人々は、その政治的中心地であるブハラ(現ウズベキスタン領)に帰属意識を持っていた。

現在あるようなタジキスタンの国境線は、一九二四年にソ連中央政府の主導で実施された中央アジアの民族別国境画定の際に決められたものである。この措置は、当時のソ連の民族政策を体現したものであり、民族ごとに固有の領域を与え、ある程度の政治的・文化的自治を認めることで、いわゆるロシア本国以外の地域にソヴィエト政権の統治の確立と社会主義イデオロギーの浸透を画策したものであった。これにより、それまで民族意識が曖昧であった中央アジアにおいて、現在あるような形での民族と国家の基礎が半ば人為的にできあがったということができる。

ただし、ソ連においては、ある程度の移動の制限があったにしても、連邦内の各共和国間の国境(「内の国境」)を越えて往来することは、それほど問題となることではなかった。とくに、村落部において各共和国の国境付近に住む人々にとっては、日常生活の中で境界を意識することはほとんどなかったであろう。「内の国境」とは、たとえばアメリカにおける州境、日本における県境程度の意味しか持たなかったといえる。それに対し、ソ連と外国との国境(「外の国境」)、たとえばソ連と中国、アフガニスタンなどとの国境は厳しく管理され、自由な往来は不可能であった。

一九九一年のソ連のあっけない崩壊により、各共和国はそれまでの国境線をもとに突如独立することとなった。すなわち、それまでの「内の国境」が「外の国境」に一変することになったのである。本作品でも描かれているとおり、突然国境線によって分断されるということも、独立後の旧ソ連各地で実際に起こり得たことであった。たとえば、フェルガナ地方では、タジキスタンとウズベキスタン、キルギスの国境が複雑に入り組み、飛び地の問題等、「内の国境」をそのまま「外の国境」とするには無理の多い状況にある。

この映画のもう一つのテーマは、「地雷」の問題である。タジキスタンは、様々な時期に国土の各地に地雷が埋設され、深刻な地雷問題を抱えている。地雷埋設の時期と場所は、以下の三つに分類することができる。

（一）ソ連時代から独立後にかけてソ連軍およびロシア軍により、南部とパミール地方のアフガニスタンとの国境地帯に埋設された。一九七九〜八九年のソ連のアフガニスタン侵攻に伴い「外の国境」として戦略上の最重要な意味を持ち、独立後も引き続き二〇〇五年までロシア国境警備隊が国境管理をおこない、不法入国者を防ぐために地雷を埋設した。

パミール地方のアフガニスタン国境における地雷原の標識（筆者撮影）

（二）一九九二〜九七年の内戦時に、タジク人自身によって内戦の激戦地となった中央部のガルム地方、タヴィルダラ地方に埋設された。旧共産党勢力を中心とする政府側と、ガルム地方を本拠地とするイスラーム反政府勢力との戦闘時に双方が地雷を使用した。内戦時の混乱により地雷埋設地図が失われ、どこに地雷を埋設したか正確な場所がわからなくなっている。

（三）一九九九年頃からウズベキスタン当局により、北部のウズベキスタンとの国境地帯に埋設された。一九九九年にキルギスで日本人鉱山技師誘拐事件を起こしたイスラーム過激組織「ウズベキスタン・イスラーム運動」（IMU）は、潜伏先のアフガニスタンからタジキスタンおよびキルギスを経由し、ウズベキスタン領内にたびたび侵入した。これを防ぐために対人地雷が埋設された。

農作業や薪集め、放牧中などに多くの民間人が地雷の被害を受けており、とくにウズベキスタンとの国境地帯では二〇〇六年八月までに七二人が死亡、八五人が負傷し、二〇〇〇頭の家畜が犠牲となった。タジキスタン全体では、一九九二年以降二三八人が死亡、二三九人が負傷し（二〇〇六年八月現在）、それらの死傷者のうち子どもが二〇％を占めている。

「国境」と「地雷」のどちらの問題とも、ソ連時代、独立後の内戦、現代とタジキスタンが辿ってきた歴史的変遷の中から生まれた問題であり、その歴史的背景を知ることで本作品をより深く理解することができるだろう。タジキスタンの自然や結婚式風景の鮮やかな映像美と主人公の人間ドラマの中に、タジキスタンが翻弄された現代史の一側面を読み取りたい。

ファンドリー

松尾瑞穂（国立民族学博物館准教授／みんぱくワールドシネマ実行委員）

©Holy Basil Productions Pvt. Ltd.

FANDRY
2013年／マラーティー語／103分
監督　ナグラージ・マンジューレ
出演　ソムナート・アウガデ　サンジャイ・チョウドリ

マラーティー語は、マハーラーシュトラ州で話されている言語であり、話者はおよそ八〇〇〇万人と、インド諸語のなかでも多いほうである。州の人口や経済規模を考えると、マラーティー映画のマーケットは決して小さくはないはずだが、これまでマラーティー映画は、それほど人気があるわけではなかった。それもそのはずで、州内にはムンバイを拠点とする、「ボリウッド」と呼ばれるヒンディー映画製作の一大中心地があり、マラーティー映画は地元でもその陰に隠れる存在だったのだ。ところが、最近では見応えのある良質な作品が数多く作られるようになっており、国内外で注目を集めるようになっている。本作『ファンドリー』は、そんな注目作の一つであり、二〇一三年度ナショナルアワード最優秀新人監督賞および最優秀子役賞を受賞した。

舞台は、マハーラーシュトラ州のある農村。主人公は、そこに住む、カイカーディという指定部族

（ST）の少年ジャンブワント（ジャビャー）である。彼の家族は、村の雑用を担うことでお金をもらい、貧しい暮らしを送っている。ジャビャーは、同級生のシャルーに恋をしているが、彼女は高カーストの家の娘で、直接話しかけることも出来ず、ただ見ているだけである。そんななか、村にブタの一群が出没し、村はパニックに陥る。村長らからブタを捕まえるように言われ、同級生たちが遠巻きに眺めるなか、ジャビャーの家族はブタを捕獲しなければならず…。

タイトルのファンドリーとは、カイカーディの言葉でブタという意味であり、本作でカギとなっているのはブタである。それを理解するには、インド社会におけるブタの位置づけが重要となる。インドでは一般的にブタはもっとも不浄な動物とされ、その肉を食べることはもちろん、触れるのも忌避される。映画のなかでは、校庭に入ってきたブタに触れた少女が、家に戻って水浴びをし、ケガレを落としている間、母親が牛の尿を洋服に振りかけているシーンがあるが、これなどはブタ＝不浄、牛＝浄という、高カースト・ヒンドゥーにとっての動物のヒエラルキーを如実にあらわしている。こうしたイデオロギーは高カーストのあいだで顕著だが、低カーストや、主人公のような指定部族のコミュニティでは、豚肉を食べる習慣も根強い。そのことが、いわゆる村の高カーストからは、蔑視の対象となっている。

もともとカイカーディという部族は、籠作りと家畜の飼育を生業とする、移動民である。一九世紀半ばからインドを直接統治下においたイギリスは、国勢調査などを通して、インドに居住する多様な集団を把握していったが、そのうち特定のカーストや民族を「犯罪者カースト」、「犯罪者部族」と指定し、強化管理の対象とした。カイカーディは、そうした

「犯罪者部族」と指定されたうちの一つであり、政府によって積極的な定住化政策が取られていく。主人公の家族が、一家族だけ村のはずれに居を構えているのは、もともとヒンドゥーの村落共同体の内には属していない移動の民が定住化を余儀なくされたという、歴史的背景がある。

こうした、ヒンドゥー社会の中で周辺化され、差別の対象となってきた、もと「不可触民」や部族は、いまではダリット（被抑圧者）という名前で呼ばれ、地位向上運動も盛んとなっている。この映画では、そうしたダリットへのメッセージがいたるところで表現されている。たとえば、授業中にツォーカーメーラーという、中世マラーティー詩人の詩が出てくるが、このツォーカーメーラーもダリット出身者で、身分や見かけに限らない人の美しさについて多くの詩を残している。また、学校の塀には、ダリット運動のシンボルとなっているマハーラーシュトラ州出身の歴史的人物が描かれている。

ラストが衝撃的な本作は、観ている私たちにも内在する差別というものを浮き彫りにする。監督のナグラージ・マンジューレは、自身も農村出身のダリットで、父親は石割りの仕事に従事する貧しい家の出身者だという。作中では、ジャビーを支える奇人のチャンキャ役で登場している。厳しい現実と闘うジャビャーへの暖かい眼差しが随所に感じられるのは、この映画が監督自身の物語でもあるからだろう。

008 タレンタイム

Talentime
2009年／マレーシア／マレー語・英語・タミル語・北京語・広東語／120分
監督　ヤスミン・アフマド
出演　マヘシュ・ジュガル・キショー　パメラ・チョン・ヴェン・ティーン
2017年劇場公開予定

マレーシアの高校で開かれる、学生たちの芸術技能を競うタレンタイム。聾唖のインド・タミル系少年に恋する、西洋人の血も混じったマレー系の少女、死の床にある母を献身的に介護するマレー系の少年、厳格な父を持つ悩み多き中国系の少年らが、ユニークな教師たちのもとで大会に向けて準備する。それぞれの家族に悲喜劇が起こり、学生たちの間での民族の衝突や確執を経て、素晴らしい芸術表現と相互理解に至るまでを、優しくユーモラスな視点で描いた感動作。多文化・多言語・多宗教が交差する多民族国家マレーシアの日常生活を繊細に描き、その寛容と融和を映画に謳い続けてきた女性監督ヤスミン・アフマドは、日本人だった祖母についての映画を製作開始する直前の二〇〇九年に急死し、この作品が遺作となった。

多民族共生への道

信田　敏宏

のぶた・としひろ――国立民族学博物館教授。専門は社会人類学・東南アジア研究。開発、イスラーム化、NGO活動などをテーマに、マレーシア先住民オラン・アスリを対象とした研究を行っている。主な著書に『周縁を生きる人びと――オラン・アスリの開発とイスラーム化』（京都大学学術出版会、二〇〇四年）、『ドリアン王国探訪記――マレーシア先住民の生きる世界』（臨川書店、二〇一三年）などがある。

マレーシアには、多数派のマレー人の他に、華人やインド人、さらに先住民など、多様な民族が暮らしている。本作『タレンタイム』では、さまざまな民族的背景をもつ人々の複雑な人間模様がコミカルな場面を織り交ぜながらシリアスに描かれている。英語、マレー語、中国語、タミール語などが飛び交う本作は、マレーシアにおける多言語状況を象徴しているが、それは同時にこの国における民族間の相互理解や異文化交流の難しさを示してもいる。ヤスミン監督は、生涯にわたり、マレーシア最大の課題である「民族融和」をテーマにしてきたが、最後となった本作においても、「民族融和」への強い想いが込められている。

『タレンタイム』の舞台であるマレーシアは、東南アジアに位置する多民族国家である。人口は約三〇〇〇万人。マレー系の民族が人口の約六割を占め、中国系は三割弱、インド系が一割弱を占める。マレー系の諸民族には、イスラーム教徒のマレー人の他に、マレー半島の先住民であるオラン・アスリや、ボルネオ島のサバ州・サラワク州の先住民（イバン、カダザン・ドゥスン、ビダユ、ムラナウ、ムルット、プナンなど）が含まれている。これらの諸民族は「土地の子」を意味する「ブミプトラ」と呼ばれている。

こうした多民族国家の形成、特に、マレー系、中国系、インド系の三大民族の形成には、当然のことながら、歴史的な要因が存在する。

マレーシアのマレー半島には昔から、起源を異にするさまざまな民族が訪れていた。一五世紀初頭、中国とインドの交易ルート（海のシルクロードとも呼ば

インド系のイスラーム教徒が経営する飲食店。マレー系ばかりでなく、中国系の人々も訪れている（筆者撮影）

れる）の中継点であったマラッカ王国には、中国やインド、アラブなど、さまざまな地域から商人が訪れ、中国人商人などのように、マラッカに住み続ける人々もいた。

一八世紀後半、イギリスの植民地支配が開始されると、スズ鉱山開発や、ゴムや紅茶のプランテーション開発が行なわれるようになり、労働力として、中国やインドから大量の移民がマレー半島に流入するようになった。また、当時オランダの植民地であったインドネシアからも、新天地を求めて、ジャワ人やブギス人などがマレー半島に移住してきた。彼らは、今日ではマレー系の諸民族に含まれている。

イギリス植民地政府は、被支配者の集団を分割し、互いに反目させ、支配者に不満の矛先が向かないようにする分割統治政策を採用した。その結果、マレー系、中国系、インド系の人々はそれぞれ分断され、生業や居住地も民族ごとに固定化されていくようになった。たとえば、農村には農業を営むマレー人、都市や町には商業を営む中国人、ゴムや紅茶のプランテーション地域にはプランテーション労働に従事するインド人といったように。

第二次世界大戦時、マレー半島は、日本軍に占領され、日本の植民地となった。戦後、一度は、イギリスの支配下に戻るが、その後、独立の機運が高まり、一九五七年にマラヤ連邦として独立した。独立に際して起草された憲法では、「マレー系の特別な地位」が認められた。一九六三年には、同じくイギリスの植民地であったシンガポールとボルネオ島のサバ州・サラワク州が合流し、マレーシア連邦を形成したが、一九六五年には、路線の違いから、シンガポールが分離独立することとなった。

一九六九年五月一三日、首都クアラ・ルンプールにおいてマレー系と中国系との間で大規模な民族衝突事件が勃発した。与党連合が議席を減らすという総選挙の結果を受けて、勝利を祝う中国系の野党支持者と、それを苦々しく思うマレー系の与党支持者が衝突したことに端を発した事件であった。

こうした事態を収拾するため、一九七一年、マレーシア政府は、貧困状態にあるマレー系を優遇する新経済政策（通称：ブミプトラ政策）を発表した。ブミプトラ政策では、雇用、株式の保有比率、預金の金利、大学など高等教育機関への就学などにおいて、ブミプトラ（マレー系）が優遇されることになった。新経済政策は当初一九七一年から一九九〇年までの二〇年間実施されることになっていたが、一九九一年から実施された国家開発政策においても、ブミプトラへの優遇措置は継続された。一九六九年以来、大規模な民族衝突事件は起きていないという意味でブミプトラ政策は一定の評価を得ていると言える。しかし、一方で、民族間の反目をかえって助長したとの意見もあり、最近では、ブミプトラへの優遇を見直すべきではないかという声が大きくなってきている。

以上のように、今日のマレーシアにおける多民族状況の形成には、この国が背負ってきた過去、とりわけイギリスの植民地としての歴史と独立後の政治経済状況に大きな要因がある。『タレンタイム』に登場する高校生たちの心の葛藤にも、このマレーシアの歴史が大きくのしかかっている。

『タレンタイム』は、いわば「多言語映画」である。マレーシアの映画では二つ以上の言語の字幕がつくことも少なくない。多民族状況というのは多言語状況を意味しており、時には不便に感じることもあるので、為政者の中には、いっそのこと、一つの民族、一つの言語にしてしまった方が良いと考える人もいる。たとえば、「マレーシア人」を創造する、マレー語の使用を拡大するといった意見である。しかし、この場合には、マジョリティである「マレー人」ではない人々（中国系やインド系の人々、先住民など）は独自の言語や民族性を奪われ、自らの民族アイデンティティを失いかねないことになる。そういうわけで、この国では、確かに不便な場合もあるけれども、多民族・多言語状況をあえて維持しようとしている。マジョリティの人々とマイノリティの人々が互いに多様性を認め合い、自律性を維持しながら生きていける社会、それがマレーシアの目指す多民族共生の社会なのだろう。

ヤスミン監督は、マレーシアの現状を憂いていたのだろうか、それとも希望を見出していたのだろうか。民族の間に横たわる壁が、いつの日か扉になることを、ヤスミン監督は切望していたに違いない。『タレンタイム』には、これまでと同様、若い世代の人々が多く登場する。それは、ヤスミン監督が、マレーシアの未来を次の世代に託していることを表している。今は越えられない壁であったとしても、次世代の人々によって、必ずや壁を乗り越えていけると、ヤスミン監督は彼らに希望を託していたのであろう。

『タレンタイム』では、もう一つの言語である「手話」が取り上げられている。マレー人少女と聾唖者であるインド人青年の純愛である。若い二人に待ち受けているであろう苦難の道のりと二人が抱く希望に、ヤスミン監督はマレーシアの未来を重ね合わせていたのかもしれない。

【付記】
本稿の執筆にあたり、二〇一一年一月二二日に国立民族学博物館で開催されたみんぱく映画会「みんぱくワールドシネマ」の当日配布資料（戸加里康子著「マレーシアという国について」）を参照した。

009

あなたなしでは生きていけない

画像提供　福岡市総合図書館

不能没有你／Cannot Live Without You
2009年／台湾／中国語（普通語・台湾語・客家語）／92分
監督　戴立忍（レオン・ダイ）
出演　陳文彬（チェン・ウェンビン）　趙祐萱（チャオ・ヨウシュエン）

台北で実際に起きた事件をモチーフに、互いを想い合う親子の奮闘を描くモノクロ作品。台湾・高雄の海辺で潜水夫をしながら、行方知れずの内縁の妻との間に生まれた七歳の娘と、つましくも幸せに暮らす父親がいた。出生届を出さず無戸籍ゆえに、今も学校に通えない娘を入学させようと、同郷の議員を頼り台北にまで赴くものの、理不尽な現実に阻まれる。悲観した父親は、娘を抱え歩道橋上から身を乗り出すが、マスコミも巻き込む騒動に発展してしまう。俳優としても活躍するレオン・ダイ監督が、主演を務めたチェン・ウェンピンと実話を基に脚本を練り上げ、法律や制度の壁さえ乗り越える父娘の深い愛情を、温かなタッチで描出。大ヒットを記録した台湾では、台湾金馬奨の作品賞を含む三冠に輝いた。

『あなたなしでは生きていけない』が問う親子の絆

月田　みづえ

つきだ・みづえ――昭和女子大学大学院生活機構学研究科教授。専門は児童家庭福祉、社会福祉の歴史。世田谷区子どもの人権擁護機関「せたがやホッと子どもサポート委員」としても活動している。主な著書に、『日本の無国籍児と子どもの福祉』（明石書店、二〇〇八年）、『子どもと福祉文化実践シリーズ　第2巻　輝く子どもたち』（共著、明石書店、二〇〇四年）などがある。

この映画は、二〇〇三年に実際に起きた事件をヒントにしたものだという。主人公の李武雄（リーウーシュン）は、南部の高雄の出身である。主人公は、そのなかでも、社会的には弱い立場にあり、差別されることが多い、Hakka（客家）の出身で、危険を伴う潜水夫として、ひたむきに生きて子どもを育てる父親である。その日常の暮らしの場から河の向こうにみえるまばゆいばかりの対岸の街並みは、主人公親子を排除し、あがいてもどうすることもできないように立ちはだかる法律や仕組みという壁を創り上げている社会そのものである。テーマは、あたかも当然のこととされ、守られている法律や仕組みによって、ひきさかれ、翻弄される人生を送る親子の物語である。

戸籍と国籍は、法的な紐帯（ちゅうたい）として、社会的にさまざまな諸権利を持つ根拠となる。そのため、主人公李の娘メイのように、戸籍に登録されていなければ、教育をはじめとして諸権利のない状態となることがある。李のように実の父親でも、法的な保護者でないという理由から、親子の絆がたたれ、引き離されてしまうことが起こる。どれだけ愛情をそそいで育てていても、法的なつながりが勝ることが起こる。生まれた子どもに何の落ち度もないのに、なぜ、愛する父親と一緒に暮らすことができないのか。

台湾と日本は戸籍制度を持つ国である。日本では現行の戸籍法や国籍法、あるいは行政手続きや外国人政策などで、日本で生まれて日本で育っている子どもの中に、無戸籍や無国籍という無権利状態おかれる子どもが今でも多数いる。

日本は、米国などのように自国で生まれた子に国籍を認める「生地主義」ではなく、明治の戸籍と国籍法成立以来、国家との結びつきを重視し、親が日本人である場合に子に国籍を認める「血統主義」である。戦後になっても国籍法は、日本人父が日本国籍を継承できる「父系血統主義」であった。そのなかで、米軍基地周辺における米軍人などと日本人女性の婚姻をめぐって、子どもの国籍問題がクローズアップされた。沖縄などで、日米の両親の婚姻関係が要因で、無国籍児が多く生まれた。要因は、大きく三つ、①純粋無国籍児、②未就籍による無国籍児、③婚外子である無国籍児であった。

その後、両性平等への沖縄や国際的な動きなどにより、一九八四年に国籍法が改正されて、日本人母も国籍を継承できる「両系血統主義」となった。さらに、グローバル化がすすみ、定住外国人が増えていった。

そのなかで、日本人と外国人母の婚姻による無国籍や国籍不明の子どもが児童相談所や児童養護施設で、問題になってくる。戸籍や国籍の問題は児童福祉による保護の範囲を超えた問題である。無国籍のまま施設で暮らし、学校教育は受けても、いよいよ社会人として自立する段階で、問題が表出する。成人までに、なんとか国籍を得るために、時間や費用をかけて、帰化申請、国籍確認訴訟、就籍許可審判に訴える弁護などの活動が行われてきた。

世界的にみても、ユネスコやユニセフなどの国際機関による出生未登録や国籍にかかわる問題の実態把握は、近年、はじめられたばかりである（『無国籍児市民権を持たない青少年二〇〇二』、『世界子供白書二〇〇六存在しない子どもたち』など）。国籍確定の法律的な障害、人種による迫害、民族紛争、国家の崩壊、戦争、難民、経済的な障害（貧困、移住労働、債務労働）、社会的・文化的な障害（出生登録制度未整備）などの理由から、開発途上国のみならず、国籍法上、先進諸国でも起きる問題である。日本でも、無国籍児の実態は、よくわかっていない。

政府統計によると、在留外国人数（短期滞在などを含まない）のうち、無国籍者は、五九八人（男性三〇八人、女性二九〇人）である。年齢別にみると、一九歳未満は、一〇七人で、全体の一七・九％である。さらに、一九歳未満児の年齢別内訳をみると、〇～四歳は、三六人、五～九歳一七人、一〇～一四歳二八人、一五～一九歳が二六人であり、他の年齢に比べて〇～四歳児が多い。すなわち無国籍児は、新たに生まれ続けているといえる（在留外国人統計平成二七年版）。

厚生労働省の全国の乳児院、児童養護施設、委託里親に対する調査「施設入所中の無国籍児童に係る実態調査結果（一九九九年）」では、国籍不明二二〇人、無国籍四四人、手続き中四〇人である。また、奥田安弘などの全国の児童相談所のアンケート調査（二〇〇〇年）で無国籍児は、五二一人であった。

このような状況を踏まえ、子どもの権利条約締約国日本に対する国連専門委員会は、非登録外国人の移住労働者は、自分たち自身が非登録の身分であることを恐れ、彼らの子どもの出生登録をすることができず、無国籍を生みだす要因となっている。この点を懸念すると日本の国籍法や他の法律を改正するように勧告した。

外国人の支援団体で、一ヶ所で二〇〇人のケースを抱えているところがあり、これらのケースは氷山の一角にすぎないと考えられている。

一方、無戸籍となるケースは、日本人同士の間で現在も起きている問題である。すなわち、戸籍法七七二条の規定で、離婚後三〇〇日に満たずに、再婚し、出産した女性が前夫の子と推定（嫡出推定）され、後夫が遺伝上の実の父親であったとしても、後夫との間の子としては、出生届が受理されない。前夫に、嫡出否認の手続きをしてもらったり、親子関係不存在確認の調停や強制認知の手続きを経ない限り、前夫との間の子になってしまう。前夫のＤＶが原因で離婚した場合など、前夫とかかわりを持てないなどの心理的負担、ＤＮＡ鑑定や手続き費用の経済的負担などの理由で、出生を届け出ずに子が無戸籍状態におかれることがある。離婚後三〇〇日問題として社会問題となっている。法務省の集計をもとにした文部科学省の調査では、全国に一四二人の小中学生が、無戸籍であるとしている。

一方、二〇〇八年一二月に、無国籍の防止にむけて国籍法が改正された。改正前は、父母が法律婚か、法律婚でなくても父外国人で母日本人、あるいは父日本人で母外国人の出生前認知か父母の婚姻による「準正」の場合、日本国籍を取得した。しかし、今回の改正で、出生前認知でなくても、出生後でも日本人に認知されれば、外国人の母親との間の子（法律婚でなくても）が届出によって日本国籍を取得できるようになった。今回の改正によっても、父母がわかっていて、認知されていない場合は、対象外となっており、すべての子どもの人権を守るためには、さらに生地主義をひろげるなど、議論が必要である。

たとえば、同じく、両系血統主義のデンマーク国籍法では、「子の父母が婚姻していないことに加え、父のみがデンマーク国民のときには、子がデンマークで出生したときに限って、デンマーク国籍を取得する」である。

日本と台湾は、戸籍制度を持ち、国籍法は両系血統主義、認知制度、自国で生まれ父母がともに知れない場合の国籍取得などの共通点がある。

この映画のケースを日本にあてはめれば、母の夫と娘のメイの親子関係不存在確認。医師による出生証明書などで、子の身分の証明をするかDNA鑑定。家庭裁判所による親権者変更の許可もしくは監護者指定の審判などによって、母の配偶者が法廷保護者の権利を放棄した、などでメイに戸籍を創ることが考えられる。偽装結婚等悪用されることを重視して、権利が阻害される子どもが存在することを軽視するのは、おかしい。今後も、両国の戸籍や国籍法の問題あるいは外国人や婚外子に対する差別意識の軽減など、子どもの福祉と人権の立場にたって、協力関係を持っていくことが大事であると思う。

日本は無縁社会といわれるが、この映画には、厚い法的な壁に挑み、客家人である財兄が、親子の情愛を大切にして、その絆を取り戻そうと李とともに動き回る姿が描かれている。

李親子のように、親子関係や婚姻関係は形態や法的つながりだけで判断されるものではなく、内実の絆であることを強く訴えている。

最後は、排除の論理より包摂の良識が優ることを私たちに教えてくれているのではないだろうか。

【参考文献】

月田みづえ『日本の無国籍児と子どもの福祉』(明石書店、二〇〇八年)

III 家族から社会を見る

010

海を飛ぶ夢

Mar Adentro
2004年／スペイン・フランス・イタリア／スペイン語・カタルーニャ語・ガリシア語／125分
監督　アレハンドロ・アメナーバル
出演　ハビエル・バルデム　ベレン・ルエダ
DVD
発売・販売元：ポニーキャニオン

若き日の海での事故により身体の自由を奪われ、尊厳死を求めて闘い抜いたラモン・サンペドロの手記の映画化。二五歳で四肢麻痺となったラモンは、三〇年近くも家族や友人たちの献身的な愛情に支えられながらも、失われた自由を取り戻すために、自ら死を選び取ろうとする。不治の病で死の恐怖に怯える女性弁護士に親愛の情を抱きつつ、勝ち目の乏しい法廷闘争の中で、切なる胸中を訴え続ける。スペインの鬼才アレハンドロ・アメナーバル監督は、詩人でもあるラモンが心に思い描く情景を、独創性豊かな映像にした。ユーモアすらたたえる表情と声色のニュアンスのみで難役を演じきった主演のハビエル・バルデムともども絶賛され、アカデミー賞外国語映画賞受賞をはじめ、各国の名だたる賞を席巻した。

死は誰のものか？

小林　昌廣

こばやし・まさひろ――一九五九年生まれ、情報科学芸術大学院大学（ＩＡＭＡＳ）教授・附属図書館長。専門は医療人類学、表象文化論、古典芸能批評など。主な著書に『病い論の現在形』（青弓社、一九九三年）、『「医の知」の対話――癒やしをめぐって』（中川米造と共著、人文書院、一九九五年）、『臨床する芸術学』（昭和堂、一九九九年）などがある。

わが国では「安楽死」という表現を「尊厳死」と改めた歴史がある。残される側の「安楽」ではなく、死んでゆく側の「尊厳」を重視するという、至極あたりまえな死生論が、それほど通俗的ではなかった所以であろう。本作品のラモンは、その意味で「自分の死」だけを考えてきた人間である。それを安楽とも尊厳とも捉えておらず、ただただ自身の「現在」を「死」に置換し、それによって完了させせようとしていたのだ。

この作品が民博で上映されたとき、次のような短いテキストを書いた。

肉体であっても精神であっても、なんらかの負性（ハンディキャップ）をおった人々を描く場合にむずかしいのは、「個」と「公」をどのように描き分けるかということに尽きると思う。同時に、個人の生死を決定するのは他ならぬ自分自身であって、決して「他者」ではないということを強く提出することも困難だ。本作『海を飛ぶ夢』でも、ラモンの公的な活動（安楽死を認めさせようと渋々ながらも裁判所に向かうなど）や、他者に対する立場（自分も他人を干渉しないから他人も自分に干渉しないでほしいといった態度）というものが表明されてはいるが、彼の「個」としてのありかた、つまりは彼の肉体はどれほど描かれているのだろうか。映画のなかで彼は食事はするし、詩を書いたりも

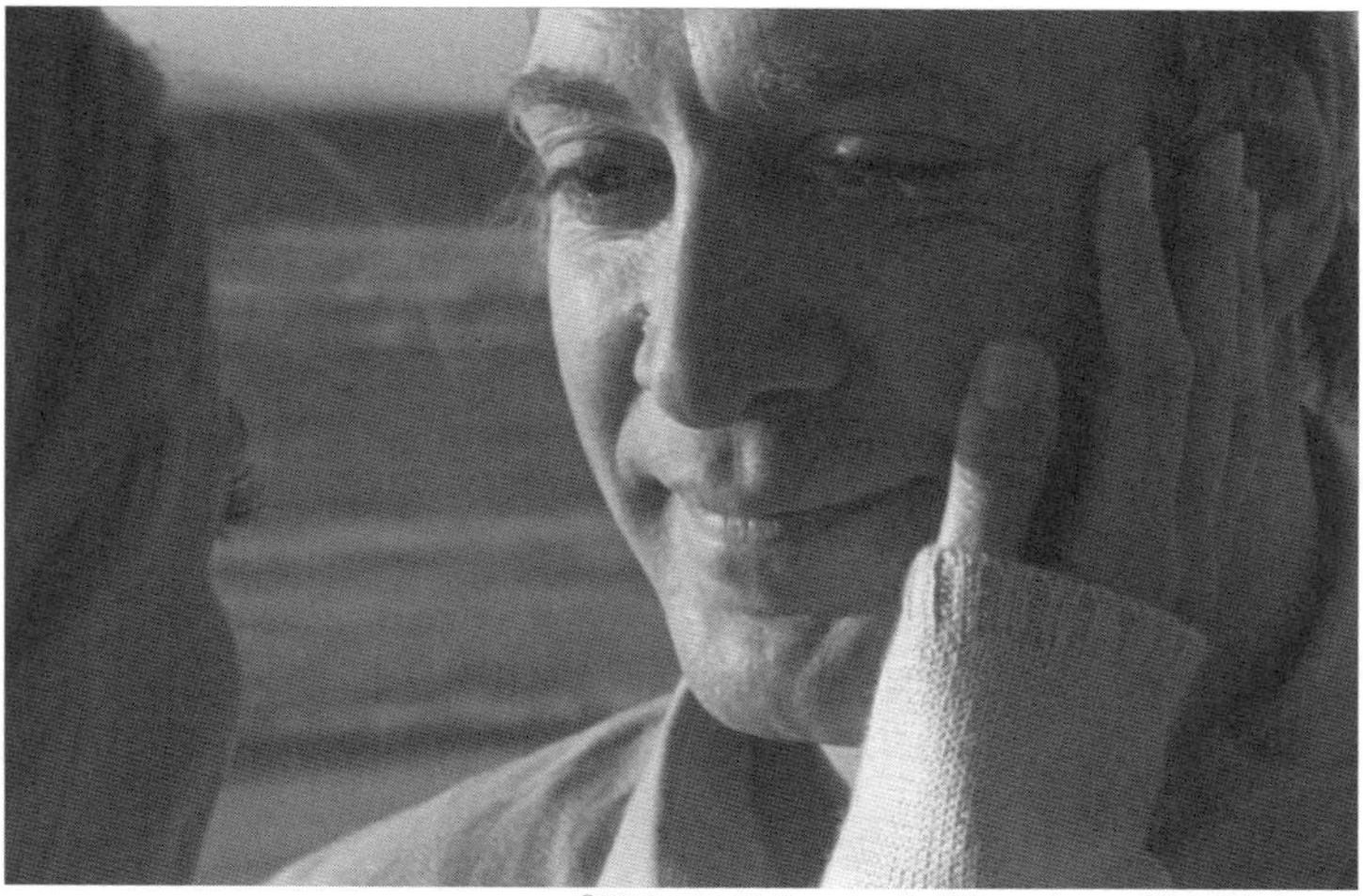

『海を飛ぶ夢』より

する。愛しい人とキスを交わすだろうし、「同病者」である枢機卿と激しい論争をしたりもする。だが、彼はいつ排泄しているのか、入浴しているのか。そうした彼の「日常」はほとんど描かれることはない。その意味で、この作品ではラモンはつねに「負性をもった強い他者」として描かれているのではないか。だが、彼の本当の苦しみはそうした日常生活動作が自由にできないということに対するもっと具体的な苦しみなのではないか。家族（とくに義姉）はとても献身的にラモンのケアをしているが、ラモンにとって家族とは「排泄の手伝いをしてくれる人」ではないはずだ。ただ、ラモンが自分の身体を認めていなかったのに対して、家族はラモンの身体ごと愛そうとしていたのだ。家族には「他者」など存在しなかったはずだ。しかし、ラモンにとっては自分を生かそうとする存在こそが「他者」であったのだ。この作品は、「個」と「公」のあいだに広がる「他者」という存在がどう理解されているか、その立場のちがいが「死」という究極の「生き方」をめぐって表明された映画である、といえるのだろう。

このときに私は、死こそが「他者」であることに思いが至っていなかった、といまは感じている。私たちにとって、死とは「他者」である。決して知ることも理解することも経験することもできないものだからだ。だが、ラモンにとっては死は「他者」ではなかった。義姉のマヌエラと他愛もない恋愛話をしているときに、ラモンは「ぼくには決めている人がいる」と言うと、マヌエラは「そうね、死の女神ね」とさりげなく応えるシーンがある。ラモンにとって、死とは自身を救う唯一の存在であり、もっとも身近な「未来」であったのだ。人は死を恐れる。なぜだろうか。それは、死んだことがないからだ。経験したことがないからだ。だから、経験したことのない死という現象に対して恐れるのはまちがっている。そうではなく、死に伴う苦痛や死ぬことによって訪れるであろう虚無、親しい者たちとの永遠の別れなど、死にまつわるさまざまな付帯状況を想像して、人は死を恐れるのである。だが、苦痛よりも快楽がまさっていたり、現世の人たちとの別れよりもこの世からの離脱のほうが望ましかったりした場合、死は、あるいは甘美なものとなってその者を誘うかもしれない。

もちろん、ラモンがそのように死に誘われた者というつもりはない。彼は自分自身で死ぬことを決定した。普通の人(?)であれば、自ら生命を断てばいい、それだけのことだ。だが、彼の場合はそれを行なうことができない。誰かの助けが必要となる。本作では、最初はラモンの意志に否定的であったロサが最終的には、ラモンの自死の幇助をすることになるが、彼女自身が行ったことや、他の仲間たちの行為はあまり描かれずに、ラモンとロサの愛情の気高さの頂点としてラモンの死があるような、いささか甘い描かれ方をしている。ロサのモデルとなった女性はラモーネ・マネイロといって、ラモンの死から七年後に、自身がラモンの自死の介助とビデオ撮影をしたことを正式に認めている(七年後というのは、スペイン国刑法一四三章による容疑の時効にあたる)。この映画では、ロサのいささかおせっかいすぎる行為が、ラモンの死を助けることになる。

ところで、ラモンは死の直前、家族に次のような手紙を遺している。

別れのあいさつもせずに旅立つことを申し訳なく思っています。生ではなく、死への手助けをすることが、より深い愛情の表現となる場合もあることを、覚えておいてください。ぼくは精一杯あなたたちを愛しました。あなたたちも同じように、ぼくを愛してくれました。そのお返しに、ぼくは死にます。これがぼくにできるただ一つのことです。そして、あなたたちにできることは、ぼくの意志を尊重することなのです。

（轟志津香ほか訳『海を飛ぶ夢』）

映画のなかでも印象的なのは、ラモンが「自分は誰も批判しない、だから誰も自分を批判しないでほしい」という、ある種の「平等主義」を頑なに貫こうとしていることだ。しかし、ラモンは、死に取り憑かれているようではなく、ユーモアと知性をただしく使う術を心得ている。とは言え、そうしたユーモアや知性も、ラモンの苦しみを隠すための装飾でしかないのかもしれない。誰もラモンの真の苦しみを知ることはできなかったのだろう。家族のなかで義姉のマヌエラだけは、息子のように愛していると言いながら、彼の意志を尊重する立場をとっている。しかし、内心はどうだっただろうか。こうして献身的にケアをしている日々がいつまでも続けば、ラモンはやがて死の決意を忘れ、義姉や甥の愛情あふれるふるまいにその身を委ねることができたかもしれない、そう考えていないとはいえない。つまり、マヌエラの時間はそこで止まっている。ラモンが死という未来を引き寄せるような力を、マヌエラは持っていない（だが、ラモンの死後、マヌエラは彼の死を認めさせる訴えを欧州人権裁判所や国連人権委員会にもちこんでおり、義弟の意志を正確に継いでいることは書き加えておかなければならない。マヌエラの訴えはいずれの機関にも受理されることはなかった）。

映画を観る者の心情は二つに裂かれることになるだろう。一つはラモンの立場、そしてもう一つは家族や友人の立場である。おそらくラモンの考えは、少々強硬なところがあるものの、誰もが認めざるをえないものである。一方で、家族や友人の見解、これはごく一般的な見解と言い換えることもできるが、最初は「正論」と思って観ていても、映画が進むにつれて次第に自信がなくなってくるのではないだろうか。それは、枢機卿とラモンとのあいだで「伝令」を務めていた助手のように、自分が正しいと思ったことが、少しずつ曖昧になってしまうのである。

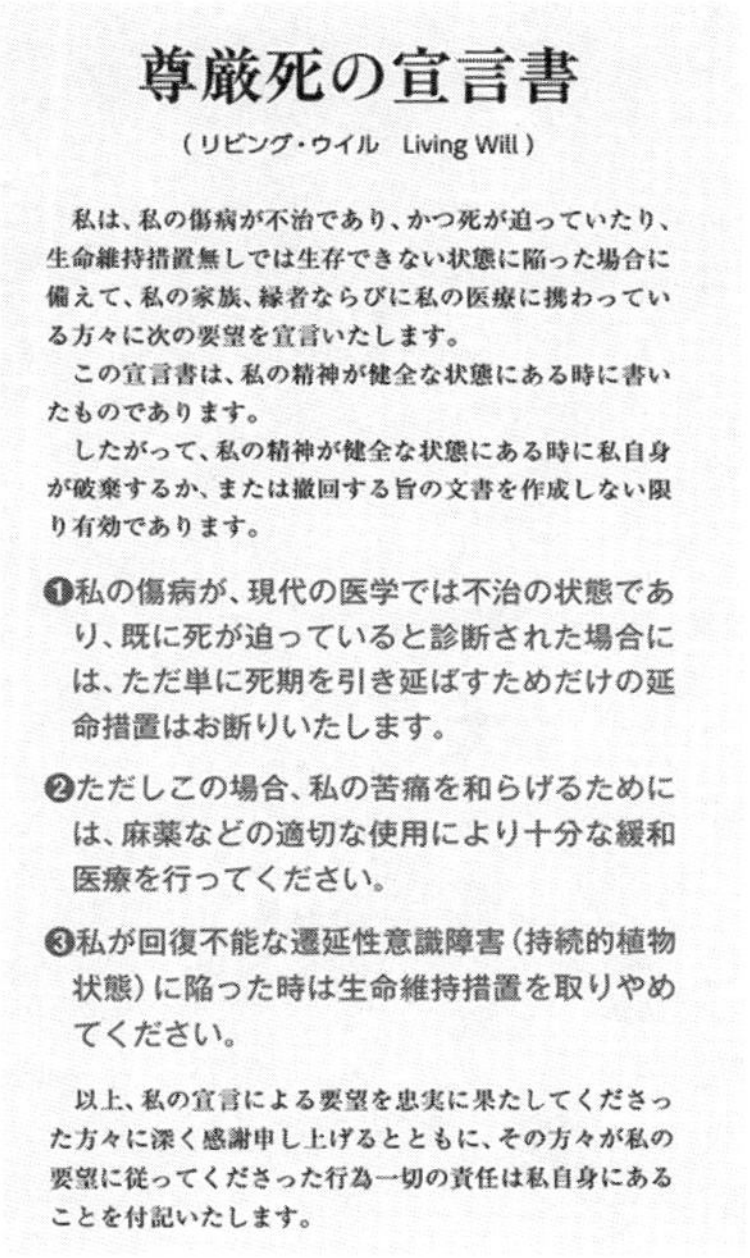

尊厳死の宣言書

（リビング・ウイル　Living Will）

私は、私の傷病が不治であり、かつ死が迫っていたり、生命維持措置無しでは生存できない状態に陥った場合に備えて、私の家族、縁者ならびに私の医療に携わっている方々に次の要望を宣言いたします。

この宣言書は、私の精神が健全な状態にある時に書いたものであります。

したがって、私の精神が健全な状態にある時に私自身が破棄するか、または撤回する旨の文書を作成しない限り有効であります。

❶私の傷病が、現代の医学では不治の状態であり、既に死が迫っていると診断された場合には、ただ単に死期を引き延ばすためだけの延命措置はお断りいたします。

❷ただしこの場合、私の苦痛を和らげるためには、麻薬などの適切な使用により十分な緩和医療を行ってください。

❸私が回復不能な遷延性意識障害（持続的植物状態）に陥った時は生命維持措置を取りやめてください。

以上、私の宣言による要望を忠実に果たしてくださった方々に深く感謝申し上げるとともに、その方々が私の要望に従ってくださった行為一切の責任は私自身にあることを付記いたします。

日本尊厳死協会のウェイブサイトより。ラモンはどの項目にも該当しない。

日本では、一九七六年に日本安楽死協会が設立され、一九八三年に日本尊厳死協会に改称されている。その協会の活動よりも、一九七八年に発足された「安楽死法制化を阻止する会」の見解が興味深い。この会では、真に逝く人のためを考えて、というよりも、生き残る周囲のための「安楽死」である場合が多いことを指摘して、強い立場の人々の満足のために、弱い立場の人たちの生命が奪われているのではないかと問い、生きたいという人間の意思と願いを気がねなく全うできる社会体制が不備のまま「安楽死」を肯定することは、実際上、病人や老人に「死ね」と圧力を加えることにならないかと提起している。ラモンの場合は、こうした見解とは逆になっていて、むしろ彼は周囲のために生きる意思はなく、自分のために死を選んでいる。家族の愛情が、ラモンにとっては大きな負担になっていることは否めないだろう。「安楽死法制化を阻止する会」は、「生きる」ことを押し進める社会体制の整備を呼びかけているが、現実には、ラモンのように、いかに「死ぬ」ことが正当化されるかに、心情的にも法制的にも関心が寄せられているのである。

わが国でも「日本安楽死協会」から「日本尊厳死協会」へと改称されたことは、人の死を単に医療（それを医療と呼べるかどうかについては疑問だが）に任せるのではなく、自身のＱＯＬ（クオリティ・オブ・ライフ、生命の質）を高めるために、あるいは一定水準を保持したまま死ぬことこそが「尊厳」であると捉えられている。これは、人の死全般に対する思想の変化ということ以前に、機械と数字と薬に頼った現代医療が患者の人間性（尊厳さ）を著しく侵していることに対する批判として理解すべきである。

その意味では、本作は「自分の死は誰が決めるのか」という究極の問いを、医療や宗教や法律といった厳密な局面から家族のレベルにいたるまで広く投げかけた映画であると言えるのだ。

それにしても、明らかにラモンの側についていた弁護士のフリアは気の毒だったかもしれない。自身も難病に冒され、ラモンと共に死を決意したのに、夫の説得（？）によりそれを断念し、あまつさえ痴呆状態になってラモンのことすら忘れてしまうというエンディングは、尊厳死団体のジュネが愛息と夫とともに海辺で走り回るという、いわば「生の輪廻」を描いたとはいえ、いったいフリアは誰のために生きているのだろうかという疑問を拭うことはできず、フリアは、いわば「生き延びたラモン」として生存させられているのかもしれないと強く思うのである。

011 裸足の1500マイル

画像提供：Ms. Christine OLSEN, Australia

Rabbit-Proof Fence
2002年／オーストラリア／英語／94分
監督　フィリップ・ノイス
出演　エヴァーリン・サンピ　ケネス・ブラナー

アボリジニとの混血児を強制的に白人に同化させる政策が押し進められていた、かつてのオーストラリアが背景のノンフィクションに基づく人間ドラマ。一九三一年、アボリジニの母から無理やり引き離された一四歳の少女は、白人社会への適応を名目に、都市部のムーアリバーにある寄宿舎に収容されてしまう。実の妹と従妹を連れて脱走を図り、生活で培った知恵と、大陸を縦断するウサギよけフェンスを頼りに、途方もない道のりを歩いて我が家を目指すが、主席保護官の執拗な包囲網が三人に迫る。国際色豊かな意欲作を手掛けるイギリスの敏腕プロデューサーのジェレミー・トーマスのもと、イギリスの名優ケネス・ブラナーをはじめとした多彩な一流スタッフが集結し、実話ならではのリアリティとエンターテインメント性とを備えた力作として評価された。

盗まれた少女たち

久保　正敏

くぼ・まさとし——一九四九年生まれ。国立民族学博物館名誉教授。専門はオーストラリア先住民の民族情報学的研究、アーカイブズ構築研究。主な著書に『コンピュータ・ドリーミング：オーストラリア・アボリジニ世界への旅』（明石書店、一九九五年）、『マルチメディア時代の起点：イメージからみるメディア』（日本放送出版協会、一九九六年）、『映像人類学：人類学の新たな実践へ』（村尾静二・箭内匡との共編著、せりか書房、二〇一五年）などがある。

映画『裸足の一五〇〇マイル』は、オーストラリア先住民、アボリジニの人々が差別され権利を奪われてきた歴史を踏まえ、白人側からの反省の思いをベースに、二〇〇二年に製作された。その舞台は一九三〇年代の西オーストラリア。社会進化論の影響を受けた、混血アボリジニを生物学的に吸収する「親子引き離し」政策は、家族を合法的に破壊するものだった。その犠牲となった幼いアボリジニの姉妹たちの実話に基づく物語は、原題「ウサギよけフェンス」が象徴するように、アボリジニ社会と白人社会の間に横たわる壁が依然として越えがたい現状をあらためて問いかける。

オーストラリア大陸の動植物相は独特だ。プレートテクトニクスが説くように、一億八〇〇〇万年前に超大陸パンゲアから各大陸がつぎつぎと離れ始め、最後に取り残されてから孤立を続けるオーストラリア大陸では、動植物が他大陸とは異なる進化を遂げたためだ。哺乳類で言えば、有胎盤類（真獣類）が優勢となっていった他大陸と異なり、オーストラリアでは有袋類が独自に適応進化したため、飛ぶコウモリや流木に乗って渡来したらしいネズミを除き、哺乳類は有袋類である。イヌ、ウシ、ウマ、ヒツジ、ラクダなど現在みられる有胎盤類のほとんどは、先住民アボリジニの人々の祖先や一七八八年以降入植した白人など、渡来したヒトが持ち込んだものだ。それらのなかには、天敵のいない新天地で繁殖し、それまで安定していた生態環境を攪乱したものも多い。ウサギもその一つだ。

イギリスから食用やスポーツ・ハンティング用に輸入されたアナウサギは、一九世紀後半から猛烈に増えて、牧草地に穴を掘り牧草を食い尽くし、牧畜業の一大脅威となった。一八八〇年頃から各州政府は、さまざまな駆除法を試すとともに、牧場への進入を防ぐ長大なフェンスを作った。

この映画の原題は「ウサギよけフェンス（Rabbit-Proof Fence）」、登場する西オーストラリア州のフェンスは数本、六年がかりで一九〇七年に完成、総延長は八〇〇〇キロメートルに及ぶ。映画では、少女たちの逃避行の道しるべとなるフェンスではあるが、他方、ウサギのごとき攪乱者である白人と先住のアボリジニとを隔てる壁の象徴でもある。その実態を知るには、対アボリジニ政策史を振り返る必要がある。

約五万年前からその先祖たちが渡来し、採集狩猟生活を続けてきたアボリジニの精神世界の核心は、親族集団ごとに語り継がれてきた、土地と結びついた神話世界、すなわち「ドリーミング」である。彼らの神話によれば、昔々のドリームの時代、親族集団やより広い地域の祖先である精霊たちが、土地、ヒト、文化など世界のすべてを創造した。その後は姿を見せない精霊たちも、夢を通して人々にメッセージを伝える（ゆえにドリーミングと呼ばれる）。また、精霊たちの登場する神話が、その舞台となる聖地で行われる儀礼の際に歌、踊り、絵などで再現されると、その精霊たちがその場に来臨する。そこでアボリジニの人々は、成人儀礼、葬送儀礼、豊饒儀礼などそれぞれの趣旨に沿った願いを精霊たちに伝える。このように、精霊たちが創造した土地とアボリジニ文化は深く結びついていて、儀礼は不可欠であるし、芸能や芸術の源泉でもある。神話およびそこに登場する精霊たちや動植物すべてが、ドリーミングと呼ばれる。

しかし、入植白人はアボリジニ文化を理解せず、土地を奪い殺傷し、天然痘、チフス、結核などの病気を持ち込んだために、アボリジニ人口は、白人入植当時の推定五〇～一〇〇万人から、二〇世紀初めには約七万人までに激減したとされる。こうした急激なアボリジニ人口減少を受けて、入植者の暴力から彼らを保護する「保護政策」が一八三〇年代から採用され、一八五〇年代以降は、保護のため保留地に隔離する「保護隔離政策」が各州で施行される。アボリジニ保護法と保護官制度が導入され、アボリジニの行動を「父権的」に監督・制限・支配し、移動や結婚の自由さえ奪うに至る。

こうした施策の背景には進化論の誤用がある。一九世紀後半のヨーロッパで知的ブームとなった生物進化論、その社会版としてハーバート・スペンサーなどが唱えた社会進化論、チャールズ・ダーウィンの従弟フランシス・ゴルトンの唱えた優生学などの影響を受け、減少する純血アボリジニは進化上

1840年代	アボリジニ保護政策開始
1850年代	居留地への隔離政策開始。「保護・隔離政策」
1870代	純血・混血の分離、混血児の「親子引き離し」開始。「失われた世代」の発端
1880代	各州で保護法の制定相次ぐ。アボリジニは白人の監督下に
1901年	オーストラリア連邦成立
1920年代	生物学的吸収論の出現
1937年	「保護政策」から「同化政策」へ公式に転換
1939-45年	第二次世界大戦
1957年	ノーザンテリトリーで混血者が解放される
1960年代	「同化政策」から「統合政策」へ転換。世界的な「異議申し立て」。人権回復運動も盛んに
1963年	東アーネムランドのイルカラ住民による「樹皮画請願」
1967年	国民投票。国勢調査にアボリジニを含むこと、連邦議会が先住民政策立法権を持つこと、の２点是認
1968年	イルカラの土地権回復訴訟。しかし1971年請求棄却
1973年	「白豪主義」政策を公的に廃止し「多文化主義」が国是に
1974年	「自主決定政策」、翌年「自主管理政策」へ
1976年	ノーザンテリトリーで「アボリジニ土地権法」公布。土地所有権認める
1991年	「和解委員会」設置
1992年	「マボ判決」。連邦最高裁がトレス諸島民の先住権を認める
1993年	連邦議会が「先住権原法」法制化
1998年	連邦議会が「先住権原法」を改正し、制限強化
2000年	シドニー・オリンピック
2008年	２世紀にわたりアボリジニに対して行われた議会・政府の不当な行為を首相が公式に謝罪

表1　対アボリジニ政策の略史

「劣って」いるから隔離して自然淘汰にまかせ、増加しつつある混血アボリジニは白人に「より近い」存在だから「文明」化させるために教育し、キリスト教を浸透させる方が彼らのためになる、と白人は考えた。遺憾ながら、キリスト教ミッションも含む白人社会は、それを善と信じて疑わなかったのである。

かくて、混血児を親から引き離し、数年間施設に入れて英語教育や職業訓練を施した後に、白人社会で働かせたり白人家庭の養子とする、「混血児引き離し」が開始される。この施策は一八八〇年代以降各州に広がり、二〇世紀に入ると、混血児を何世代も白人と混血させてアボリジニ血統を「生物学的に白人に吸収する」という議論にまで至る。

その中心論者が、映画に登場する西オーストラリア州主席保護官ネビルである。白人男性とのさらなる混血をねらって、特に混血少女が引き離しの対象となり、数年の訓練後に少女をメイドとして雇う白人男性には、彼女を性の対象とすることさえ奨励された。映画でもそれを示唆する場面がある。一九三七年には、彼の主張する混血アボリジニ吸収論が全国会議で公式に採用され、「同化政策」と呼ばれるようになる。

第二次世界大戦後、同化政策は、純血も含むすべてのアボリジニに拡張され、福祉政策と組み合わせて実行される。これに伴い、引き離しは一層推進された。白人の基準に照らして養育や医療が不十分と見なされれば、福祉の名目で純血の子どもさえも引き離しの対象となったのだ。

しかし、一九六〇年代に入ると、世界的な「異議申し立て」の流れの中、アボリジニは人権回復や土地権回復運動を展開し、国内外世論もそれを後押しする。一九七二年、二三年ぶりに復帰した労働党政権は、オーストラリアは「多文化社会」と規定して移民に市民権を認めるとともに、アボリジニ政策についても「自主決定政策」へと転換をはかり、福祉名目の引き離しもようやく終わる。一九八〇年代、引き離されたアボリジニたちは、「(親から)盗まれた世代」と呼ばれるようになり、彼らの精神的トラウマが議論され始める。

二〇〇一年の連邦制移行百周年をにらんで、従来のアボリジニ政策を総括する一九九一年の「和解委員会」立ち上げ、アボリジニ先住権を認めた一九九二年の画期的な「マボ判決」、翌年の「先住権原法」成立、そして二〇〇〇年のシドニー五輪など、アボリジニとの関係修復を図り、過去を見直す動きが起きる。シドニー五輪の最終聖火ランナーで、かつ四〇〇メートル走で優勝したヒロイン、キャシー・フリーマンは、アボリジニと白人の和解のシンボルとされたが、彼女の母方祖母も盗まれた世代なのだ。

この映画も、こうした和解の動きの中で生まれた。理不尽な引き離し、少女たちの勇敢な逃避行と冒険、母との再会、そして現在の本人による重い後日談など、ドキュメンタリー・タッチで悲劇が淡々と描かれる。アボリジニの追跡人ムードゥが伝統の狩猟技術を生かして足跡をたどる場面、その裏をかこうと少女が痕跡を消す工夫、彼女の一族のドリーミングであるワシに導かれて故郷にたどりつくシーンなど、アボリジニ文化もさりげなく紹介されていて、本国では身近なテーマゆえ好評だったようだが、一方では、文化的・政治的背景の説明不足であり、白人が作った贖罪映画の域を出ない、との批判もある。

日本での公開(二〇〇二年)当時、オーストラリア史上最長の英雄的逃避行が感動を呼ぶという売り込み方がなされたが、私がもっとも感動したのは、結局は費用がかさむので白人たちが追跡を諦めた時、近くに潜む少女たちに既に気づいていたムードゥが、同族を追わねばならぬ苦悩から解放されて微笑する場面である。彼を演じるデビッド・ガルピリルは、ノーザンテリトリー・アーネムランド出身の著名なダンサーで、一九七〇年大阪万博で来日した後も『クロコダイル・ダンディー』など数々の映画に出演した名優だが、優勢な白人社会に組み込まれて生きる彼自身の苦悩も重なって見える気がするからだ。

ウサギよけフェンスは、それが作られた時には既にウサギが拡散してしまっていて効果がないとわかり、第二次世界大戦後に全廃された。その後は兎粘液腫ウィルス（ミクソーマウィルス）の導入などが試みられているが効果は限定的だという。

オーストラリア連邦政府は、二大政党（自由・保守連合と労働党）が十数年ごとに交替するのが恒例だが、そのたびに、対アボリジニ政策がブレる。労働党政権が誕生すると融和的な政策が実行され、二〇〇八年二月には、一一年ぶりに連邦与党に復帰した労働党のラッド首相が、親子引き離し政策も含む、これまで二世紀にわたるアボリジニ政策に対して歴史的な謝罪を表明した。しかし、多文化主義政策は常に経済効率の圧力にさらされ続けており、世論調査によれば対アボリジニ政策に対する白人の反発や無理解は依然大きい。圧倒的に優位な白人文化と、根強いアボリジニへの差別の現状からすれば、両文化を隔てるフェンスがなくなる日は、まだ遠いのかも知れない。

012

サムソンとデリラ

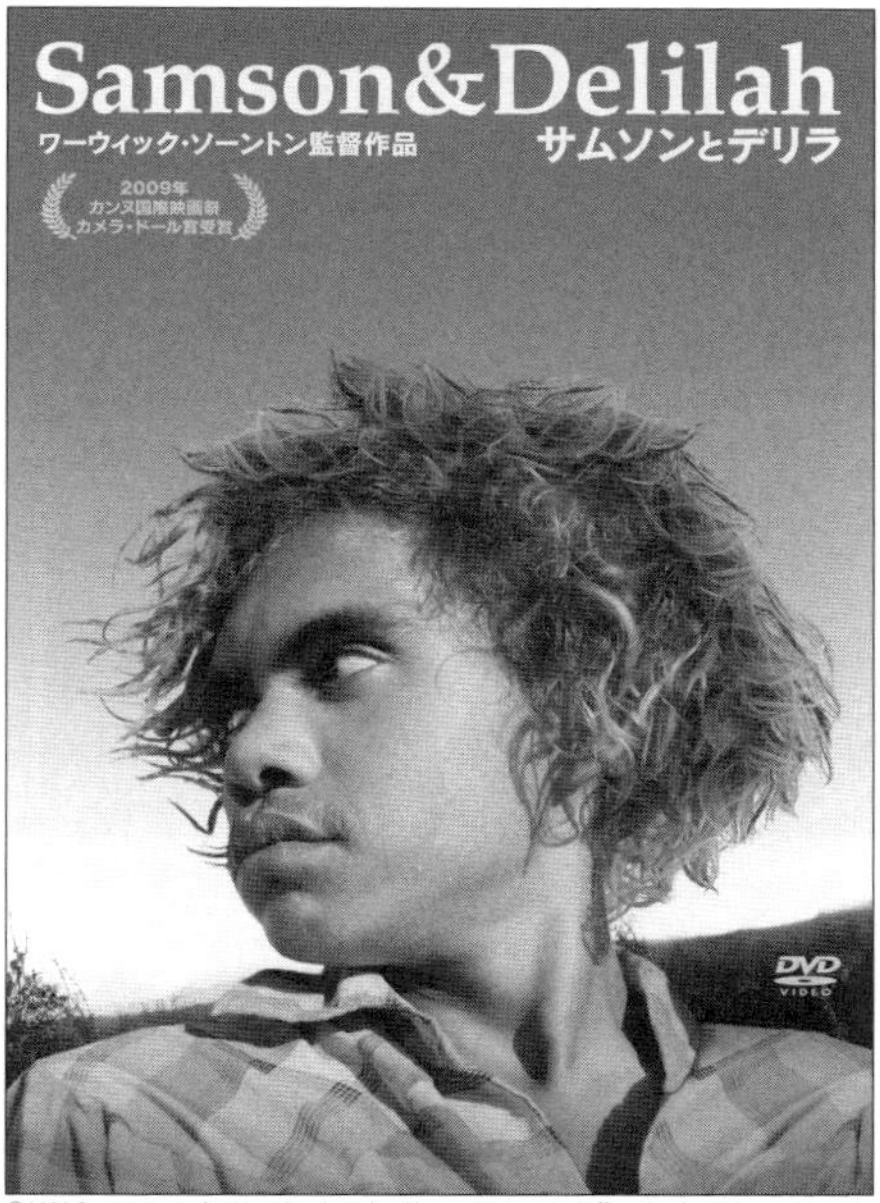

Samson and Delilah
2009年／オーストラリア／英語・ワルピリ語他オーストラリア先住民言語／101分
監督　ワーウィック・ソーントン
出演　ローワン・マクナマラ　マリッサ・ギブソン
DVD
発売元：熱帯美術館　販売元：アメイジングD.C.

砂漠地帯の小さな集落を舞台に、互いを支え合いながら懸命に生きようとするアボリジニの若い男女の純粋な愛を描く。やり場のない苛立ちをガソリンの吸引で紛らす青年と、アートの制作に取り組む祖母を世話する少女は、単調で閉塞的な日常から逃れるべく集落を後にするが、夢見てきたはずの都会でも、さらなる厳しい試練に次々と襲われる。自身もアボリジニでカメラマンでもあるワーウィック・ソーントン監督は、無関心や差別など非情な現実に心身を傷つけられながらも、ともに寄り添い愛を育んでいく不器用な若者たちの姿を、最小限に留めた台詞と自然光を生かした陰影に富むショットにより、瑞々しく描出。カンヌ国際映画祭で新人監督賞を受賞したほか、オーストラリア国内でも数々の賞に輝いた。

包摂的排除から垣間見える現実と夢

飯嶋　秀治

いいじま・しゅうじ――九州大学大学院人間環境学研究院准教授。専門は共生社会システム論、人間がいかにして危機を生存するのかに関する研究。主な著書に武田丈・亀井伸孝編『アクション別フィールドワーク入門』(世界思想社、二〇〇八年)、内藤直樹・山北輝裕編『社会的包摂／排除の人類学』(昭和堂、二〇一四年)、山内由理子編『オーストラリア先住民と日本』(御茶の水書房、二〇一四年)などがある。

排除と包摂は二律背反的なものであり、排除から包摂という方向性として捕えられやすい。しかし現実には排除されたなかでの包摂、あるいは包摂された中での排除、といった現象もある。そもそも排除されたからこそ包摂が問題になったのであるから。オーストラリア先住民の歴史とはまさにそうした歴史であり、中でも特に青少年たちは社会圧力が集約することにもなった。それゆえオーストラリアの歴史の中でも先住民が顧慮されるようになったのは一九六〇年代からであり、それも社会福祉、社会教育、格差是正が優先され、芸術や文学、映像音響などへの支援は後回しになってきた。そうした中でオーストラリア先住民の映画監督は何を描いたのか。

サムソンとデリラの主題は、元来ヘブライ語聖書のなかで、古代イスラエル民族の英雄を描いた「士師記（The Book of Judges）」第一三―一六章に書かれていた短い物語であった。この物語が本映画のメッセージに深く関わってくるので、まずはその概要を紹介する。

イスラエルの人々が自らの神を忘れ、ペリシテ人の支配下にあった時代。サムソンはイスラエル人を救う者として生まれた（第一三章）。長じて支配民ペリシテ人の女性を見初め、その求婚の旅の間に素手で獅子を裂くような怪力をもつ人物であった。ところが結婚の宴の途中、サムソンが出した謎かけの答えを知るために、ペリシテ人がサムソンの求婚者を介して答えを聞き出し、サムソンがペリシテ人三〇人を殺害する事件に発展する（第一四章）。しばらく時をおいてサムソンが求婚者のところに戻ると、彼女は既に他人に婚出してしまったことを知り、ペリシテ人の畑に火を放つ。サムソンは支配民との関係悪化を恐れた同胞の民から差し出されるも、手を縛っていた縄がとけ、千人のペリシテ人を殺す（第一五章）。この後、サムソンは別の谷でデリラを見初めた。しかしペリシテ人がやってきて、デリラはサムソンの力の秘密を聞きだすよう告げられた。その秘密が、生まれてこの方、剃刀をあてたことのない髪にあることを知られると、サムソンが眠っている間に髪を切られて力を失う。こうしてサムソンは囚われの身となり、両眼をえぐられ、足枷をかけられ、獄中に閉じ込められた。ところが髪がふたたび伸び始めていたある日、ペリシテ人の祭りにサムソンで興じようと獄中から引き出された際、ペリシテ人三〇〇〇人が乗る柱を崩し、ペリシテ人と共に死んだのであった（第一六章）。

この物語は、ヘブライ語聖書が「旧約聖書」としてキリスト教の『聖書』に取り込まれた後、幾つかの劇的な場面が印象深かったためか、近代西洋キリスト教芸術史の中でも何度も取り上げられた。絵画ではルーベンス（一五五七―一六四〇）、ヴァン・ダイク（一五九九―一六四一）、レンブラント（一六〇六―一六六九）、モロー（一八二六―一八九八）が取り上げ、オペラではサン＝サーンス（一八三五―一九二一）が取り上げ、映画でもデミル（一八八一―一九五九）やローグ（一九二八―）監督が取り上げて、その時代と領域の文脈毎に新たな意味を担わされていった。実際、元来の物語には、サムソンとデリラの心情は濃く描かれていないのだが、時代が下るにつれてデリラの恋慕とそれゆえの裏切りの苦悩といった場面が強調されてくる。そして舞台を現代オーストラリアの連邦国家の世界に移し替え、この物語を支配民たる非先住民と先住民の関係に重ねたのが今回の映画である。

監督のワーウィック・ソーントン（Warwick Thornton, 1970-）は、オーストラリア中央砂漠地帯の都市アリス・スプリングスに生まれた先住民男性であり、元来、中央オーストラリア・アボリジナル・メディア・アソシエーション（Central Australian Aboriginal Media Association）のラジオ部門のディスク・ジョッキーをやっていた。だがそこで映像部門が発足することになり、興味を惹かれてオーストラリア国立映画・テレビ・ラジオ学校を卒業し、本作品までに三本の映画を撮影してきていた。次に、その映画の舞台となった中央砂漠地帯の先住民の歴史を振り返ってみよう。

中央沙漠地帯のオーストラリア先住民は、一八六〇年から西欧からの探検者が入り、一八七二年に大陸横断のための電信所が設立されると、はやくも一八七四年に先住民による「反乱」が生じ、警察などによる支配が始まった。一八八〇年代からは金採掘の移民が移入し、非先住民の牛が殺された報復に、

舞台となったアリス・スプリングス

警官が先住民を殺害する事件も生じていた。

一九〇一年にはオーストラリアがイギリスの植民地から独立するも、その趨勢は変わらず、一九二八年には町として先住民を立ち入り禁止とし、翌年鉄道が敷設され、またその頃から牧場経営目的の移民たちが増えてくると、水資源の独占、生態系の変化が生じ、先住民の狩猟採集は困難になった。一九四〇年頃から対日抗戦のために増えていた非先住民は、戦前から戦後にかけて断続的に生じて来た旱魃との相互作用で、各地で現物支給・無賃労働の先住民を生み出していく一方、アリス・スプリングスの周辺に住む先住民を増やしていった。

一九六〇年代になりアメリカの社会運動がオーストラリアに知られるようになってくると、戦時中に先住民と非先住民とが共に従軍した体験が蓄積され、一九六七年に行われた国民投票で先住民もオーストラリア国家の一員として国勢調査に算入されるようになり、ようやくオーストラリア連邦国家の法制下に生きるようになった。ところがこの条件では、最低労働条件を保証しなければならなくなるため、各地で牧場から解雇される先住民を生み出した。こうして、一方でオーストラリア連邦国家に包摂されながらも、他方で不安定な労働環境へと排除された先住民たちが、次の仕事を探すために情報交換の場として集ったのが酒場であったのだが、これが後にアルコール依存症を生み出した。

一九七六年にアリス・スプリングスを含む北部準州で先住民の土地権が承認されると、先住民の多くはアリス・スプリングスを離れ、自らの伝統的な土地での生活を求めアボリジニ信託領に戻っていった。この歴史はしばしば、オーストラリア連邦国家が先住民に対し、排除から包摂へと至る歴史として描かれてきた。だが一方で生態系が変化してアルコール依存症患者も抱え自律経済は望めず、他方で親族間や姻族間の慣習も色濃く残り、識字率も低い先住民コミュニティで生まれ育ってきた青年たちがどのような世界を生きていけばよいのであろうか。

その指針の一つは、先住民自身によってもたらされた。先住民女性のフリーダ・グリンをはじめとする数名の先住民が、識字率の低い先住民コミュニティに暮らす同胞たちに、連邦国家の状況を伝えるため、中央オーストラリア・アボリジナル・メディア・アソシエーションで複数の先住民言語によるラジオ番組を始めたのである。このフリーダ・グリンが、本映画監督ワーウィック・ソーントンの母親なのである。

こうした背景に置かれた現代オーストラリアにおける被支配民「サムソンとデリラ」は、生態系も変わり果て、就業機会の稀な先住民コミュニティで有り余る時間をガソリン吸引や親族のケアに費やして暮らす。厳しい慣習が存続するコミュニティでの親

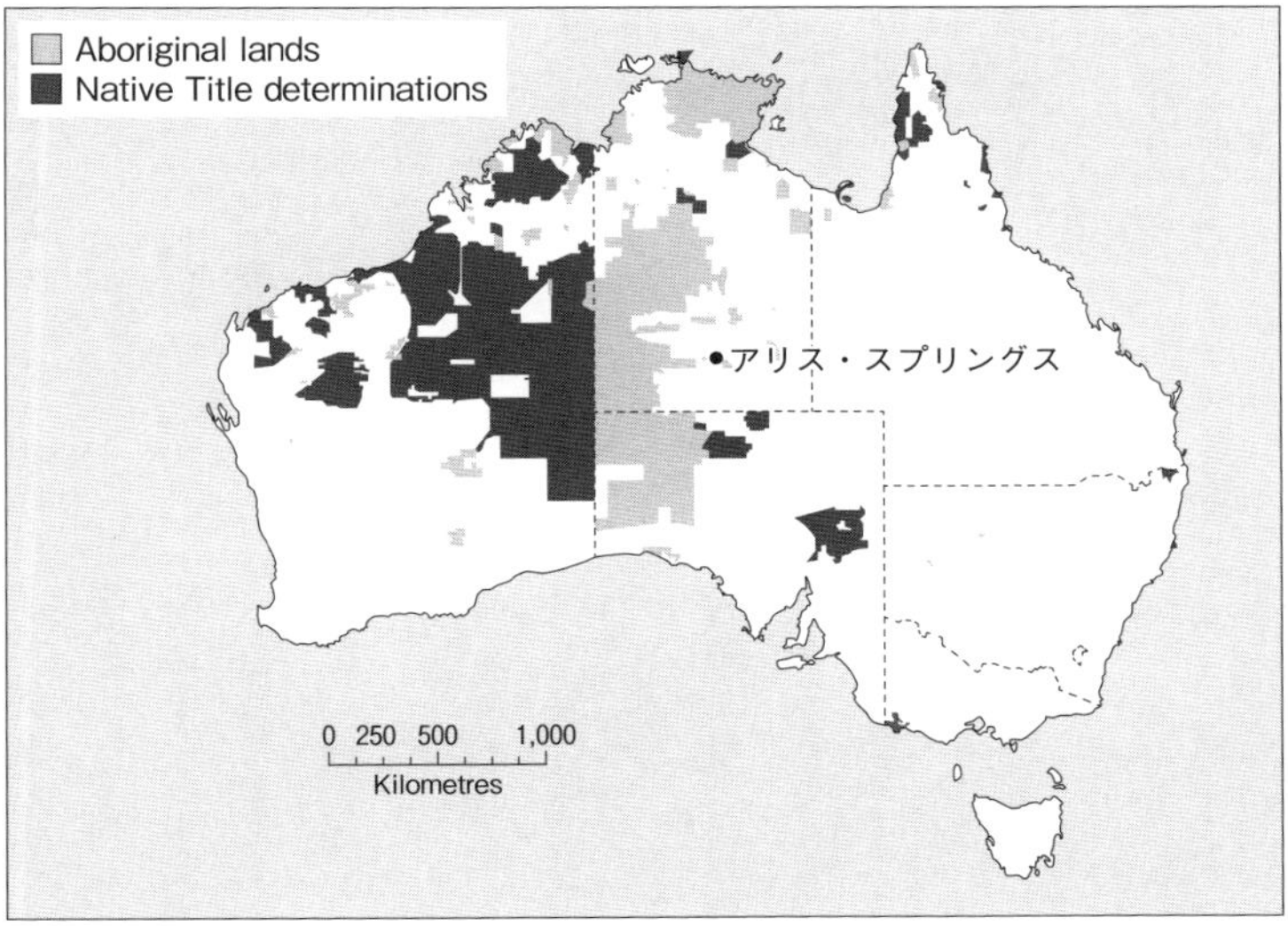

アボリジニ信託領をめぐる状況

族関係は二人を限界点に連れてゆき、コミュニティを逃れた二人はアリス・スプリングスに似た都市に出てくる。だが、そこで彼らが直面する現実とはどのようなものか。古代イスラエルの神に力を授けられしサムソンは、デリラに裏切られて髪を落としたが、囚われの身になりながらも支配民を数千人殺した士師であった。だが本映画では、デリダの消えた後、サムソン自身が髪を切り落としてしまう。そこから読み取れるメッセージとは何か。

「聴衆が登場人物の先を見越すようにしたくはなく、彼らの旅の一部であってほしい」という意図で撮影されたこの映画は、会話も極端にそぎ落とされている。ソーントンは「私は自分が知らないことを撮影するような監督ではない」「私は中央オーストラリアの先住民少年であったし、アリス・スプリングスのストリートで育った。だからこうしたことについて少しは知っている」「映画は人生に関する真実を語る嘘だが、誰もが戦わなくてはならない――彼らが信じる何か、そのために立ち上がる何か、変化のための戦いに」と語る。監督のみならず、主演の先住民少年少女も映画と地続きの現実を生きている。映画で一躍有名になったサムソン役の少年が、その後警察に捕まる報道もされた。

本映画は多くの日本人観光客がオーストラリア中央沙漠地帯の観光地で見るであろう先住民の姿の背後にある「一面の真実」である。連邦国家に包摂されながらもさまざまな機会から排除され、それでも新たな家族と共に生きる彼らの現実を前にして、私たちはどのように、彼らとの共生を再想像することができるであろうか。本映画にはそのための入り口が用意されている。

【参考URL】

Warwick Thornton http://www.melbourneairport.com.au/emergingingtalent/profile_wthornton.asp

Warwick Thornton discusses Samson and Delilah with the WSWS http://www.wsws.org/en/articles/2009/05/inte-m14.html

アリス・スプリングスの橋げた（著者撮影）。映画の一場面にも出てきたが筆者の調査地でもあった。

013

今夜、列車は走る

Próxima Salida
2004年／アルゼンチン／スペイン語／110分
監督　ニコラス・トゥオッツォ
出演　ダリオ・グランディネティ　ウリセス・ドゥモント
DVD
発売元：アクション　販売元：アップリンク／アクション

南米の鉄道大国アルゼンチンにも民営化の波が押し寄せた、九〇年代初めの小さな町を舞台にした人間ドラマ。生活の基盤であった鉄道路線の廃止決定により、交渉にあたっていた労働組合代表が自殺に追い込まれ、労働者たちも次々と自主退職に応じていく。そんな中、ベテラン技術者は職場に籠城して徹底抗戦を決め込み、重病の息子をもつ若い父親は治療費のために危険な職種で再出発を図り、娼婦への愛を貫く伊達男は一世一代の大博打に打って出る。初長篇となるニコラス・トゥオッツォ監督は、日常が一変した鉄道員たちそれぞれの孤独な闘いの行方を冷静に見つめつつ、組合代表の遺児ら次代を担う若者たちの気概溢れる行動をダイナミックに描写。理不尽な運命に翻弄されても、誇りを抱き続けることの尊さを謳う、処女作を完成させた。

社会問題を鋭く描写するアルゼンチン映画

松下　洋

まつした・ひろし――神戸大学名誉教授。専門はラテンアメリカ、とくにアルゼンチン現代政治。主な著書に『ペロニズム・権威主義と従属――ラテンアメリカの政治外交研究』（有信堂高文社、一九八七年）、編著に『ラテンアメリカ　政治と社会』（改訂版、新評論、二〇〇四年）などがある。

日本でアルゼンチンといえば、サッカーとかタンゴを思い浮かべる人が少なくないであろうが、映画の世界でも国際的に評価の高い国である。アカデミーの最優秀外国映画賞にも『オフィシャル・ストーリー』（一九八六年）と『瞳の奥の秘密』（二〇一〇年）の二本が輝いている。前者は一九七六年から八三年の軍政期における人権抑圧を糾弾したもので、政治色の濃い映画であったが、後者は男女間の愛を主たるテーマにしていた。ここで取り上げる『今夜、列車は走る』は鉄道民営化を進めたメネム政権（一九八九―九九）の政策を暗に批判している点で前者の系列に属するが、民営化の犠牲となった労働者たちと家族の苦闘を社会問題として描いていているところに特徴がある。

映画は民営化により将来を絶望したある鉄道員の自殺に始まり、鉄道員たちが経験した苦労・悲劇が関連性を保ちつつ次々に披露される。民営化に伴って出現した新会社の自主退職の要請に応えた元鉄道員は一時的にせよ失業を余儀なくされ、慣れない仕事に苦闘することになった。白タクと宅配のバイトを始めた元鉄道員はタクシー強盗に襲われたり、テレビの配送中に恵まれた生活を送る元同僚を見ていさかいを起こす。サンドウィッチマンのバイトをしていた元鉄道員は、貧乏生活に耐えきれずにスーパーマーケットに拳銃強盗に押し入るが、射殺され非業の最期を遂げる。弊れた彼を抱きかかえたのは、幼児の病気の治療費を稼ぐために、そのスーパーでガードマンをしていた若い同僚だった。一方、自主退職を拒否して修理工場で働き続けていた鉄道員も、心臓発作で帰らぬ人になった。民営化という大波を前にして、ある登場人物が慨嘆したように、「我々にはsalida（この場合は出口の意）はない」のである。

そんなかれらの厳しい現実を凝視するニコラス・トゥオッツォ監督の目は冷静だが、決して絶望的な眼差しではなく、次世代に期待しているように思われる。そうした次世代を代表したのが自殺した鉄道員の息子だった。憎しみのない世界を築いて欲しいという父の遺書を知った彼は、なんとか運命を変えようとして手始めに男女の友人二人とともに、野ざらしになっていた機関車を苦心の末に発車（salida）させることに成功した。映画の原題（*próxima salida*）を直訳すれば、「次の発車」だが、惨劇の起こったスーパーの近くを青年たちの運転する機関車が通過するシーンには、若い世代が機関車のごとく力強く未来を切り開いて欲しいという監督の願いが込められているのであろう。

このように、映画は民営化が引き起こした失業と

『今夜、列車は走る』より

いう社会問題を描きつつも、次世代による改革が夢ではないことを訴えているのだが、メネム政権のもとで実施された民営化政策は鉄道だけでなく広い分野に及んでいた。そうした中で、監督は何故、鉄道の民営化を取り上げたのであろうか。

第一の理由は、恐らく民営化に伴う離職者の割合が鉄道部門は圧倒的に高かったことだろう。ある研究者の試算によれば、民営化により水道局では三五%、鉄鋼業では五〇%近くの人員が削減されたのに対して、鉄道では人員削減が八〇%にも及んだという（Azpiazu, Daniel, *Las privatizaciones en la Argentina*, Fundación OSDE, Buenos Aires, 2003, p.64）。この高い離職率は当時の鉄道業の実態からすればやむを得なかったことだった。すでに一九三〇年代から自動車輸送との競合のために苦境に立たされていた鉄道は、一九四八年の国有化（後述）以後、国営企業特有の非効率や剰員雇用などから、一九八〇年代には毎年約四億ドルに達する赤字を出し、国家財政にとって大きな足枷となっていた（前掲書、p.193.）。それだけに、新自由主義の原則を掲げたメネム政権が八九年に発足すると間髪を入れずに鉄道民営化計画に着手し、区間毎に営業権を譲許された新会社が大胆な人減らし政策に走ることに政府としては反対できなかったのである。民営化に伴う人員削減がいかにすさまじかったかは、路線数の激減（図1、2）からも容易に推察できよう。

監督が鉄道を取り上げた第二の理由は同部門が国の経済発展と不可分の関係にあり、従業員も多く、鉄道労働者は永らく労働運動の中のエリートだったことである。アルゼンチンは、一六世紀以来スペインの植民地であったが、貴金属を産出しなかったため、開発は永らく進まなかった。でも、一八一六年に独立し、一九世紀半ばに政治の安定を達成した頃から、広大なパンパの草原を利用した農牧業が大発展を遂げ、二〇世紀の初めには世界でも五指に入るといわれるほどの富国になった。「アルゼンチンの奇跡」とも呼ばれたこの大発展を可能にした要因としては、第一に一九世紀後半に英国をはじめとする欧州の工業国が、食糧供給を海外に求めるようになり、農牧産品への需要が急増したこと、第二に、イタリアやスペインなどのヨーロッパ諸国から大量の移民が渡来し、パンパの農牧業が必要とした労働力を供給したこと、第三は図1にあるように、全国に張り巡らされた鉄道網だった。鉄道は港から内陸部へと欧州移民を送り込むと同時に、内陸部の農牧産品をブエノスアイレス港などの集散地へ輸送した。こうして、パンパの小麦・トウモロコシ、牛肉などを欧州に大量輸出することが可能となったのだった。この鉄道網を支配したのは英国資本であり、アルゼンチンは英国と間に一次産品を輸出して工業製品を輸入する典型的な「周辺国」として繁栄を享受

図1　民営化以前

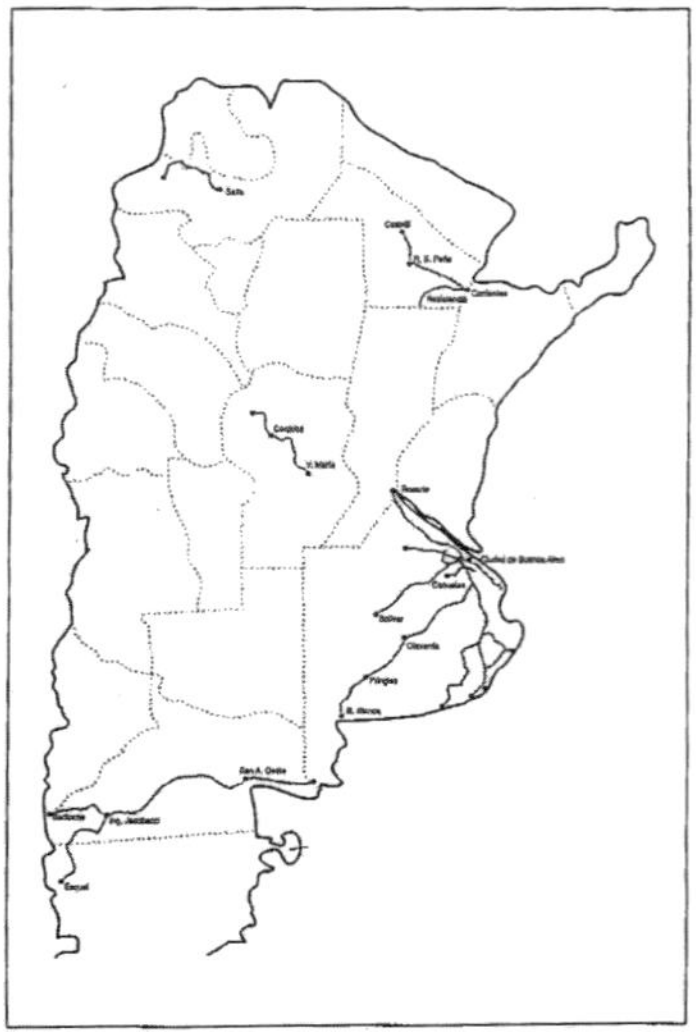

図2　民営化以後（1990年代）

したのである。

こうして鉄道が国の繁栄を支え、組合員も多かっただけに、鉄道労働者は永らく自らが労働運動を指導する立場にあると信じて疑わなかった。鉄道員の組合には機関士組合の友愛会（一八八七年設立）とそれ以外の労働者からなる鉄道組合（一九二二年）があったが、一九三〇年に労働運動の総元締めとして結成されたＣＧＴ（労働総同盟）では二つの鉄道組合は中央委員会の委員の半数近くを占めるなど、その支配力は圧倒的だった。

しかしながら、農牧業輸出に依存し、労働運動の中では鉄道労働者が強い影響力を持ったこの体制は、一九三〇年代に崩壊し始めていた。一九二九年の世界恐慌に伴う世界貿易の混乱はアルゼンチンに一次産品に依存した経済の脆弱性を痛感させ、輸入代替工業化を本格化させた。この結果、鉄道部門以外の労働者が増加し、労働運動のなかでの鉄道部門

	鉄道	自動車	河川	パイプライン	飛行機
ブラジル	23.0	56.0	17.0	3.7	0.3
アルゼンチン	9.0	74.0	4.7	12.0	0.3
アメリカ	37.5	25.0	16.0	21.0	0.5
カナダ	58.0	21.0	20.6	0.0	0.4
ヨーロッパ	17.4	69.6	4.7	11.0	0.3

参考資料1　物資輸送の機関別国際比較（単位％）1996―97年
出典：Juan Carlos Cena, .El ferrocidio, segunda edición actualizado, la Rosa Blindada, Buenos Aires, 2008,p.90.

の影響力も次第に低下していった。また、鉄道が英国資本に握られていることに反対するナショナリズムも高まり、一九四八年には英国鉄道の国有化がペロン政権の下で実現された。だが、鉄道の国有化が経済的には完全に失敗に終わり、メネム政権の下で民営化されたことはすでに見た通りである。それでも、民営化されるまでの鉄道労組は依然として国内有数の大きな組合だったし、過去の栄光を引きずる誇り高き集団でもあった。実際に起こったか否かはともかく、他ならぬ元鉄道員ですら拳銃強盗をする世になってしまったことを示すことで、監督は民営化に伴う失業問題の深刻さを際立たせようとしたのではあるまいか。

この映画が製作されてまもなく、新自由主義への反対を鮮明にしたキルチネル政権（二〇〇三―〇七）と夫人のクリスティーナ政権（〇七―一五）の下で航空と石油が再国有化された。しかし、両部門ともに赤字経営で、国庫に過重な負担をかけている。二〇一五年一二月に発足したマクリ政権がどういう政策をとるのか未知数だが、国有化と民営化の間を巡って激しく揺れ動く近年のアルゼンチンが、確固たる出口（salida）を見い出せずにいることは間違いない。

1930-32	José F. Uriburu	×	
32-38	Agustín P. Justo	○	保守党
38-40	Roberto Ortiz	○	保守党
40-43	Ramón S. Castillo	○	保守党
43-44	Pablo Ramírez	×	
44-45	Edelmilo Farrell	×	
46-55	Juan D. Perón	○	ペロニスタ党
55	Eduardo Lonardi	×	
55-58	Pedro E. Aramburu	×	
58-62	Arturo Frondici	○	急進党
62-63	José M. Guido	△	
63-66	Arturo Illia	○	急進党
66-70	Juan C. Onganía	×	
70-71	Roberto Levigston	×	
71-73	Alejandro Lanusse	×	
73	Hécrtor Cámpora	○	ペロニスタ党
73	Raúl Lastiri	○	ペロニスタ党
73-74	Juan D. Perón	○	ペロニスタ党
74-76	Isabel Perón	○	ペロニスタ党
76-81	Jorge R. Videla	×	
81	Roberto Viola	×	
81-82	Leopoldo Galtieri	×	
82-83	Reynaldo Bignone	×	
83-89	Raúl Alfonsín	○	急進党
89-99	Carlos Menem	○	ペロニスタ党
99-2001	Fernando de la Rúa	○	急進党
01	Ramón Puerta	○	ペロニスタ党
01	Adolfo Rodríguez Saá	○	ペロニスタ党
01	Eduardo Camaño	○	ペロニスタ党
02-03	Eduardo Duhalde	○	ペロニスタ党
03-07	Néstor Kirchner	○	ペロニスタ党
07-15	Cristina Fernández de Kirchner	○	ペロニスタ党
15-(19)	Mauricio Macri	○	保守党

参考資料2　1930年以降の歴代大統領（○は民政、×は軍政、△は文民の大統領ではあったが、軍の傀儡政権だったことを意味する）

014

パチャママの贈りもの

El Regalo De La Pachamama
2009年／日本・アメリカ・ボリビア／ケチュア語・アイマラ語・スペイン語／103分
監督　松下俊文
出演　クリスチャン・ワイグア　ルイス・ママーニ

南米ボリビアのアンデス高地に広がるウユニ塩湖を舞台に、厳しくも恵み豊かな自然とともに生きる先住民ケチュア族の姿を映す人間ドラマ。堆積した塩の層を切り出す父親を手伝いながら、質素だが元気いっぱいに暮らす少年がいた。祖父の引退に伴い、毎年楽しみにしている人々に塩を届けるべく、リャマの一団を率いて車も通れない険しい道を歩き通す三か月間のキャラバンの旅に、初めて同行することになる。日本からニューヨークに渡り、ウユニ塩湖に魅せられた松下俊文監督の、先住民の言葉で〝母なる大地〟を意味する神〝パチャママ〟への畏敬の念を込めた長篇劇映画デビュー作。祖先を敬い、貨幣経済の浸透にも抗い、力強く生きる現地の人々の生活に密着し、六年もの歳月をかけて完成させた。

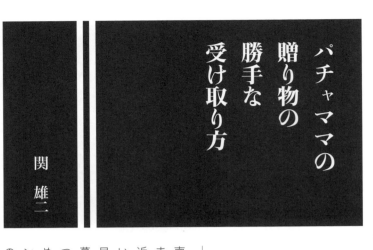

パチャママの贈り物の勝手な受け取り方

関　雄二

せき・ゆうじ――国立民族学博物館教授。専門はアンデス考古学、文化人類学。南米ペルーにおいて神殿を発掘し、文明形成の過程を追究するとともに、文化遺産の保存と活用に関わる文化人類学的研究、および実践活動を手がけている。主な著書に『古代アンデス　権力の考古学』（京都大学学術出版会、二〇〇六年）、『アンデスの文化遺産を活かす』（臨川書店、二〇一四年）、『古代文明アンデスと西アジア　神殿と権力の形成』（朝日選書、二〇一五年）などがある。

南米の太平洋岸を南北に走るアンデス山脈。その高度差を利用し、さまざまな資源を移動しながら利用する人々。その伝統的な生活様式が近代化やグローバル化の中で脅かされ、子どもを育む環境も激変している。「失われゆく伝統」という郷愁の裏には、その伝統を創造した植民地時代以来の抑圧の歴史に目をつむり、人間性を失った現代社会で暮らすわれわれの身勝手な欲望が投影されている。ならば少年たちが、つぶらな瞳のままで成長し、錯綜する社会をたくましく生きていくために、いったい私たちは何ができるのであろうか。青く澄み渡ったアンデスの空のように、私たちの心を浄化すると同時に、リャマの群れのように、重荷を担がねばならない宿命を感じさせる映画である。

監督の松下さんとは、映画の公開に併せて企画された対談で初めてお会いした。純粋で、熱を帯びた話し方をされる方だと思った。なんでも学生時代から文化人類学に憧れていたという。それを聞いてすぐに納得した。というのも、この映画は、ある意味で文化人類学がこれまで扱ってきた南米アンデス社会のイメージが随所に盛り込まれているからである。たしかに何も知らないで映画を見る人はドキュメンタリーと勘違いするかもしれない。

映画では、著しい高低差を持つアンデス山脈を前提とした人々の暮らしが描かれる。太平洋岸に沿って南北に走るアンデス山脈は、万年雪を頂く六〇〇〇メートル級の山々よりなる。直線距離は短くとも、少し移動すれば高度が変わり、周辺に生える木々や作物がどんどん変わっていく。映画には登場しないが、太平洋岸は砂漠地帯である。沖合を流れる寒流が低水温を保つため雨が降らず、低緯度としては地球上唯一の砂漠が見られるのだ。その砂漠を川や涸れ谷が切り込み、それに沿って上流へ上っていくと、次第に温暖な谷間となる。海岸よりもずっと熱く、熱帯性の果物などが育つ。さらにアンデス山脈を分け入ると、海抜二五〇〇メートルくらいから山間盆地が現れる。トウモロコシなどが栽培され、人々が暮らすには適した場所であり、都市などが築かれている。

普通なら、このあたりが人間の暮らすことができる限界なのだが、熱帯であるアンデスでは、もっと高いところでも生活を営むことができる。富士山の山頂に近い三五〇〇メートルでも、冷涼な環境を利用し、アンデス原産のジャガイモなどの根菜類が栽培されているし、四〇〇〇メートル近くになっても人々は生活をあきらめない。とくにペルー南部からボリビア、チリの北部にかけては、草原地帯が広がり、アンデス原産のラクダ科動物であるリャマやアルパカを飼育する牧民の姿が認められる。

そして人々は、定住地から足を伸ばして自ら多様な環境帯を開発することもあれば、別の環境帯で暮らす人々と物々交換を行って資源を入手することもある。一般に高地の牧民は後者のケースが多い。というのもアンデスの牧民は旧大陸の牧民と異なって、乳を利用しないため、栄養を農作物で補う必要がある。だから牧民は山を下らなくてはならないのである。牧民として移動することがリスク分散となるわけだ。少年と父親が旅立つのもそこに理由がある。もっとも、牧民はトウモロコシなどの収穫作業を手伝って農作物を受け取ることが多いのだが、映画では塩を運んでいる。

太古の昔、海であった場所が隆起して出来たアンデス山脈には塩鉱や塩湖が点在し、古代から活発に利用されてきた。とくに映画の舞台となっているチリ国境に近いボリビア高地は乾燥度が高く、栽培できるのは多少のジャガイモと塩分を含んだ土壌に強いキヌアと呼ばれるアカザ科の雑穀ぐらいしかない。だからこそその厳しい環境のなかでは、切り出した塩を持って山を下り、食糧を手に入れる必要がある。キヌアは、高タンパク源として宇宙食にも採用され、日本でも近年注目されている雑穀である。

いずれにせよ、異なる生態環境をうまく利用し、さまざまな資源を交換によって入手しながら、生計を立てているのがアンデスの民の伝統的な姿であり、映画はそれをそのまま描いている。

それこそ主人公の少年が大人になって知るべき社会なのである。傷ついたリャマを殺し、動物との付き合い方を学び、異なる言語を話す集団とも付き合っていく。モノの交換を通じた人間関係の樹立こそ生き延びるための知恵といってよい。松下監督が嘆くのは、こうした伝統的な生活や人間の成長を担保する貴重な機会が奪われていくことなのである。

じつは、出演者は皆、ずぶの素人である。松下監督は、彼らが近代化を頑なに拒んでいる少数者であることを知った上で撮影協力を申し出たようだ。ドキュメンタリーと見まごうと述べたのは、彼らの立ち居振る舞いの自然さからくるのかもしれない。

監督が描いた伝統と近代化との対立は映画のはしばしに見て取れる。リャマを引き連れ、村村を訪ね歩く非効率的な生き方を嘲るかのように、トラックで大量かつ迅速に塩を運ぶ村の同僚たち。またリャマを金銭目的で盗んだ泥棒に対する共同体の制裁。そこには警察組織が行き渡らない辺境において、人間関係を破壊する者への厳しい姿勢が表現される。逆に言えば、こうした共同体の持つ箍(たが)が外れはじめた現代社会を意識しての演出なのかもしれない。

松下監督の伝統への執着を、現代の人類学者なら、ナイーブすぎると批判するかもしれない。しかし、憧憬や郷愁に依存する単純な視点ばかりが見られるわけではない。旅の前半で訪れるポトシ銀山。アメリカ大陸の古代文明を征服し、植民地経営に乗り出したスペイン人が開発した有名な鉱山である。そこでは多くの先住民が強制労働に駆り立てられ、落命していった。いわば先住民にとって悲劇の場所であり、今日の貧困の元凶を表象する場所でもある。消息を絶った友人の死も、このメッセージに重なる。つまりポトシを映画に登場させることで、今日見られる伝統は、歴史的に抑圧された社会の中で誕生したことをほのめかしているのである。

歴史的に創造された伝統と、その伝統を自らのものとして取り込み、たくましく生き続けようとする家族の姿。考えてみれば、これは現代の人類学が描こうとしているフィールドの姿なのではないだろうか。ここに松下監督の現代社会に対する鋭い洞察を強く感じる。

聞くところによれば、現在ウユニは、日本の若者の人気スポットだという。数年前、南米で出会った大学生の一行が、マチュ・ピチュとウユニ塩湖だけをめぐって帰国すると知り驚いた。雨期に水の張ったウユニの湖面は鏡となり、美しくかつ不思議な光景を見せる。これを紹介するテレビ番組が火をつけたようだ。今やボリビア観光のメッカとなりつつある。

はたまたウユニ塩湖に眠るリチウムは、電池の材料として韓国や日本の企業が喉から手が出るほど欲しい資源でもあり、ボリビア政府を相手に争奪戦が展開する。主人公らが暮らす村は、グローバル化の中で、観光開発に飲み込まれ、また天然資源が発見され産業が生まれるただ中に置かれている。たしかに先進国で暮らし、失われた伝統を求めて辺境の地を訪れる旅人にとっては、派手な観光施設やリチウム採掘のプラントで埋め尽くされている光景を見ることは悲しいかもしれない。しかしその悲しみが地域の人々の貧困に目を背けたところにあるならば、その郷愁感こそ問題があろう。

では伝統は消えゆく運命にあるのだろうか。私自身はさほど悲観しているわけではない。伝統か近代化かといった二項対立は乗り越えられるとも考えている。伝統は、圧倒的少数者になるかもしれないが、近代化、グローバル化の中でやがて希少価値を持つものとして新たな価値が見いだされる可能性があるからだ。いずれ塩を切り出し、リャマの群れとともに村村を尋ねることに世界の若者たちが興味をいだくことがあるかもしれない。そのためにも、伝統にどっぷりと浸かっている人と、その意味や価値に気づいた外部の人間とが、新たな伝統の生き残り方を模索していくことが必要なのである。この映画はその役割を十分に果たしている。

Ⅳ 支援と絆

015

僕たちは世界を変えることができない。

But, we wanna build a school in Cambodia.

©「僕たち」フィルムパートナーズ

We Can't Change the World. But, we wanna build a school in Cambodia.
2011年／日本／日本語・クメール語／126分
監督　深作健太
出演　向井理　松坂桃李　柄本佑　窪田正孝
DVD
発売元：東映ビデオ　販売元：東映

ふとしたきっかけで、終わりなきボランティア活動に携わることになった医大生・葉田甲太のノンフィクションを映画化した、みんぱくワールドシネマ唯一の日本映画。気楽だが手応えに欠ける日常に物足りなさを覚えていた大学二年のコータは、偶然目にしたカンボジアに小学校を建てるための支援を呼びかけるパンフレットに光を見出し、寄付金を集めるべく三人の仲間と学生サークルを立ち上げる。視察に訪れた現地の過酷な実情や、ままならぬ日々に打ちのめされながらも、初志貫徹を志す若者のガムシャラな奮闘が生き生きと描出される。鬼才・深作欣二を父にもつ深作健太監督が、即興的な演出を取り入れつつ、向井理、松坂桃李、柄本佑、窪田正孝ら現在も活躍中の若手実力派キャストから自然な演技を引き出し、爽快な青春映画に仕上げた。

支援をめぐる「物語」

秋保　さやか

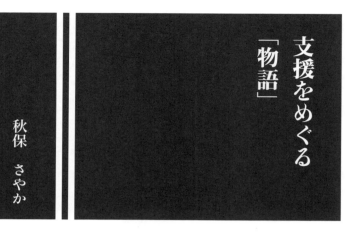

あきほ・さやか――拓殖大学などにて非常勤講師。専門は文化人類学、地域研究、農村社会と開発。主な著書に“Why Khmer farmers are resisting NGOs: Contradictions between participatory development ideas and practices in rural Cambodia” *Asian Rural Sociology*, V, Vol. 2, 2014、「貿易と日常的リスク――カンボジアにおける農作物の売買を中心に」（『アジ研ワールドトレンド』No.225、二〇一四年）、「カンボジア農村社会における農民組織形成――開発援助プロジェクトにおける行為主体と組織形成プロセスに着目して」（『筑波大学 地域研究』30号、二〇〇九年）などがある。

人を助ける／助けられるという支援をめぐるやりとりは、私的な領域から公的領域まで幅広く見られる社会的行為である。支援は、態度やタイミング、関係性など複数の要素が絡み合い成り立っている現象である。社会・文化的隔たりがより大きくなる国際的な支援は、さらに複雑さを増す。具体的な支援の場で、支援者はどのように支援活動を展開させているのだろうか。また、支援者と被支援者はいかなる関係を築いているのだろうか。国際的な支援のあり方や特徴を、映画『僕たちは世界を変えることができない』を糸口にして考えてみよう。

人を助けるとはどういうことか。相手のためを思ってとった行動が拒否されたり、迷惑がられたり、別の意味で受け取られたりすることもあるだろう。支援はその内容だけでなく、態度やタイミング、関係性など複数の要素が絡み合い、形づくられている。それらの組み合わせが、支援が成立するかどうかを左右するのである。つまり、支援には必ず成功するといったマニュアルはなく、偶発的かつ不確かな行為であるという特徴をもつ。そのため、価値、規範を共有する共同体内部においても困難が付きまとう。

共同体内部の支援でさえそうであるならば、国境を越えた支援がさらに複雑であるということは想像に難くない。支援者―被支援者間の社会・文化的な隔たりがさらに大きくなるからである。

被支援者をとりまく状況は多様である。何が支援とみなされるかは、その社会・文化的な背景によっ

スタディーツアーの一環で現地の人々に文具やTシャツを配る学生たち（筆者撮影）

て異なった様相を呈している。他方、支援者が支援を行う背景にも、社会・文化的な要因が絡んでいる。たとえば、何が支援に関わる問題を形づくっているのか、どういった状況で人々が行動を起こすか、どういった行動や態度がその時必要とされるのかにも違いが表れる。つまり、国際的な支援は、支援者―被支援者間の多様な差異を内包しつつ展開していると言える。

この映画は、日本の大学生による国際的な支援を主題としている作品である。劇中では、カンボジアへの教育支援を模索する主人公らの試行錯誤がテンポよく描き出されている。では、主人公らがカンボジアに支援の眼差しを向けるのはなぜか。まずはカンボジアをめぐる歴史的背景を簡単に振り返ろう。

カンボジアは、一九七〇年代から二〇年以上にわたる内戦を経験した。特に民主カンボジア時代（ポル・ポト時代）には、国民の一三から二九％が強制労働、饑餓や虐殺によって亡くなったと言われている。ポル・ポトらが行った革命は、集団による農業を中心とした「共産主義社会」建設という理想に基づくものだったが、その代償はあまりに大きかった。

一九九一年パリ和平締結以降、国内には大量の開発援助が流入するようになった。その後、国内の政治的安定化も進み、国家政策も「復興」から「開発」へと移り変わっていった。その中で日本はトップドナーの一員としてカンボジア支援を行ってきた。その一環で二〇〇一年に作られた「カンボジア・日本友好橋（きずな橋）」は、五〇〇リエル紙幣（日本円で約一四円）にも描かれるほどである。日本をはじめとするドナー諸国による継続的支援が行われているにもかかわらず、内戦終結から二五年が経とうとしている現在もなお、カンボジアを支援のために訪れる個人、団体が後を絶たない。人口の大半を占める人々が生活を営む農村においても、村集会にNGOや援助機関のプロジェクトスタッフが参加し、活動の説明を行う風景は日常の一部となっている。集会に参加する人々のニーズも、現金収入向上であったり、教育、福祉の向上であったりと一様ではない。本映画で描かれた日本人大学生の教育支援活動は、このような社会的状況の中で展開されたものである。

この映画は、支援者である大学生の「自分語り」とも言える作品である。「自分語り」の作品と言うと、支援を美化し、称賛するようなナルシスティックな映画だと想像する人もいるかもしれない。またそれとは逆に、独りよがりな支援の偽善性を暴きだし糾弾するような映画だと思う人もいるかもしれない。筆者自身、観る前に想定していたのは前者のような映画だったが、観終わった後の感想は、そのどちらでもなかった。日本の大学生とカンボジアの人々をとりまく状況、そして支援をめぐる困惑・葛藤・希望が細かく描写されており、この映画が発しているメッセージは支援の称賛／批判にとどまるものではなかった。

本作品は、どこか物足りない日々を過ごしている大学生が、カンボジアの子どもが映し出されたポスターを目にし、学校建設支援に乗り出すところから話が始まる。大学生だけでなく、支援に賛同する日本企業や現地のカンボジア人ガイド、そして現地のＨＩＶ患者など、立場も生きてきた環境も違う人々が支援の場で出会い、それぞれの人生を互いに紡ぎだしていく。資金的にも、技術的にも限界がある大学生の荒削りな支援ではあるが、試行錯誤を重ねながら事業を展開し、人々の紐帯は国境を越えて徐々に広がりをみせていった。その過程は、現代の国際的な支援の一側面を示しているように見える。

文化人類学において、開発支援の社会・文化的な影響が積極的に研究対象として扱われるようになって久しい。かつては開発プロジェクトがもたらす変化や影響を現地社会の人々の肩越しに理解しようとする研究が多かった。その結果、開発を対象とした人類学的研究の中で、支援を受ける主体（被支援者）の側から開発現象を把握しようとする研究が多数を占めており、開発を行う主体（支援者）側の理解が進んでこなかった。そこで近年、専門家・実務者といった支援者の視点による民族誌的記述が試みられるようにもなっている（David Mosse, ed. *Adventures in Aidland: The Anthropology of Professionals in International Development*. New York: Berghahn, 2011.）。

本作品も、支援のプロセスを支援者の視点から描いたものである。これは実験的民族誌の一つ、オート・エスノグラフィー（auto-ethnography）としても位置づけることができる。この手法は、自分自身の経験を自らの語りによって記述・分析するものである。本作品を「支援をめぐる民族誌」としてとらえた場合、こういった手法を採用することによっていくつかの効果をもたらしているように思える。その一つは、支援をする側の主体性を浮かび上がらせるという効果である。一般的な社会科学においては、対象と一定の距離をとり、客観・中立的立場から記述、分析することが重要視される。オート・エスノグラフィーはそれとは異なり、客観性を放棄し、自らの経験を自ら語るという手法をとるものである。それによって、読者は、彼らがどのように試行錯誤を重ね活動を展開させたのか、彼らの視点から理解が可能になる。また行為の側面のみならず、支援に関わるきっかけなどの背景や、高揚感、焦り、葛藤といった感情の側面をも細かに描写することができる。このような手法の効果もあり、本作品も彼らの支援をめぐる物語を生き生きと描きだしている。また支援のプロセスを彼らの視点から追うことによって、計画―実施―結果といった単調かつ直線的ではない、複数の主体による相互行為の結果としての支援という側面をも浮かび上がらすことができている。こうした試みは、支援をめぐる理解の偏りを補う上でも重要性をもつ。

この映画は、当事者である学生の視点から支援のプロセスを描き出しており、国際支援を理解し、考える材料を多く提示している。しかし、同じ現象であっても、立場が異なれば見方も異なるものである。学生の支援の物語がある一方、支援を受けるカンボジアの人々の物語があることも忘れてはならない。さらに言えば、この支援から直接恩恵を受けない現地の人々の物語も当然ある。支援にたずさわる当事者それぞれに異なった文脈があり、多様な認識をもっている。支援は、このような多様な立場の異なる人々の結節点で展開しているのであり、それらを理解しないと現状を見誤る可能性が出てくる。

では、支援者と被支援者の関係性はどのようなものなのだろうか。通常、支援者―被支援者の関係は親―子、教師―生徒、医者―患者といった明確な立場の異なる個の一対一の関わりとして捉えられる。このように支援を捉えると、専門的知識や経験がある者がない者に教え助けるといった一方的な関係がイメージされる。しかし本当に、支援はそのような関係性だけに特徴づけられるものなのだろうか。

ここで劇中、二人の人物が別々の文脈で口にした「生きる希望」という言葉から支援をめぐる支援者―被支援者関係ついて考えてみたい。一つ目は、カンボジアのＨＩＶ患者の女性が発した言葉である。彼女は長引く孤独な入院生活の中で出会った日本人大学生との交流を喜び、また会える日を楽しみに生きようと決心し、「彼らから生きる希望をもらった」と述べている。もう一方の主人公の大学生は、学校の完成式典で自らの支援活動を振り返り、現地の人々との関わりに触れ、生きる希望をありがとう、と述べている。

生まれ育った環境も異なる日本の大学生と現地の人々が支援を通して関わり合うことによって、互いの人生を紡いでゆく。この過程に着目してみると、支援する者—される者といった二分法や一方的関係といった見方では捉えられない、かかわりとしての支援関係という特徴が浮かび上がってくる。この関係は固定的ではなく、相互作用によってたえず構築されつづけるものである。

本章では、日本の大学生のカンボジア教育支援活動を描いた作品を通し、支援について考えた。一般的に支援とは、「他者を助け支えること」という意味合いで使用される。しかし、この映画から見えてくることは、支援とは支援者の試行錯誤、挫折、葛藤の過程であるとともに結果であり、揺れ動く感情を伴いながら実施されるものであるということである。そして、支援者—被支援者の関係も決して固定的ではなく、時に両者の立場性も不明瞭になることがあるということである。この映画は、当事者の視点から支援が構築／再構築される過程を生き生きと描き出しており、すでに支援にかかわっている人もこれからかかわろうと思っている人にも多様な支援のありようを理解する材料を与えてくれる。支援にかかわる多様な人々の「物語」に耳を傾けることが、複雑な支援現象がいかに成り立っているのかを明らかにするきっかけを与えてくれるだろう。そしてこのような作業が、支援のありようの理解だけでなく、支援をはぐくむ社会を構想するためのヒントも与えてくれるのではないだろうか。

016

路上のソリスト

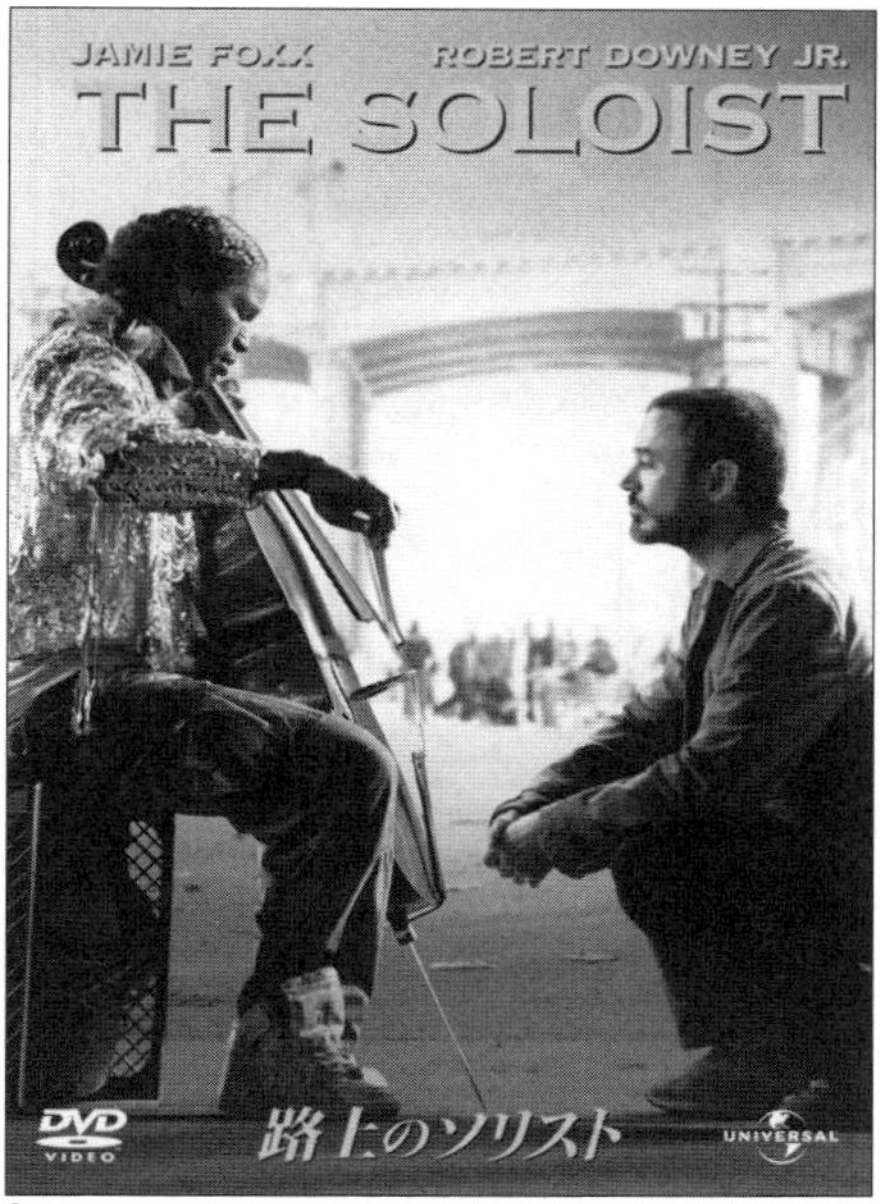

The Soloist
2009年／アメリカ／英語／117分
監督　ジョー・ライト
出演　ジェイミー・フォックス　ロバート・ダウニーJr
DVD
価格：1,429円＋税（2016年6月の情報です）
販売元：NBCユニバーサル・エンターテイメント

名門音楽学校でチェロを学ぶも、紆余曲折を経て路上で暮らす演奏家と、その響きに魅せられ手を差し伸べようとする記者との交流を綴り、多くの読者の心を捉えたロサンゼルス・タイムズ紙のコラムの映画化。『Ray／レイ』(04)で伝説のミュージシャンを演じ切ってアカデミー賞に輝いたジェイミー・フォックスと、『アイアンマン』(08)でユニークなヒーロー像を打ち出したロバート・ダウニーJrが、実在の人物に誠実に向き合いつつ各々の個性も加え、孤独な男同士が数々のジレンマを乗り越え真の友情を育んでいく様を、ユーモアも交えて体現。英国の気鋭監督ジョー・ライトが、聴覚障害のハンディと闘っていたベートーヴェンの楽曲を主軸に据え、音色の多彩さや奥行きを巧みに可視化し、音楽がもたらす無限の力を独創的に映し出した。

ホームレスと支援者の交流

佐野　章二

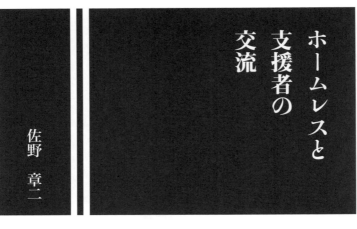

さの・しょうじ――（有）ビッグイシュー日本の共同代表。二〇〇三年五月（有）ビッグイシュー日本を設立、共同代表就任。同年九月ホームレス支援雑誌『ビッグイシュー日本版』を創刊。主な著書に『ビッグイシューの挑戦』『社会を変える仕事をしよう』など。「ホームレスの人だけでなく、普通の人々にもやりたい仕事が少なくなっている今、雑誌制作、販売の仕事を成功させ、市民の誰もが起業家といえるような社会状況をつくりたい。」
http://www.bigissue.jp/

『路上のソリスト』は、アメリカの名門音楽学校ジュリアード音楽院の元学生で、いまはホームレスのナサニエルと、ロサンゼルス・タイムズの記者ロペスとの交流の物語である。ナサニエルの記事を書いたロペスは、読者からの反響を得て、ますますナサニエルに肩入れしていく。しかしそれは必ずしもナサニエルが望むものではなかった。こうしたすれ違いの中から、ロペスは、お互いにとって居心地のよい関係を学んでいく。映画の見所は支援されるナサニエルよりも支援するロペスの方の人間としての変化と成長だ。ホームレス支援をテーマとするこの映画をよりよく理解するには、ホームレス問題の現状や対策について知っておきたい。そのため日本のホームレスを取り巻く状況についても解説する。

この映画が興味深いのは、ホームレスの生活がリアルに描かれているためだ。ロケ地は、ロサンゼルス中心街のハイテクビル群に隣接し一万人ほどの路上生活者が暮らすスキッドロウ地区である。普段、観光客が絶対近寄れない街を内側から見ることができる。そしてこの地区に実在する精神障害者の施設「ランプコミュニティ」と、そこのメンバー二〇人が、心を病んだナサニエルとともに重要な役回りで登場する。その他、五〇〇人の路上生活者がエキストラとして出演している。

「そこで出会った人々こそ僕がこの映画をつくる理由だ。彼らは親切で、優しくて、おかしくて、とても正直な人たちだった」と英国人の監督ジョー・ライトは言う。最初、恐怖感をもっていた彼は「でも、彼ら路上生活者は決して他人に危害を加えたりしない。むしろ、自分で自分を傷つけているんだよ。麻薬中毒やさまざまな精神疾患によってね」と語る。私たちが刊行している雑誌『ビッグイシュー』の表紙を飾ったこともあるロペス役の俳優ロバート・ダウニー・ジュニアは、「プロの俳優を相手にするよりもむしろよかったぐらいだよ」と述べる。彼らにとっては演じることよりも普段の生活のほうが、ずっと厳しいし難しいからだ。

この映画は、ホームレスの人々への支援のあり方を問題にしていると言えるが、読者はホームレスに

ロペス役を演じたロバート・ダウニー・ジュニアが表紙に登場した『ビッグイシュー』(日本版) 186号

ついてどれほどご存知だろうか。ここでは現在の日本のホームレス事情について解説しておきたい。厚生労働省は、ホームレスを「都市公園、河川、道路、駅舎その他の施設を故なく起居の場所として日常生活を営んでいるもの」と定義し、地方自治体（市区町村）の職員の巡回による目視調査によって、全国で数を数えて報告している。それによると、調査が始まった二〇〇三年の二万四〇〇〇人余りから二〇一五年の六五四一人へと減少している。地域的には大都市圏を持つ東京都、神奈川県、大阪府が多く、二〇一五年の最多は大阪府の一六五七人である。

一方、この定義に当てはまらない「ホームレス」が存在することを、忘れてはならない。従来は、製造、建設、土木などの産業に従事している中高年の男性が失業してホームレスとなることが多かった。ところが近年は若年層が増えている。とくに二〇〇八年九月のリーマンショック以降、四〇歳未満の若者ホームレスが急増してきた。彼らは路上で寝るのが怖くて、ネットカフェやファーストフード店など終夜営業店舗などに滞在していることが多い。つまり路上で生活しないという意味で〈見えないホームレス〉になっている。実は、これは日本に固有の現象ではない。たとえばEUでのホームレスの定義は、「路上生活者」に加え「知人や親族の家に宿泊している人、安い民間の宿に泊まり続けている人、福祉施設に滞在している人」なども含んでいる。

私たち『ビッグイシュー』では、こうした「見えないホームレス」の存在も意識して、ホームレスを「屋根があっても家がない状態（ハウスレス）及び、屋根がない状態（ルーフレス）」と定義し、ハウスレスを見逃さないようにしている。

ホームレス問題対策としては、まず国や自治体の取り組みがあげられる。国は二〇〇二年に一〇年間の時限立法として「ホームレスの自立に関する特別措置法」を制定し、二〇一二年にこれを五年間延長させた。この法に基づき、各自治体が実施計画を策定し事業を実施することになっている。ホームレス支援の公的施設は、路上からの緊急避難のためのシェルターと数ヶ月間の滞在中に就労と地域生活につなげる自立支援センターに大別される。大阪市の釜ヶ崎のような日雇い労働者の寄せ場をもつところでは、前者の事業が中心となる。

こうした公的支援を補完するのが、私たち『ビッグイシュー』の取り組みである。シェルターやセンターは確かにホームレス状態の人に「居場所」を与えてくれるが、その居場所から自分のホームに移るためには、本人の努力ときめの細かい支援が必要になる。私たちは「ホームレスの仕事をつくり、自立を応援する」ために、モノ、カネでなく働くチャンスを提供することを重視している。具体的には、さまざまな話題や社会問題を掲載する雑誌『ビッグイシュー』を制作し、その販売をホームレスの人々の独占販売とし、販売価格の半分以上を彼らに配分するという方法をとっている。いわばホームレスの人々をビジネスパートナーと考え、彼ら自身に問題解決の担い手になってもらうのだ。また私たち自身は、ビジネスを前提とする社会的企業を目指し、寄付や補助金に依存しないで社会問題の解決に取り組んでいる。『ビッグイシュー』はイギリスで始まったが、日本語版は二〇〇三年九月に創刊した。

二〇一五年八月末の時点で『ビッグイシュー』販売者として登録したのは延べ一六三五人、実際に販売しているのは一四五人である。また販売を通じてアパートを借り、新たな仕事をもつことができた卒業者は一八四人に上る。雑誌販売数は創刊号から一二年で、累計六九八万冊となり、ホームレスの販売者に一〇億一六九六万円の収入を提供した。

私たちのこうした取り組みを踏まえて映画『路上

のソリスト』を見ると、あらためて支援者と被支援者の関係の取り方の難しさを痛感する。記者ロペスにとってナサニエルは何よりも取材対象であり、彼が著名な音楽学校の元学生でなかったなら興味をもたなかったはずだ。ロペスは彼を記事にし、狙い通りに読者の反響を巻き起こすことに成功する。読者から送られてきた楽器をナサニエルに提供し善意の支援者となったロペスは、ナサニエルの音楽的感受性に感動し、ナサニエルもまたロペスを敬うようになっていく。ここまでは、ロペスの当初の利己的な関心が、ナサニエルに対する敬意へと変化し、ナサニエルもそれに答えて、両者の信頼関係が育くまれたと好意的に評価することができるだろう。しかし問題はその先である。ロペスは読者の期待に答えるため、ナサニエルを音楽家として社会復帰させようと動きだす。住まいを用意し、音楽のレッスンを受けさせ、リサイタルの段取りまで決めてしまう。しかし音楽学校時代のトラウマを抱えるナサニエルにとってロペスの支援はあまりに性急で、やがて両者の間に大きな亀裂が生じることになる。こうした経験からロペスは、ナサニエルとの適切な距離感を学んでいく。ラストシーンでナサニエルとコンサートを楽しむロペスは、支援者というよりは友人の顔をしている。この映画の重要なポイントは、支援されるナサニエルよりも支援するロペスの方の人間的な成長にあるように思われる。

実際のホームレス支援も同様である。私たちは当事者主体の取り組みをしているが、個々の事情はさまざまに異なる。私たちの考えを押し付けても、一〇〇%と言ってよいほど、うまくいかない。ホームレスの人たち自身こそが問題解決の糸口であり、担い手となってもらうことが重要だ。そのためには、支援する側は彼らの気持ちを尊重するための距離間や心のゆとりをもつことが求められる。

君を想って海をゆく

Welcome
2009年／フランス／フランス語・英語・クルド語・トルコ語／109分
監督　フィリップ・リオレ
出演　ヴァンサン・ランドン　フィラ・エヴェルディ
DVD
発売・販売元：株式会社KADOKAWA

不法入国者への支援が違法なフランスの最北端の港町カレを舞台に、イラクからイギリスに移住した恋人に逢いにドーバー海峡を泳いで渡ろうとするクルド人難民の少年と、元メダリストの水泳コーチとのふれ合いを描く。淡々と日々をやり過ごす中年男が、難民支援に熱心な別居中の妻の気を引こうと、難民少年の世話を焼く。無謀に思える計画に向けて猛練習に励む彼の一途な愛に心打たれ、実の父子のように打ち解けるうちに、さまざまな葛藤や変化に突き動かされていく。綿密な取材を重ねたフィリップ・リオレ監督が、祖国を離れて必死の思いでたどり着いた異国でも非情な扱いを受ける難民の窮状や、不寛容な法やジレンマと闘う人々の心情を、痛切なフィクションの中で繊細に描写。フランス本国では、論争を巻き起こしつつヒットした。

「庇護」と「不法」のあいだで問われる自律的空間

植村　清加

うえむら・さやか――東京国際大学商学部専任講師。専門は都市人類学、フランス移民研究。主な論文に「パリ郊外から生まれ出ようとするもの――今を生きる「記憶」のかたち」（森明子編『ヨーロッパ人類学の視座：ソシアルをとらえなおす』世界思想社、二〇一四年、五一―七八頁）、「「ひとりで生きていくことを学ぶ――移動を内包した都市を生きるフランス・パリ地域のマグレブ系移民たち」（椎野若菜編『シングルのつなぐ縁　シングルの人類学2』人文書院、二〇一四年、一五七―一七八頁）などがある。

現在、自国を飛び出し、欧州での暮らしを目指す人は後をたたない。二〇〇〇年に入り、ヨーロッパを通過ないし滞在する移民・難民や、彼らとの関わり方のなかに「いま」を映し出す映画が増えている。『君を想って海をゆく』の舞台もヨーロッパのアクチュアリティのなかで、より複雑な状況に置かれた人々が生きる空間である。

映画の舞台・カレは、フランス北端に位置し、陸はベルギー、海を挟むイギリスとも直線距離で三四キロメートル、英仏海峡トンネルでつながる国境の町である。一九九八年、コソボ戦争を逃れた避難民が、地域に集まり始めた。翌年、カレ住民の一部と、ホームレスなどの困窮した人々に連帯する救援活動組織「エマウス」の設立者で活動家のアベ・ピエール神父らでつくったサンガット難民センターが、庇護活動の拠点になった。イラクからのクルド難民やアフガン難民の流入が続いたが、英国への不法入国の拠点になったとして、二〇〇二年、英仏両政府は治安と国境管理の強化で連携し、収容者の亡命を許可してセンターを封鎖した。その後、避難民は、周辺の森を不法占拠した通称「ジャングル」で生活し始めた。二〇〇九年からUNHCR（国連難民高等弁護官事務所）が調整している。国連は避難民を、「自国で迫害を受けている、あるいは迫害され

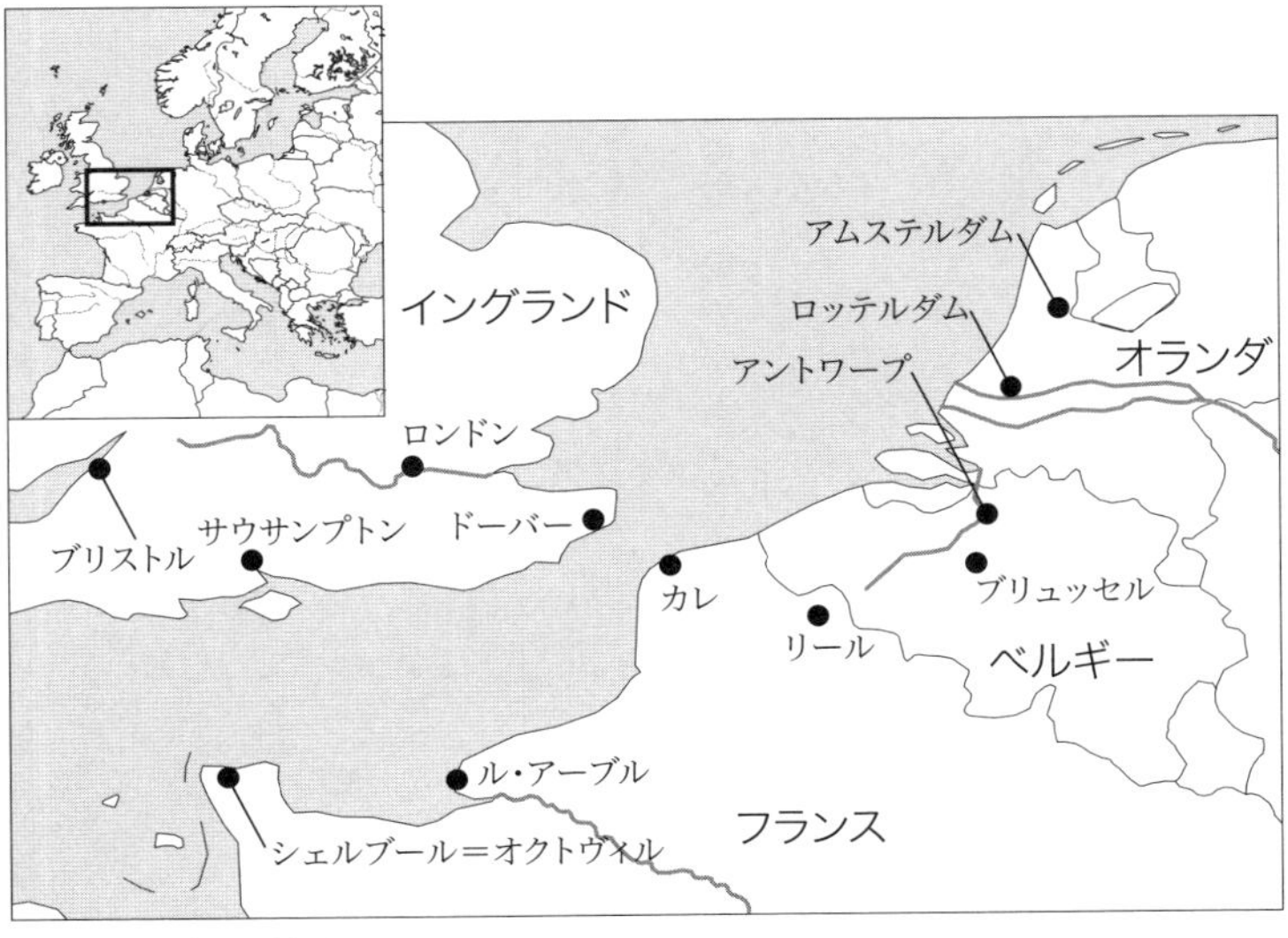

ドーバー海峡周辺地図

2008年	申請者	条約難民認定	補完的保護認定
世界	82万8,723人	14万8,241人	6万2,726人
フランス	4万2,599人	9,648人	1,793人
イギリス	3万0,547人	4,752人	2,327人

表1　映画製作当時の世界の難民数と英仏の受入状況［UNHCR 2010］

る恐れがあるため他国に逃れてきた人々」と定義し、他国に庇護を求める権利を認めており、難民保護条約加盟国（英仏ともに一九五一年加盟）には彼らを庇護する義務がある。しかし、難民として正規化されるのは一握りだ（表1・表2参照）。

映画に登場するクルド人とは、トルコ、イラク、イラン、シリアの国境が交わる地域で暮らす人々だが、ヨーロッパにも、労働者や難民として居住するディアスポラでもある。その移動には、密入国協力者が自らの行為を「人道的」だと語る歴史と現実がある（山口昭彦「越境と離散のクルド人」、『中東・北アフリカのディアスポラ』明石書店、二〇〇九、五二―七四頁）。映画が撮られた二〇〇八年のカレには主に、アフガニスタン、イラク、エリトリア出身者が多く、現在はさらにシリア、スーダンからの避難民が増えている。

リオレ監督は六週間、カレでボランティアをし、恋人が住むイギリスを目指す一七歳のアフガン青年や、「ドーバーを泳いで渡ったが誰も彼のその後を知らない男」の話などに出会ったという。同時代のカレの難民たちに「生きられた話」を基にした本作品は、フィクション映画だが、リアルな世界を描く。たとえば密航手段と検閲技術、複数の文脈と幾重にも異なる関係が垣間見える多言語の使い分けや、親切と共感の違い、人物によって違う一通話や五〇〇ユーロ、ウェットスーツに含まれる価値と意味等、具体的な細やかさが巧みなリアリティ表現になって

1793	【仏】	「自由を貫いたために祖国で迫害を受けた外国人に庇護権を与える」憲法成立
1951	【英仏】	英仏難民保護条約加盟
1987	【英】	運送会社賠償責任法（1000ポンド罰金／不法入国者1人）
1994		ユーロスター開業
1997	【EU】	ダブリン協定発効
1999	【仏】 【EU】	サンガット難民収容センター開設（国際赤十字） アムステルダム条約発効
2001	【英】	ユーロスター社：サンガット閉鎖を求め仏政府と法廷闘争
2002	【英】	仏治安と国境管理の強化で連携：サンガット強制封鎖
2003	【仏】	移民法改正（質の高い移民の受入促進、非合法移民の取締強化／難民庇護手続きの簡略化）
2005	【英】	選択的移民政策の議論開始
2006	【仏】	移民法改正
2007	【仏】	サルコジ大統領就任、移民法改正（サルコジ法）
2009	【英】 【仏】	国際移住機関（IOM）の再統合支援（祖国への自主的帰還促進）プロジェクトを公認 UNHCRと協力：カレに、難民手続きを行う事務所設立

表2　不法移民の取り締まりと難民庇護に関する英仏の政策動向

いる。

「同胞」の間で交わされるクルド語や難民同士の英語の会話と、支援者と難民の間で交わされるフランス語・英語の会話は全く異なる。支援者と被支援者に顔見知りはいても、個人的関係はない。文化的配慮からアラビア語で「アッサラームアレイコム」と挨拶する支援者に笑顔をみせて食べ物を受け取る次の瞬間にはクルド語で、密入国の手段や仲介人の情報、携帯電話を「一分一〇ユーロ」で貸すという難民間のシビアな世界が描かれる。海岸、スーパー、プール、町の中でも、町の人と彼らの暮らしのニーズは異なる上、容姿だけで彼らが「難民」や「クルド人」だと「わかる」こと、彼らを積極的に排除しようとする警察や密告者の存在と、積極的な生活の支援者となるボランティアや密航協力者、そして関わらないが排除もしないさまざまな人々の対応も描かれている。

ビラル個人と関わるなかで、彼を応援しはじめる主人公シモンは、慈善活動家や難民支援者としてではなく、水泳を媒介に「普通の人と人の関係」になる。彼は「難民がかわいそうだから助ける」のではない。ビラル個人の物語に触れるにつれ、シモンは彼の想いに共感し、若いビラルを励まし、身を案じ、ビラル個人の生に自ら巻き込まれることで徐々に自身の生き方を変えていく。不法移民排除の論理とも、人道的な難民支援者—被支援者という固定された関係とも違うものとして、不法移民と一市民であることを超えた個の関わりあいが示されている。本作品が表現するのは国家の包摂から逸脱しつつも、人々が自らの生を選択する自律的な状態なのである。

本作品の原題はWelcomeである。クルド人青年に関わるシモンを密告する隣人の玄関マットに書かれたこの言葉は、自国が求める移民には門戸を開く一方、それ以外の非正規滞在者を締め出す選択的移民政策を打ち出した、当時のサルコジ政権への皮肉である。映画後半では、「不法入国者」を車に乗せたり、食事を提供したり、泊める等の行為が禁じられ、庇護活動を絶てば難民が減るという発想が公然と述べられる社会情勢が描かれるが、この描写も、非合法移民を助けたフランス市民に実刑を下す法令（L六二二―一：「直接的または間接的な援助によって非合法な外国人がフランスに入国、往来、滞在することを手助けした、あるいは助けようと意図した人間には実刑五年と罰金三万ユーロを課す」）を使い、市民の庇護や援助、あるいは困窮した他者の生存に関与する連帯solidarité行為を、監視と処罰の対象にしようとする当時の政策への批判だ。

実際、映画の外では、サンパピエ（滞在許可を持たない人々）を支援するボランティアが「連帯の罪」の適用に抗議行動を起こし、監督も、現状はユダヤ人のショアー（大量虐殺）に類似しており、不法滞在者は人として最低限の価値も尊重されていないと当時のエリック・ベッソン移民担当大臣に反論して議論を呼んだ（LE MONDE, 2009.3.10）。映画の外の動きとともに本作品をみるとき、不法入国者の通報を「市民の義務」とする隣人や警察と明確に対置されるのが、金と引き換えに密航に協力する人とシモンとビラルのような愛や友情に近い関わり合いだ。二人の関係は、自分と目の前の他者が生きることの要件を自律的に支える「もう一つのモラル」として表現されていることがわかるだろう。上映後の二〇一一年に発効された法令では、密航協力とボランティア行為を区別し、「現在、または差し迫った危険に晒される外国人を助ける人」は、「連帯の罪」を免除されることが追加された。

フランスでは現在も困窮した人々に、宿泊施設やテント・食糧の提供、財政支援、医療や情報の提供、諸権利へのアクセス、フランス語の習得や通訳支援、子どもの義務教育の無料提供等の支援が、社会や団体・個人の活動に埋め込まれ、実践される（写真）。人々の間で交わされる関わり合いの多様性のなかに、地域社会の奥行きの深さも存在する。

他に、ローカルな地域の状況のなかで人々が生きる自律的空間の在り方を示し、カレの難民たちの「生きられた経験」と実質的につながる作品として、パキスタンの難民キャンプに住む実在の少年二人を起用し、ロンドンへの密入国の旅をドキュメン

イル＝ド＝フランスで運営されるエマウスの倉庫。寄付で持ち込まれた生活用品をリサイクル販売し、差異から連帯につなぐ（著者撮影）

タリータッチで描いた『イン・ディス・ワールド』（英・二〇〇二年）や、シチリア島の離島・リノーサ島を舞台にした『海と大陸』（伊・二〇一三年）がある。映画に起用される当事者の存在や作品の制作時期等の比較は、移民・難民の包摂に揺れ動くヨーロッパ社会の「いま」を理解する入口になるだろう。

018 未来を生きる君たちへ

Hævnen／In a Better World
2010年／デンマーク・スウェーデン／デンマーク語・スウェーデン語・英語／112分
監督　スサンネ・ビア
出演　ミカエル・バーシュブラント　トリーネ・ディアホルム
DVD
発売・販売元：株式会社KADOKAWA

九・一一以降の欧米諸国に顕著な、暴力容認へと向かう風潮に対して警鐘を鳴らす、重厚な人間ドラマ。紛争の続くアフリカの難民キャンプで医療活動に携わる父と離れ、母や弟とデンマークで暮らす少年は、孤独を募らせつつ学校でのいじめに耐えていた。そんな中、母を亡くして心に闇を抱えるロンドンからの転校生との出逢いを機に、日常に潜む残虐性や、崩壊寸前の家族が目を背けてきた事実が露わとなっていく。実力派女性監督スサンネ・ビアが、デンマーク語の原題〝復讐〟に、暴力の連鎖に絡めとられた現代社会への危機感を込めつつ、苦難の果てに新たな一歩を踏み出す子どもたちに、切なる希望を託す力篇。アカデミー賞とゴールデン・グローブ賞双方で、最優秀外国語映画賞に輝く快挙を達成した。

デンマーク映画を歴史の視点よりみる

佐保　吉一

さほ・よしかず――東海大学文学部北欧学科教授。専門は北欧（とくにデンマーク）近代史。主な著書に『デンマークの歴史』（共著、創元社、二〇〇〇年）、『北欧史』（共著、山川出版社、一九九九年）、論文に「デンマーク領西インド諸島における奴隷解放（一八四八年）について」（『ＩＤＵＮ（大阪外国語大学）』第一五号、二〇〇二年、二四七―二七四頁）などがある。

デンマークの現代女流監督スサンネ・ビアによる、報復と許しという重いテーマが主題の映画である。主な舞台はデンマークの自然豊かな地方都市スヴェンボーだが、随所にアフリカの難民キャンプも登場する。それぞれの日常生活の場面で、集団や個人の人間関係によりさまざまな報復が連鎖的に生まれる。報復をどう断ち切ればよいのか。見ている方が途方に暮れる。この映画を「国際援助」「非暴力」「宿敵スウェーデン」というキーワードをもとに、歴史的な視点でみていくと、映画の中では直接見えてこなかったさまざまな繋がりが明らかになる。それを理解することで、ビア監督が映画の中に意図して埋め込んだと思われるメッセージがより深く伝わってくる。

ここでは映画の内容解説ということより、映画の評価とタイトルの考察を行った後、デンマーク史を研究する立場から、映画の中に象徴的に現れる幾つかの事柄について、歴史的な視点から考えてみたい。

まず、本映画に対するデンマーク国内の代表的な評価（インターネット版新聞、二〇一〇年八月二六日付）は次の通りである。「この作品には失望と悲しみというテーマが内在し、傑出した映画である」（ユランス・ポステン紙）、「ビア監督の迫力ある映画は激しい感情をシャープかつクールな方法で伝えている」（ベアリンスケ・チーデネ紙）、「報復という大きなジレンマを含んだ問題を取り上げているが、監督は全ての期待に応えている」（ポリチケン紙）、という具合に概して好意的である。紹介した日刊三大紙は全て星5つの評価を与えている（最高は星6つ）。

次にタイトルであるが、まずは原題と日本語タイ

デンマークとその周辺

トル（邦題）との意味の違いに驚いてしまう。デンマーク語の原題は「Hævnen　仕返し・報復」、英語タイトルでは「In a better world　より良い世界で」、そして日本語タイトルでは「未来を生きる君たちへ」となっている。原題の方がシビアな現実を突きつけ、映画の中のさまざまな報復をストレートに表現している。英語及び日本語タイトルは映画の、報復と許しのせめぎ合いの後に何かが生まれることを予感させるエンディングシーンを意識してつけられているように思う。

デンマークが歩んできた歴史からみると、この映画には「途上国支援」「非暴力」「宿敵：スウェーデン」というキーワードが埋め込まれているように思える。以下、それぞれについてみていきたい。

まず途上国支援だが、監督のスサンネ・ビアは作品によく途上国支援の実践者を登場させる。たとえば『アフター・ウェディング』（二〇〇六年）では支援の舞台がインドであった。この背景にはデンマークが途上国支援に熱心なことがあげられる。デンマークの国民総生産（後に国民総所得）に占めるODA（政府開発援助）の額は国連が求める〇・七％を常に越えている。中道左派の社会民主党が政権に就いていた一九九三年には一％をも越え、国民一人当たりのODAでは世界一の援助国となっている。また、二〇一三年度のODA供与実績の対国民総所得比は〇・八五％となっている（日本は〇・二三％、二〇一四年一二月OECD統計より）。このように国を挙げて途上国支援に熱心な同国では、政権によっては専門の担当大臣が任命される。そして実際の業務はダニダDANIDA（デンマーク国際開発援助活動）と呼ばれる外務省の援助機関が行っている。

毎年、アメリカのシンクタンク（Center for Global Development）が富裕国二七ヶ国の対途上国開発貢献の指数を公表するが、二〇一五年版では日本が最下位に位置する一方、デンマークは世界第一位であった（出典：http://www.cgdev.org/publication/ft/commitment-development-index-2015）。このようにデンマークの開発援助は質的に世界でも高い評価を得ている。

また、コペンハーゲン港の一角には人目につく場所にユニセフの巨大な倉庫が建っている。これはユニパックと呼ばれるユニセフ物資供給センターで、支援に必要な物資が保管されており、緊急時には四八時間以内に世界中何処へでも医薬品等を届けることが出来る。倉庫は車あるいは列車からよく見える場所に位置しているため、日常生活の中でユニセフを身近に感じる。また政府、民間を問わず途上国支援に関わる人が身近でも多いため、途上国支援がありふれた日常の光景として、ビア監督の作品にも登場するのであろう。

この作品で主人公のアントンが身体を張って子どもたちに示した「非暴力」の問題だが、デンマークの歴史を振り返ると、近代以降国内では「非暴力」の傾向がみられる。たとえば宗教改革（一五三六年）、世襲王政導入（一六六〇年）及び絶対王政導入（一六六一年）、絶対王政の終焉（一八四八年）という西洋史における一大変革が、暴力による流血を伴わず、結果として平和的に実現しているのである。特に一八四八年三月の絶対王政終焉は象徴的である。自由主義憲法の制定を求めて王宮に行進してきた市民約一万五〇〇〇人に対して、国王は近衛兵を対峙させることなく、市民の代表と面会して要求を受け入れることを表明した。これにより約一九〇年間続いた絶対王政はまさに一滴の血も流さずに終わったのであった。また一八六四年のプロシアとの戦争でデンマークは大敗北を喫した。その戦後復興の際、新たな戦争という暴力に訴える失地回復（復讐）を目指さず、荒れ地を開発して農地を拡大するという内的発展による復興を選択した。これが現在の世界に名だたる

〈11-13世紀〉各世紀に1回
〈14世紀〉8回
〈15世紀〉4回
〈16世紀〉5回
〈17世紀〉6回
〈18世紀〉2回

表1　デンマークの対スウェーデン戦争（回数）

「酪農王国デンマーク」に繋がっているのである。そして一九四〇年四月九日、デンマークは不可侵条約を結んでいた隣国ドイツに突然占領されたが、その際デンマーク政府はいち早く無抵抗を決め、無駄な流血を最小限に食い止めている。このドイツ軍による占領は約五年続くが、その間一般の多くのデンマーク人は、基本的には非暴力の立場をとったのであった。

さらに、デンマークでは現在、学校や家庭における体罰が禁止されている。映画の中でも父親のアントンは息子のエリアスに対して決して手を上げなかった。そして父親が身体を張って子どもたちに示した非暴力の姿勢は、まさに聖書の「……左の頬をも向けなさい（マタイの福音書）」を地で行くもので、感動的でもあった。

この歴史に脈々と流れる非暴力の傾向がこの映画にも繋がっているのである。

歴史の目でこの映画を見る際、最後まで気にかかったのが、スウェーデン（人）に対するデンマーク人の態度である。地理的に近いデンマークとスウェーデンは、歴史的にみるとお互いを「宿敵 arvefjende（スウェーデン語ではarvefiende）」と呼び合い、数多くの戦争を経験してきた。一一世紀から一九世紀まで大きな戦争を二〇回以上も行っている。特に一六〜一八世紀は北欧・バルト海における覇権を争うために両国は頻繁に戦争を行なった。最初はデンマークが勝利したが、次第にスウェーデンが軍事大国化し、トシュテンソン戦争（一六四三〜四五）以降はスウェーデンがデンマークを凌ぐ大国となる。両国間の最後の直接戦争は一八一三年であった。そし

©Zentropa Entertainments16, 2010
『未来を生きる君たちへ』より

てこの宿敵という負の感情は歴史の伏流のように現在にまで何らかの影響を及ぼしている。映画の中にも「スウェーデン人め」、「スウェーデンへ帰れ。お前の言葉は分からない」という台詞があった。スウェーデン人俳優を父親役のアントンに起用し、デンマーク社会においてスウェーデン語を話させたビア監督は、ここにも重要なメッセージを埋め込んでいると思われる。なお、ミレニアムの記念すべき二〇〇〇年には、デンマークとスウェーデンを隔てていたエーアスン海峡に橋が架かり、両国は歴史上初めて物理的に繋がった。その象徴として記念式典では、将来の国王となる両国の王位継承者同士が橋の真ん中で抱き合うというシーンがあった。まさに歴史的な宿敵同志が抱擁しあって、新しい未来を共に築こうという、未来志向の演出であった。

以上のようにこの映画『未来を生きる君たちへ』は、歴史的視点からみるとさまざまなことが直接・

間接的に現在と繋がっており、そこにビア監督のメッセージが埋め込まれているのではないかと思うと、この映画の深さを感じない訳にはいかない。

蛇足ではあるが、クリスチャンが爆弾を作った際に利用した祖父が残した火薬についてもふれておきたい。これも歴史的に見るとドイツ軍占領時代に、大量の武器や弾薬が抵抗運動のために英国やスウェーデンからもたらされたことが背景にある。戦後それらの物は違法な危険物とされたため隠匿された。その為現在でも、屋根裏を整理中に銃や火薬がしばしば発見されるのである。政府も犯罪等を予防するために違法な危険物を回収する目的で、フリート・ライデと呼ばれる訴追免責キャンペーンを実施してきている。

最後にもう一度映画について考えたい。これまで大人の現実の世界に鋭く迫ってきたスサンネ・ビア監督は、この映画ではいじめを始めとする子どものの厳しい現実世界に切り込んでいる。そしてその子どもの世界も、結局は大人の世界が反映されたものである。暴力で支配するのは間違っていること、暴力ではものごとを解決できないこと、そして許しが大切であることを大人が子どもたちに示さないといけない。最終的には「現在を生きる私たち大人」が「報復」に溢れる世界を少しでも「よりよい世界」にするために、考え、行動することが求められている。われわれ大人の責任は大きい。

019
少年と自転車

Le Gamin au Vélo／The Kid with a Bike
2011年／ベルギー・フランス・イタリア ／フランス語／87分
監督　ジャン＝ピエール＆リュック・ダルデンヌ
出演　セシル・ドゥ・フランス　トマ・ドレ　ジェレミー・レニエ
DVD
発売・販売元：株式会社KADOKAWA

たった一人の肉親にも拒絶されて頑なに心を閉ざす少年と、彼の里親を週末だけ務めることになった献身的な女性との心のふれ合いを、丹念に見つめる人間ドラマ。行方知れずの父親が迎えに来る日を夢見る一一歳の少年は、孤独に耐えながら児童養護施設で暮らしていた。大切な自転車を探してくれた美容師の家で週末を過ごすようになるが、ようやく再会した父親のつれない態度に失望し、非行への道に迷い込む。厳しい現実社会の中で懸命に格闘する若者たちのほろ苦い青春をリアルに描いてきた、ベルギーの気鋭監督ダルデンヌ兄弟が、来日中に耳にした実話に着想を得た。ひとの善意への期待を込めた寓話的作品でさらなる進化を遂げ、カンヌ国際映画祭でグランプリに輝いた。

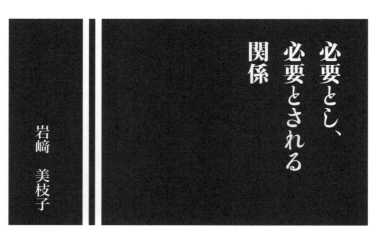

必要とし、必要とされる関係

岩﨑　美枝子

いわさき・みえこ――一九六三年より大阪市民生局中央児童相談所で、児童福祉司として勤務。一九六七年からは公益社団法人家庭養護促進協会大阪事務所に嘱託職員として勤務。一九八八年、同事務所長となる。二〇〇一年三月退職後は、理事として活動を支援している。

日本の養護施設で育った少年のエピソードがきっかけとなり、『少年と自転車』は制作された。肉親から拒絶され、別離を余儀なくされる子どもたちや、事故などによって保護者を失った子どもたちは、心に大きなダメージを負ってしまう。また、別離をきっかけに、大人への不信感をいだき、犯罪へと走ってしまうこともある。里親に預けられた子どもと、預かる側の大人、その双方の葛藤や不安を克服し、子どもたちが健全に成長するために、何が必要とされているのだろうか。

この映画を見てうれしかったのは、児童養護施設で生活をしなければならない子どもの内面が的確に表現されていることである。

親にどんな理由があろうと、子どもが施設に預けられるということは、ある日突然、親と家庭を失うことになる。その喪失感に、どの子どもも最初は打ちひしがれて泣く。それでもそうした親への怒りを胸に押し込んで、親への忠誠心を捨てきれない子どもは、必ず迎えに来てくれるはずだと思っているだ。

シリルの逞しさは、迎えに来ない父をじっと施設で待っているのではなく、自分で探そうとすることだ。たまたまその渦中に居合わせ、何故かそんなシリルに関心を持ったサマンサに週末里親になって欲しいと頼み、彼女の援助を得て、父を探し当てる。しかしその時シリルは、一言も父を責めない。もうシリルを育てることを放棄してしまっている父親に、それを誠実に息子に伝えることが親の責任だと迫るのはサマンサだ。父が自分を必要としていないと気付かされるシリルの怒りが、自動車やサマンサに向けられるシーンに、私は胸が締め付けられた。

実際には、シリルのように自分の胸の内を、これほどはっきりと行動化できる子どもは少ない。多くの子どもたちは、親への思慕も怒りも、そしてこの先どうなるのかという不安も、時間の経過と共に、それに向き合うことに疲れ、心の奥底にそれを仕舞い込んで、何も無かったような顔をして、今日一日自分に関わってくれる大人を求めて、人懐っこい笑顔を見せながら暮らしている。この映画が作成されるきっかけになったという、日本の養護施設で育った少年のエピソードも、よくある話ではあるが、だからと言って、屋根に上って親の来るのを待つ子どもがいつもいるわけではない。大人への不信から犯罪へと、みんなが走っていくわけでもない。どの子どももその虞れを持ちながら、そういう行動も出来ないで、ただその施設にいるしかないと思っているのだ。そんな多くの子どもたちの存在に、改めてこの映画で気づかされ、胸が締め付けられた。

日本では、いろいろな事情で親が育てられない、保護者がいない、家庭環境上子どもの養育を任されないために、公的な責任として、社会的に養護を行う子どものことを、社会的養護の子どもと呼ぶ。二〇一四年一〇月現在で、四万六〇〇〇人の子どもたちが養護施設や乳児院で、また里親によって育てられている。そして、保護される子どもたちが毎年増えている。養護問題の発生理由は、虐待（放任・怠惰・虐待・酷使・棄児・養育拒否）がもっとも多く、三七・九%、次に、父・母の精神疾患等によるものが一二・三%、破産などの経済的な理由によるものが五・九%、父・母の就労によるものが五・八%、父・母の拘禁が四・九%で、これらが上位五位である。

そんな子どもたちの中で、里親に委託されているのは、現在全体の約一五%になる。図1は、世界の主だった国の里親委託率（二〇一〇年頃）を表したものである。これを見ると、経済的には先進国である日本が、この分野では、全くみじめな数字であることがわかる。国連の「子どもの権利条約委員会」からも再々の勧告を受けてきた。そこで厚労省も、まず施設の規模を小さく、また子どもの生活単位を小さくして家庭的な処遇に近づけることや、里親委託を、近い将来三三%に増やすことに向けて努力することを、各地方自治体へ強く呼びかけている。それに伴って少しずつ改善され、すでに目標値を超えた県もある一方、全国的には、まだまだ目標の達成は困難な状態である。とくに大都会である大阪は、生活保護受給率も飛び抜けて高く、生活に困窮している人が仕事を求めて集まってくるし、児童虐待の発

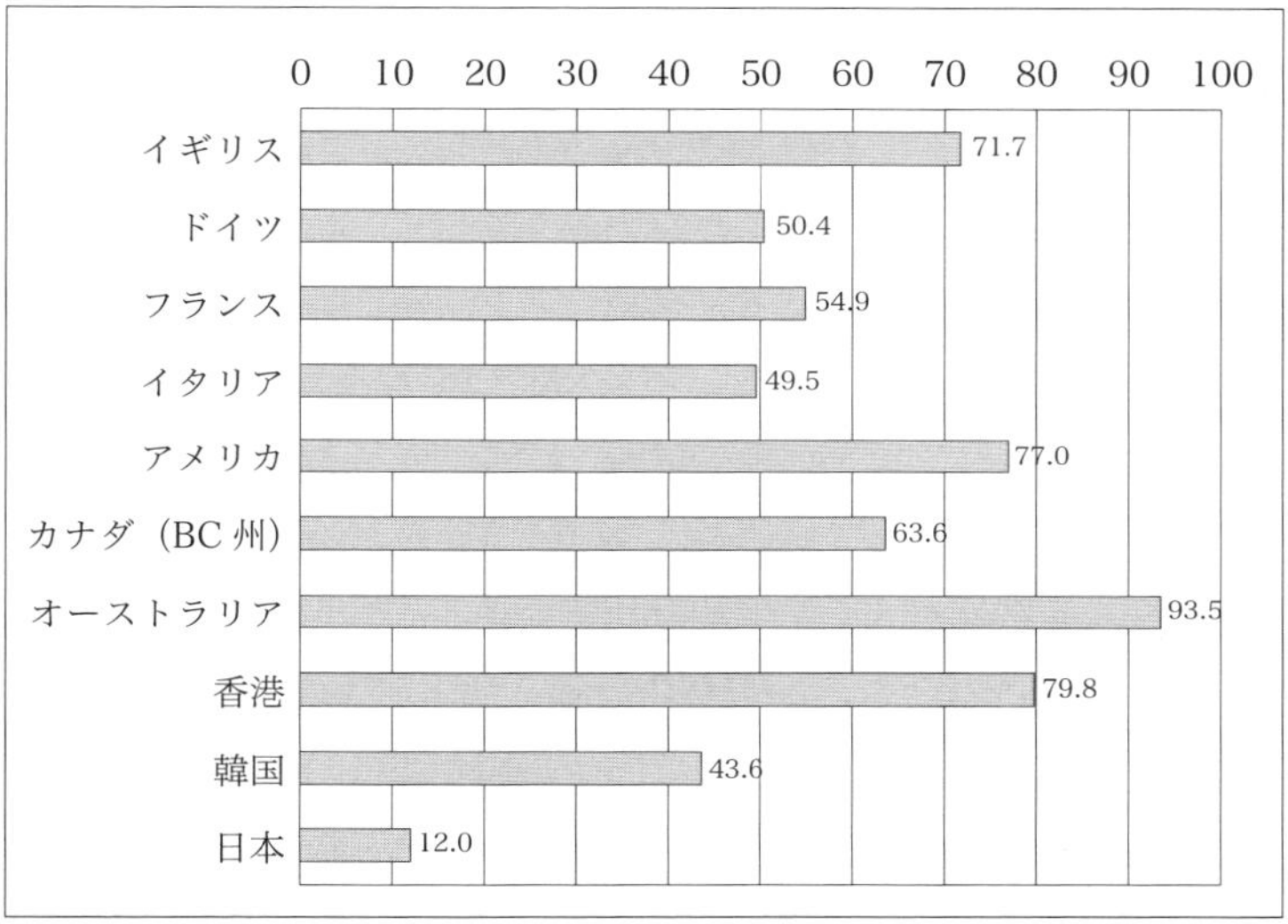

図1　各国の要保護児童に占める里親委託児童の割合（2010年前後の状況／%）

生率も日本一で、子どもの貧困問題も深刻な状態になっている。里親委託率は、約一〇数%しかない。

私が所属している公益社団法人家庭養護促進協会では、すでに五〇年以上も前から、兵庫県下、大阪府下（神戸市・大阪市・堺市を含む）の児童相談所と毎日新聞・神戸新聞などのマスコミの力を借りて、『あなたの愛の手を』という里親開拓運動を起こし、一人でも多くの子どもが家庭で愛されて育てられるようにと努力をしてきた。多くの養育里親を開拓し、また親に引き取られる可能性のない子どもたちに、法的にも親として責任をもって養育してくれる養子縁組里親の開拓に力を入れてきた。二〇一五年三月末現在で両事務所が里親を見つけたられた子どもは二三七三人で、その中で養子縁組が成立している子どもは一七五八人にのぼる。また、大阪事務所では、週末里親の開拓にも力を入れてきた。週末里親とは、実親の面会が少ない子どもを月に一〜二回ほど週末に家庭に引き取り、ごく普通の家庭生活を体験させ、自立するのに必要な力をつけることを目的にしている。

Kさんは、六四歳の時に、私たちが呼びかけた里親制度の普及や支援を目的とした市民ボランティア「里親いろいろ応援団」の団員募集に応募され、とても熱心に活動してくれている。その活動の中で、施設の子どもたちと出会い、ぜひ週末里親をしたいと申し出てくれた。すでに六〇代で、単身のKさんが少し心配だったが、施設は、ボランティアに来る明るくて元気なKさんに、当時小学一年生の穏やかな太郎君を、紹介した。太郎君と初めて出会う日、Kさんはとても興奮して、「まるで出産を待つ母親のような気持でした。どんな子どもであれ、ともかく無事に生まれてきて！　って気持ちになった」といった。そして、週末里親として活動するうちに、「私が子どものために世話をするのではなくて、私が太郎から多くの楽しさや優しさを貰っているのだと気付いた」と話してくれた。Kさんは、棄て猫を五匹も飼っていたので、引き取った子どもが猫と仲良くできるかな……と心配していたが、その中の一匹が太郎をとても気に入ったようで、K宅に滞在している間中、彼の傍から離れなくなった。ある日、その猫を撫でながら、「この猫はどこで拾ったの？　ほかの猫もどこに棄てられていたの？」と訊いてきたため、それぞれの猫たちとの出会いを説明すると、「僕も公園に棄てられていたんだよ」といった。思わずKさんは、「あなたはもう一人ではないのよ。私がいるからね。どんなことがあってもあなたを離さないからね」と彼を抱きしめたという。「いじらしくて、涙が出てね」と話してくれた。施設ではそんな話を全くしない。本当に棄てられていた子どもではないが、今の施設に入ってから全く親の面会がなかった太郎が、「棄てられたのだ」と思うのは当然の事だった。それを話せる大人ができたということが、彼にとってとても良かったと思う。

太郎は、小学校の五年生になった。四年生頃からKさん宅から施設に帰りたくないという訴えが増えて、また施設の中でKさんと彼との関係を羨む友達からいじめられることもあり、Kさんは、太郎を引き取り、少しでも長く一緒に暮らしたい、何とか養育里親になりたいと願い出た。しかし児童相談所も、これから思春期を迎える男児の養育里親として、単身で七〇歳になるKさんを、里親として認めるかどうかに悩んでしまう。しかし、二人の信頼関係がすでに深いものになっていること、二人の娘さんの夫や子どもたちも支援をしたいと申し出たこともあり、認可された。

自転車でのツーリングやスキーが大好きなKさんと一緒に、太郎も自転車を乗り回し、スキーも上手に滑れるようになった。少しおっとりとしていた彼も、逞しく育っている。

「子どもが健全に育つためには、特定の大人との安定した信頼関係の継続が必要である」というのが、私たちの基本的な考え方である。すべての社会的養護の子どもたちに、その子どものことだけを考えてくれる「特定の大人」としての里親がもっと増えてくれることを願って、努力をしている。

インド映画を楽しむ②

カーンチワラム サリーを織る人

杉本星子（京都文教大学総合社会学部教授）

KANCHIVARAM
2008年／タミル語／117分
監督　プリヤダルシャン
出演　プラカーシュ・ラージ　シュリヤ・レッティ
DVD／Blu-ray
国立民族学博物館図書室内で観覧可能

映画は、娘が危篤という報を受け監獄から護衛付きで二日間だけ家に戻ることが許された主人公ヴェンガダムが、大粒の雨が叩きつける深夜バスの窓外の暗闇を見つめながら、これまでの人生を回顧するシーンから始まる。時代は、インド独立直後の一九四八年。バスが一時停車した茶店のラジオは、ガンディーの暗殺を悼む音楽を流している。

プリヤダルシャン監督はこの映画で、当時の絹織工の貧しく悲惨な暮らしを、美しい映像で淡々と描き出し、二〇〇八年度インド・ナショナルフィルムアワード最優秀作品賞受賞に輝いた。

映画では、要所要所で華やかなシルクサリーが登場する。しかし、織工の妻や娘たちが着ているのは綿のサリーであり、休暇で兵役から戻った娘の恋人が母に手渡すお土産は化織のサリーである。ヴェンガダムは、大金持ちや英国人から絶賛されるほど美しいサリーを織る腕をもちながら、わずかな報酬で働いていた。いつか自分の妻にシルクのサリーを着せたいと夢見ながら、その願いもかなわぬまま妻を失い、男手ひとつで娘を育てあげた。ある日、彼は町から逃げてきた共産党の闘士を助けたことをきっかけに労働者の権利に目覚め、仲間とともに労働条件の改善を求めて闘い始める。そんな時、娘の結婚が決まった。彼は娘の結婚式にシルクサリーを着せたい一心で、仲間を裏切り職場に戻る。その夢が、彼を転落に導いてゆく。

映画のタイトルとなっているカーンチワラムは、南インド、タミルナードゥ州の州都チェンナイ（マドラス）から南西約七〇キロにある古都の名前である。三世紀後半から九世紀末まで南インドのコロマンデル海岸地方を支配したパッラヴァ朝の首都として栄え、千年以上の歴史をもつヒンドゥー寺院が数多く残る。映画のなかのバスの行き先表示にあるように、英領時代にはコンジーワラム（Conjeewaram）とも表記されていた。監督は、タミル的な伝統文化をより強調する意味で、あえて、古い歌にうたわれたカーンチワラムという名をタイトルにしたという。一般にはカーンチープラムあるいはカーンチと呼ばれている。

カーンチープラムは、北インドの聖地ワーナラーシとならぶ高級なシルクサリーの産地として広く知られ、今も町の人口の約七五％がなんらかの形でサリー産業に関わっている。町の大通りにはサリー問屋とホテルが並び、結婚式用のサリーを買いに訪れる客で賑わっている。映画にでてくる真っ赤なシルクサリーは、南インドの女性たちが憧れる結婚衣装の定番である。上質なシルクを使った重厚な織りを特徴とし、ボーダーとよばれる布の端とパッルとよばれる肩からたらす部分に金糸をふんだんに使って精緻な模様が織り込まれている。その金糸は、絹糸に銀のプレートを巻き付け、純金液に漬けてつくった本物の金糸であり、それが、カーンチープラムの織工たちの誇りである。

一九〇五年、タミルナードゥ州で最初に労働組合を結成したのは、カーンチープラムの綿織工たちであった。一九二〇年代、カーンチープラムには六三の綿織工の協同組合があり活発な活動をしていたが、同じころ、絹織工の多くは、商人に大きな負債をおい、原料のシルクの高騰と輸入品との競争に苦しんでいた。一九三〇年代には、地主や裕福な商人が織元として参入し、状況はさらに悪化した。一九三七年、絹織工たちは織元へ賃上げを要求して集団ストライキを実施し、一九四二年に最初の絹織工の協同組合が結成されたが、すぐに資金難で頓挫した。一九五五年、共産党員のパールタサラティをリーダーとして、カーマッチ・アンマン絹織工協同組合が設立された。映画はこうした史実に基づいている。

現在、カーンチープラムのシルクサリー業界は、GIすなわち地域認証の獲得によるブランド価値の保持を目指している。しかし、近年流行しているのは、綿絹混紡のサリーや化繊の金糸を使った軽くて安いサリーである。若者たちはチェンナイ近郊に開発された工業地帯の工場に働きに出るようになり、伝統的な手織り技術の継承も難しくなった。カーンチープラムのサリー産業は衰退を余儀なくされている。絹織工たちは自営業となったが、彼らの苦難は今も続いているのである。

V　家族のゆくえ

020『私の中のあなた』
021『さあ帰ろう、ペダルをこいで』
022『再会の食卓』
023『人生、ブラボー！』
024『ラビット・ホール』
025『人生はビギナーズ』

020 私の中のあなた

My Sister's Keeper
2009年／アメリカ／英語／109分
監督　ニック・カサヴェテス
出演　キャメロン・ディアス　アビゲイル・ブレスリン
DVD／Blu-ray
発売元：ギャガ　販売元：ハピネット

白血病の姉のドナーとなるべく、遺伝子操作で生まれてきた少女と家族との葛藤を描き、アメリカで話題を呼んだベストセラー小説の映画化。生後より、姉のために幾多の犠牲を宿命づけられてきた一一歳の妹が、腎臓の提供まで求める両親に対して訴訟を起こしたことから、社会も巻き込む論争へと発展する。その背景に潜む家族を想う妹の切ない真意は、キャメロン・ディアスが熱演する娘を愛するがゆえに暴走してしまう母親や、元気に振る舞う笑顔の影に苦悩を忍ばせる姉たちとの関わりを通して、徐々に明らかにされていく。自身も心臓病の娘をもつニック・カサヴェテス監督が、悲劇的な現実と向き合う人物それぞれの心情に細やかに焦点を当てつつ、原作を大幅に脚色。一家の新たな未来を予感させる、温かな余韻のエンディングへと着地させた。

親と子 そしてキョウダイを結びつけるものは何か？

池田　光穂

いけだ・みつほ――大阪大学コミュニケーションデザイン・センター教授。専門は、中央アメリカ地域をフィールドにする文化人類学（とくに医療人類学）。国際保健医療協力のボランティアとしての活動経験から、多元的医療体系についての文化人類学的理解について長年研究を行う。対人コミュニケーション論のほか、最近は人間と犬のコミュニケーション学（狗類学（こうるいがく））を構想している。現在、大阪大学コミュニケーションデザイン・センター長。主な著書に『看護人類学入門』（文化書房博文社、二〇一〇年）、『医療人類学のレッスン』（学陽書房、二〇〇七年）、『認知症ケアの創造』（雲母書房、二〇一〇年）などがある。

『私の中のあなた』が私たちに提起するテーマは難問である。けれども、映画の登場人物は絶望的な気持ちにならず、それらの難問に一人ひとりが真摯に取り組んでいる。それゆえにフィッツジェラルド家の人たちのそれぞれがどのような結末を迎えようとも、この映画の最後は、どこか希望に満ちたものになっている。複雑化する人間と医療技術の関係を考察するための重要なシネマである。

ニック・カサヴェテス監督『私の中のあなた』（ジョディ・ピコー原作）のもとの題名は「私の姉の番人（My Sister's Keeper）」である。キーパーには飼い主や持ち主のように立場上支配的な地位をあらわす意味がある。しかし、映画をご覧になればわかるように、その逆の介護人や使役人のニュアンスのほうが適切である――事実『旧約聖書』のカインとアベルの物語に由来するようだ。なぜなら両親の（暗黙の）命令のために、白血病のお姉ちゃん（ケイト）のために、輸血や骨髄移植のために「スペア」として身体の一部を提供しなければならない妹（アナ）の宿命のようなものを暗示しているからだ。

白血病とは、さまざまな種類がある病気で、血液のガンと言われている。遺伝子が変化した血液をつくる細胞が、骨髄のなかで増殖することで、感染症・出血・貧血など、さまざまな症状と病気を引き起こす。ドラマのなかでケイトは白血病の一種である急性前骨髄球性白血病（ＡＰＬ）と診断される。アナはケイトの治療のために薬剤の注射、リンパ球や骨髄の提供をおこなってきたようだが、最後にはケイトの救命のために腎臓の提供の可能性まで出てしまう。白血病の治療には抗がん剤が使われる。その状態を押さえるために多種類の抗がん剤が使われる。抗がん剤療法は、副作用も多様で強いために、注意深い経過観察が必要であり、また患者（患児）に苦痛を強いることになる。そのため新しいべつの治療方法（分化誘導療法など）が模索されているが、残念ながら、ケイトの治療には功を奏さなかったようだ。

骨髄移植は、白血病の患者《もらう側：ケイト》に、正常な人《あげる側：アナ》の骨髄細胞を輸血する方法のことである。白血球の一種の血液型（ＨＬＡ）の一致がないと移植には使えない――アナが「デザインされて」生まれてきた理由である。移植される骨髄は、腸骨（骨盤の中で一番大きな骨）から太い注射針を注入して採取する。現在の技術水準では肉体的負担がいまだにある。ここでの問題は、わざわざ、正常な子供からスペアとしての骨髄や腎臓を取り出す苦痛を強いるために子供を生むことが両親には許されるだろうかということだ。私たちは、細胞や臓器などを健康な人から病気の人へ「移植」するとよくいうが、社会的におこなう行為としては、プレゼントとしての側面を持っている。プレゼントすることは、民族学や文化人類学の用語では「贈与(ぞうよ)」という。

　すこしネタバレになるが、映画の後半でいつも犬をつれている（その理由を僕はバラさないので御安心を！）弁護士キャンベルをアナは雇い入れ、お姉ちゃんに医学的に奉仕すること、つまり無償の贈与を「辞めたい」と訴訟を起こす。そして、なぜこれが法廷で争わなければならないのかが、映画を観る人たちにとって重要なポイントになる。アナは、ケイトを救うために「デザインされた子ども」としてこの世に生を受けたからだ。「デザインされた赤ちゃん」とは、受精卵の段階で遺伝子操作をすることで、将来誕生した時に、なんらかの身体的特徴を持つように計画されて生まれてくる赤ちゃんのことである。映画はフィクションだが、アナのように「部品として利用される赤ちゃん」（スペアパーツベィビー）というものも考えられていて、遺伝子操作をすることで、将来の予備の臓器保有者として生まれてきた境遇の子供のことを指している。

　ここでの倫理的問いは次のようにまとめられる。親の望むように人間の生命を誕生させ、その子供の臓器を利用してもいいのだろうか？　と。それには肯定と否定の二つが考えられる。「はい」とする答えは、人間の歴史はそのように子供を産み育ててきたという理由からだ。それが現代科学の助けによっ

『私の中のあなた』より

て進展してきた結果であり、子供に苦痛を与えないかぎり、それは可能であり、行ってもいいという考え方である。他方「いいえ」という意見もある。その理由は、人間は技術的制約により、歓びや苦しみを乗り越えて道徳を作り上げてきたが、「部品として利用される赤ちゃん」は、自分じしんのために自分が存在するということが認められていない。だからこそ、拒否する権利が必要である。また「部品として利用される赤ちゃん」を産む権利も親にあるとは思えない、というものである。

医学者を含め、多くの生命倫理学を研究する人たちは、これらの問題に対しては、今のところ二番目の「いいえ」と判断している。これには、親に利用される子供に協力する医療関係者や企業がうまれることを警戒する意味も含まれている。科学者たちは「当事者たちを救う」という口実で、これまで決めた違反を破ってきたという経験にもとづいてである。たとえば日本では不妊治療でも閉経（月経が終わった）した母親の子宮を使って娘の受精卵で妊娠出産する例があった。これはお祖母（ばあ）ちゃんのお腹から自分（＝娘）のキョウダイの代わりに自分じしんの遺伝子を受け継いだ子供が生まれてくるということである。つまり自分の子供を自分の母親の子宮を使って生ませることで、「世代の区別を混乱」させ、お祖母ちゃんの体を「産ませるモノ（ないしは子宮機械）」として利用したと批判されている。医師が倫理上の歯止めをかけずに「親が望んでいるから」という理由で、既成事実をさきにつくりあげると、みんなが使っているから子宮を貸すという代理母すら論理的には容認されてしまう――日本では代理母出産は禁止されている。したがって、暴走ぎみな専門家だけが判断するのではなく、冷静な判断のできる一般人も加えて、何が可能で、何ができないのかという基準（ガイドライン）を立案検討することが必要になるのだ。社会的承認を得て、違反する専門家には厳しい罰則を定めて規制するという方法もまた必要になるであろう。

映画（シネマ）を題材につかって民族学や文化人類学の勉強に役立てようとするのが、この本の目的の一つであろう。民族学とは、世界のさまざまな民族における社会や文化などを調べる学問である。そして、文化人類学とは、民族学の研究成果にもとづいて「文化」という概念を中心にすえて、現地の人にインタビューしたり、さまざまな行事に参与したり、じっと近くで観察したりして、広く文化の中身やそれぞれに比較して考察する学問分野である。だから『私の中のあなた』を教材につかうと、アメリカの社会は病気や治療（医療）の進歩というものをどう考え、行動しようとしているのかがわかる。このようなことを研究する学問を医療人類学という。医療人類学とは、民族学や文化人類学の知見を使って人間

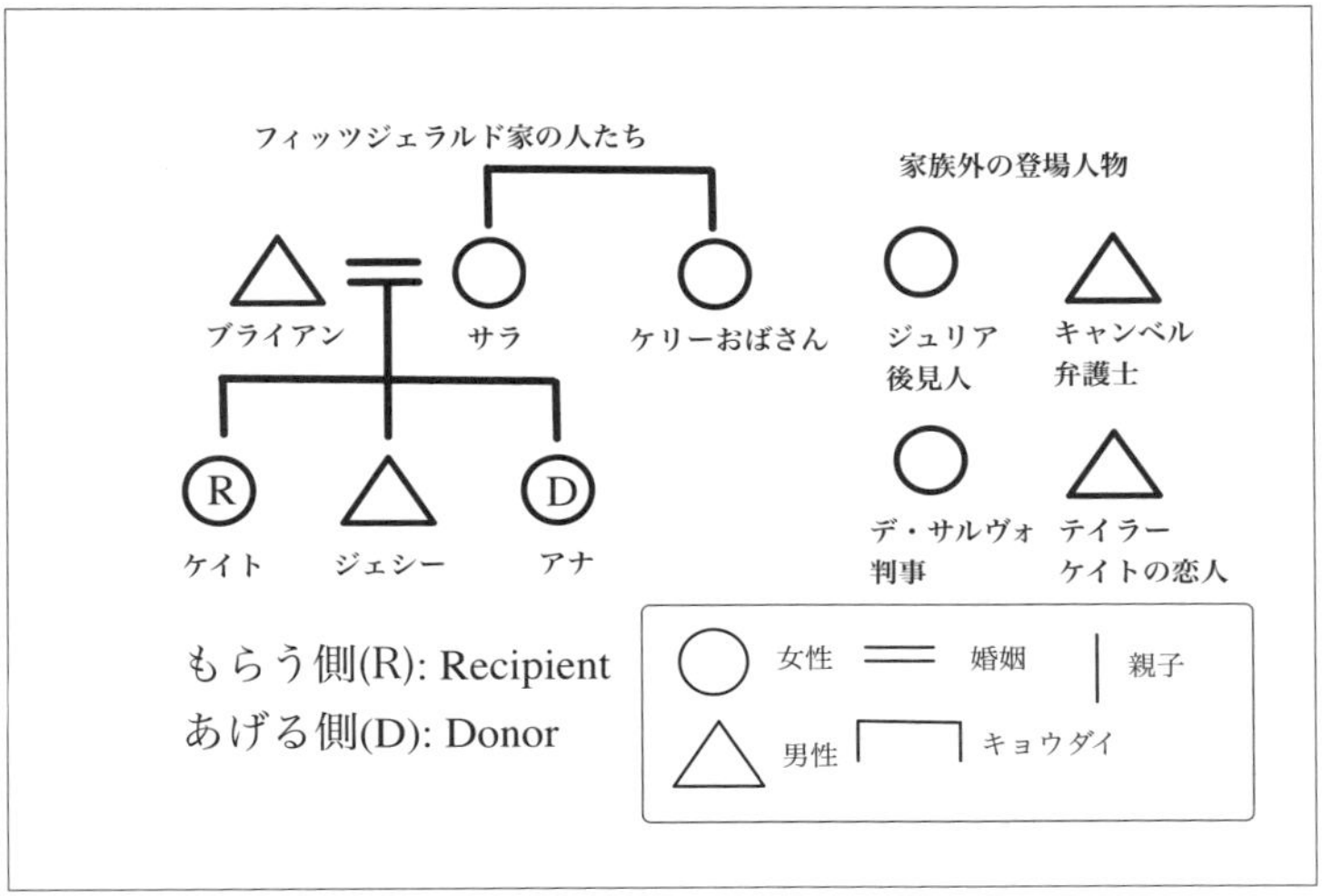

図1　映画『私の中のあなた』の家族関係

にとっての「医療」や健康のテーマを研究する学問分野である。私たちが生活する上で必要な「医療」とは、人間の生活全般に広く関わっている。そのため、医療人類学を学ぶためには、（1）民族学や文化人類学の知識と、（2）近代医学の知識の他にも、（3）現代社会の政治や経済や法――ケイトがキャンベル弁護士を雇うように！――などの幅広い知識が必要となる。

遺伝的に拒絶反応が少ないからといって病気の家族のために、健康な人からさまざまな臓器やその細胞の組織を苦痛や生命の危険をおかしてまで医療的な危害を加えることが正しいおこないであろうか？　本人がそのことに同意すれば医療者は自分の価値観や道徳観とは無関係に（ある人には治療になり別の人には傷害になる）医療を行うことができるのであろうか？　人間と技術の関係が複雑化する現代社会のなかでは、事情はそう簡単ではない。

◎文化的感受性（cultural sensitivity）を鍛えることの重要性

医療や保健の仕事において重要なことは、患者の文化的背景、知識水準や意図を事前に十分に把握し、状況に応じて反応の観察や対話を通して、適切な治療や看護を柔軟におこなうことにある。このような認識論あるいは身体論的構えを、我々は文化的感受性が備わっているという。そこで警戒しなければならないのは、文化的一般化（lay cultural generalization）である。つまり発話者が育ち現在生活している文化的背景をもとに「その人の行動をその人が属する文化に基づいて一般化すること」をいう。たとえば「日本人だから寿司や刺し身が好きだろう」という見解が、文化的一般化の例である。しかし、生ものを嫌う日本人はいる。つまり文化的ステレオタイプ（cultural stereotype）の一般化に注意すべきなのである。

文化的ステレオタイプは、自文化中心主義から生まれることが多く、また、異文化・異民族への差別偏見の原因になることがある。どのような社会や集団においても、自分たち以外の人たちをステレオタイプで観る思考パターンがみられ、映画『私の中のあなた』のように特異的な事件を通しても、それはうまれる。ここから自由になることはとても困難だ。専門家でもこのステレオタイプの罠に陥りやすい。医療や保健は、自然科学による医学的知識に基づいているために、文化による偏見（バイアス）が混じらないという誤解がある。しかし、医療者や看護者も、自分が属する文化に生きているのだ。他方でそれは文化への気づきをもたらしてくれ、そのような偏見から自由にしてくれる。文化的偏見と文化による洞察と理解は諸刃の剣なのである。

（池田光穂）

021

さあ帰ろう、ペダルをこいで

Светът е голям и спасение дебне отвсякъде
／The world is big and salvation lurks around the corner
2008年／ブルガリア・ドイツ・ハンガリー・スロベニア・セルビア
ブルガリア語・ハンガリー語・スロベニア語・ドイツ語・イタリア語／105分
監督　ステファン・コマンダレフ
出演　ミキ・マノイロヴィッチ　カルロ・リューベック
DVD
発売・販売元：エスピーオー

共産党政権下の一九八〇年代のブルガリアを背景に、時代の波に引き裂かれたある家族の運命を、現在と過去を交錯させて描くロードムービー。亡命先のドイツの事故で両親を亡くし、自身も記憶を失った青年は、幼少期を過ごしたブルガリアから訪れた祖父と二五年ぶりに再会する。二人でタンデム自転車に乗り、祖国を目指すヨーロッパ横断の旅路で、祖父母の愛に包まれた懐かしい日々や淡い恋の記憶が甦る。旧ユーゴスラヴィア出身の名優ミキ・マノイロヴィッチが、象徴的に登場するゲーム〝バックギャモン〟の名手で激動の社会にも揺るがぬ豪快な祖父の役を、ユーモアを交えて好演。その堂々たる人生哲学が全篇を貫き、国内外で数々の映画賞に輝いた。

二つの世界のはざまで生きるブルガリア移民

マリア・ヨトヴァ

マリア・ヨトヴァ――ブルガリア生まれ。二〇〇六年に国費留学生として来日。現在、関西学院大学の非常勤講師、有限会社中垣技術士事務所の翻訳・通訳。ブルガリアと日本をフィールドに、食文化やナショナル・アイデンティティに関する研究調査をおこなっている。主な著書に『ヨーグルトとブルガリア：生成された言説とその展開』（東方出版、二〇一二年）などがある。

自由を求めて社会主義体制のブルガリアから脱出する夫婦と一人息子。主人公一家は脱出に成功するが、移民先では思い描いていたような生活にはならず、閉塞感や失望感を募らせていく。多種多様な選択肢を胸に抱き、欧米諸国へ移住するブルガリア人が年々増加傾向にある。しかし彼らは、想像とはかけ離れた厳しい現実に直面することとなる。経済的困難から国外へ移住し、家族や親戚、友人と離れて暮らす移民は「自分は何者か」、「故郷に戻るべきか」と自問自答することが多い。「人生はサイコロと同じ。どんな目が出るか、それは時の運と、自分の才覚次第だ」という主人公の祖父の人生哲学は、この問いに立ち向かう人々に生きる気力をもたらす。

「僕の人生は、バルカン半島のある場所で始まった。そこでヨーロッパは終わり、そこから始まることは決してない。」という主人公の言葉で映画が始まる。

バルカン半島は、ローマ帝国をはじめ強国の支配による民族の流入や、領土の線引きが頻繁におこなわれた複雑な歴史をもつ。七世紀にアジア系のブルガール族がバルカン半島の南東部に侵攻し、五世紀以降侵入してきたスラブ族を支配下に置き、六八一年にブルガリアを建国した。七世紀から一〇世紀にかけて、黒海、エーゲ海、地中海という三つの海に接するほどの広がりを見せたブルガリアだが、一四世紀から一九世紀にかけてはオスマン帝国の支配を受けることになる。一八七八年に独立したものの、列強の力関係に左右され、オスマン支配以前の領土を取り戻すことはできなかった。

第二次世界大戦後、ブルガリアは社会主義国家としてソ連の傘下に入り、再び主体性・自律性をもたない環境に置かれることとなる。民主化・市場経済化への道をたどるようになったのは、社会主義に終止符が打たれた一九八九年以降であり、二〇〇七年には欧州連合（EU）の加盟国となった。しかしその反面、「ショック療法」と呼ばれた急激な経済改革は、物価の高騰、国営企業の閉鎖にともなう失業や貧困、国外への移民を生み出し、多くの後遺症を残すこととなった。結果的に、この二五年間で、人口は氷山が解けていくように約一八〇万人減少し、現在の総人口は七一〇万人である（図1参照）。これは世界でも類を見ない減少率であり、人口の自然減少と移民によるものとされている。現在、人口の二一％に相当する約一五〇万人のブルガリア人は外国で働いて暮らしている（主要な移民先について図2参照）。

日本では、「ブルガリアといえばヨーグルト」というイメージが強いが、この映画はヨーグルトについて一切触れていない。世界中でこの連想をするのは日本人だけなのかもしれない。西欧からはブルガリアは「旧ソ連の衛星国」ないし「欧州の周縁国」とみなされ、今もなお東欧の問題児として扱われている。なぜなら、ブルガリアからの出稼ぎ労働者の流入に起因するリスクが高まり、西欧社会の秩序が脅かされていると捉えられているからである。東へのEU拡大によって移住・移民問題が深刻化しているなかで特に懸念されているのは、西欧諸国において貧困層が拡大し、そのコストが財政を圧迫しているることである。

出稼ぎ労働者が増加する要因として、送り出し国側において経済発展の遅れによって雇用機会が不足し、失業率が高いことがあげられる。また、受け入れ国側とは賃金や所得の格差が大きいことが特徴である。ブルガリアはEUに加盟して以降も、EU諸国中最低の労働賃金と国内総生産（GDP）、高い失業率と貧困率に悩まされ続けている（表1参照）。

二〇一二年に行われた世論調査の結果では、ブルガリアの若年層の国外移民労働願望が三七%とかつてない高水準に達している。そのうち、帰国の意志がない割合が六〇%と非常に高く、十分に貯金ができたら帰国を希望する人は三五%である。この調査からもうかがえるように、移民労働は身近な選択肢となっている。しかしその一方で、それは頭脳流出や人口減少、福祉制度の崩壊や地域社会の衰退、伝統文化の喪失などさまざまな社会問題を引き起こしている。かつて若者の活気にあふれていたブルガリアの農村地方は、今は高齢化や過疎化に苦しむ姿へと様変わりしている。国家や自治体はこの流れを断ち切るべく、観光を中心とした地域振興を図ろうとしているが、欧米との経済格差を縮めることができず、出稼ぎ労働者の流出に歯止めをかけるのが困難

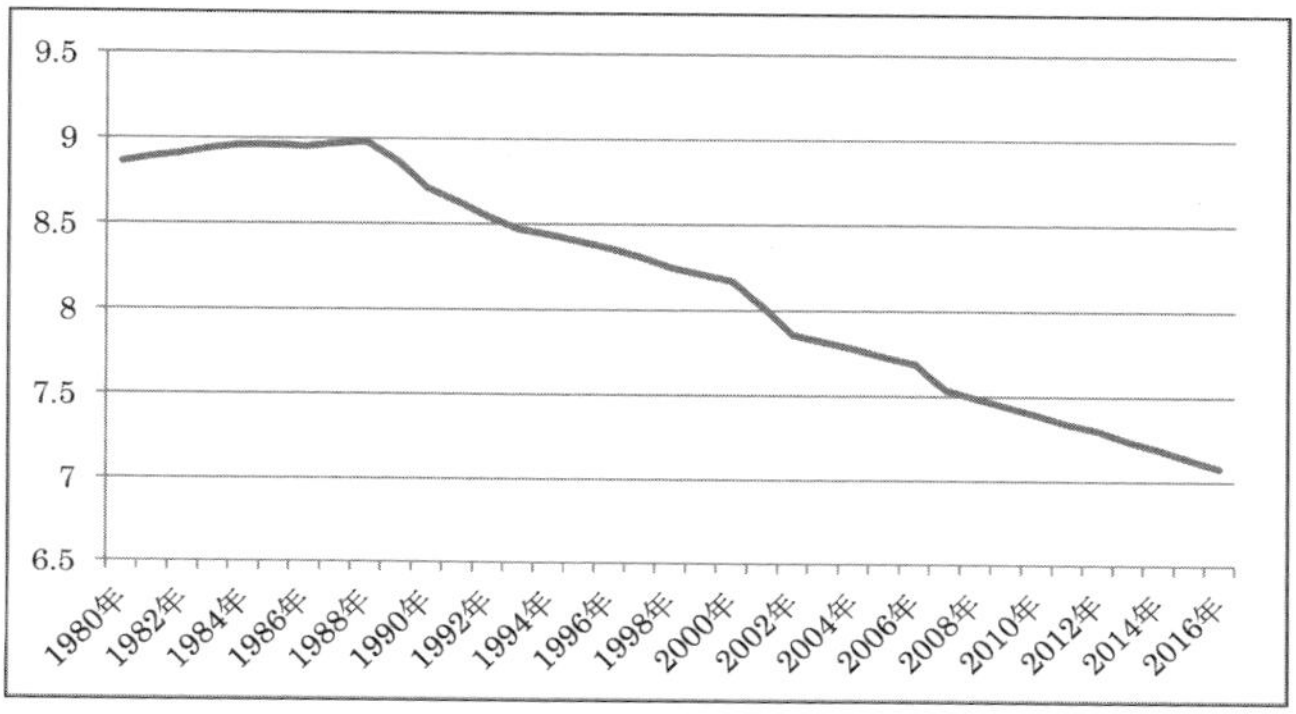

図1　ブルガリアの人口推移（単位：100万人）
ブルガリアの統計局のデータに基づいて筆者作成

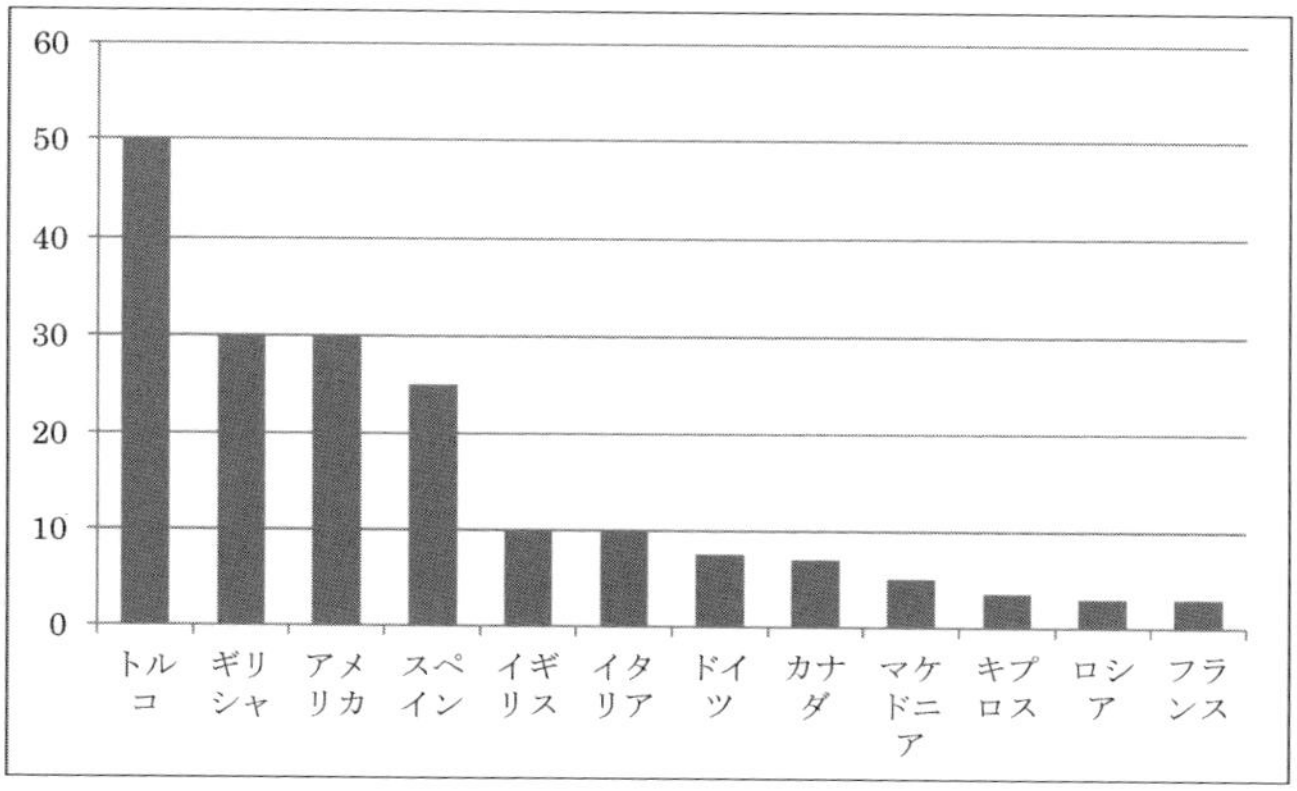

図2　主要な移民先（単位：10万人）
ブルガリア外務省の移民データに基づいて筆者作成

時給	4ユーロ（520円程度）EU平均23ユーロの6分の1
月間賃金	148ユーロ（2万円程度）EU圏内で最低記録
一人当たりのＧＤＰ	14,311ドル（EU平均値の半分以下）
失業率	12％（ただし、ブルガリア経団連のデータでは19％）
若者の失業率	33％（※対象年齢は15歳～24歳）
貧困率	40％（EU圏内ワースト）
児童の貧困リスク	52％（EU圏内ワースト）

表1　ブルガリアの経済事情
ブルガリアとEUの統計局のデータに基づいて筆者作成

な状態である。

私の家族周辺においても、多くの友人や知人はブルガリア社会での生活苦を乗り越えるために国外に移住している。そのなかで、留学経験や高い学歴がある人は、IT専門家や技術士、医療従事者やEUの公務員として活躍しているが、圧倒的に多いのがホームヘルパーや、農業・建設業の季節労働者である。彼らの大半は、ギリシャ、スペイン、イタリアなどの欧米諸国に移住しており、安い賃金で雇われているため、あくまでも「東欧からの移民」や「外部の者」として暗黙の偏見を感じながら生活を送っている。無限に広がる可能性を夢見て、国外へと移住するブルガリア人が今もなお後を絶たない。しかし、現実は必ずしも彼らの想像していた「西欧文化」を享受した豊かな生活ではなく、職の選択肢が限られ、偏見に満ちた不平等な生活なのである。

このような現実は、彼らの心の中に、さまざまな葛藤と混乱をもたらしている。故郷に戻って家族や友人との絆を昔のように取り戻すべきか、異国で新たに築きあげた暮らしに適応していくべきなのか。自分は結局、どちらの世界に属しているのか。映画の主人公もまさに、このような葛藤を感じながら、目に見えない縛りのなかで、家電製品の説明書の翻訳で生計を立てているのである。私自身も、国外居住する者として、主人公の経験している自己喪失を痛感しており、この映画は自分探しの旅でもある。

移民労働への関心の薄い日本では、移民者の生活事情について触れられる機会は少ない。本作を通じて「ヨーグルト大国のブルガリア」から一歩踏み出し、多くの移民を送出してきた社会について、移住者の視点で捉えなおすことは、ブルガリアのみならず、グローバルな移民問題の本質を見つめる機会につながるかもしれない。

022

再会の食卓

团圆／團圓／Apart Together
2010年／中国／中国語／96分
監督　王全安（ワン・チュエンアン）
出演　凌峰（リン・フォン）　盧燕（リサ・ルー）
DVD
発売元：ギャガ　販売元：松竹

一九四九年以降の中国と台湾の政治的断絶により、波乱の道のりをたどることになった家族に光を当てる人間ドラマ。台湾に逃れた国民党軍兵士の夫と身重のまま離別した妻は、取り残された中国での過酷な日々から救ってくれた男性と新たな家庭を築き、平穏に暮らしていた。中台関係の緊張緩和により、生死も不明だった元夫との数十年ぶりの再会が叶うが、予期せぬ告白を受け、彼女の心もにわかに色めきだつ。ある実話に感銘を受けた中国の気鋭ワン・チュエンアン監督が、精一杯のご馳走でもてなすものの胸中は複雑な現在の夫や、初対面の実父を頑なに黙殺する長男、動揺を隠せない二人の娘ら、同じ食卓を囲む面々の心模様を丹念に映し出す。急成長を遂げて目まぐるしく変貌する上海を舞台に、普遍的な家族愛を描き、ベルリン国際映画祭で銀熊賞に輝いた。

国家の都合に翻弄される兵士と家族たち

野林　厚志

のばやし・あつし――国立民族学博物館教授。専門は人類学、台湾研究、人間と動物との関係史。主な著書に『タイワンイノシシを追う――民族学と考古学の出会い』（臨川書店、二〇一四年）、『イノシシ狩猟の民族考古学台湾原住民の生業文化』（御茶の水書房、二〇〇八年）などがある。

戦争は一般市民だけでなく、兵士たちの生活を脅かし人生を狂わせる。台湾で榮民とよばれる国民党軍の退役軍人たちとその家族も戦争に翻弄された人たちである。第二次世界大戦後に台湾にわたった国民党の兵士の多くは、中国共産党の施政下の大陸中国にもどることができなくなった。故郷に家族を残したまま台湾での生活を始めた人たちは、望郷の思いはあったものの、国民党の庇護のもとで安定した暮らしが保証された。やがて、国民党の政治的な影響力が弱まり、民主化の方向へ舵が切られると、榮民たちのおかれた立場も少しずつ変わっていった。高齢化していく根無し草の榮民を社会がどのように包摂していくのかは、今後の台湾社会の方向を占う現実の一つである。

『再会の食卓』(二〇〇九年制作)は台湾と大陸中国が分断される中で運命に翻弄される人々のゆれ動く想いを描いた作品である。上海のある女性のもとに、四〇年前に台湾に出征した夫から上海に訪ねてくるという手紙が来る。女性はすでに別の男性と再婚し家庭をもち、元夫もまた台湾で別の女性と再婚していた。夫は再婚相手が亡くなったのを機にかつての妻を訪ねてくるという筋書きである。

この映画は大陸中国の作品であるが、本稿では台湾の省籍問題と高齢社会という切口で考えてみたい。省籍問題とは、第二次世界大戦後の台湾において、もとから台湾にいた人々(本省人)と国民党政府とともに台湾にわたってきた人々(外省人)との間で生じた政治的、社会的軋轢のことを指す。高齢社会は世界の中で出生率がもっとも低い国である台湾がまさに直面している状況である。『再会の食卓』が描いた国民党軍の退役軍人「榮民」の人々が経験してきた歴史がまさにそれらにあたる。

一九四五年、第二次世界大戦が終結し、台湾は当時の大陸中国の政権を掌握していた国民党政府の統治下におかれた。国民党政府は台湾を統治する機関として台湾行政公所を設置した。行政機関の要職は国民党から派遣された大陸出身者が独占したために、台湾にもとからいた住人は施政者に対して少なからず反感を抱くことになった。それに輪をかけたのが台湾における戦争犯罪人の摘発である。「漢奸」、すなわち中国に対する裏切りものとしてその責任を国民党によって追求され、ひどい場合には処刑されることもあった。台湾の事情が複雑なのは、台湾の人々が植民地の住人として戦争中は日本側につかざるをえなかったことである。加えて、きわめて厳しいインフレが台湾社会を襲った。米の値段を基準にすると約六〇倍の物価の高騰がわずか半年たらずのあいだで生じた。そうしたなかで、一九四七

○榮民（榮誉国民）とは

行政院国軍退除官兵輔導委員会による資格認定は、

1）志願兵として10年以上軍役に従事し、その後、除隊したもの。

2）軍役従事期間中に、疾病や戦傷により心身に障害が残り、就業ができないもの。

3）八二三戦役(*)に従軍し、国防部が資格を認定したもの。

が基本的な要件となっている。生活費、医療保険、家族の扶養、就労、就学の支援等、台湾社会の中で優遇されてきた。

＊八二三戦役：1958年の8月23日に金門島をめぐり行われた砲撃戦。戦闘は同年10月まで。

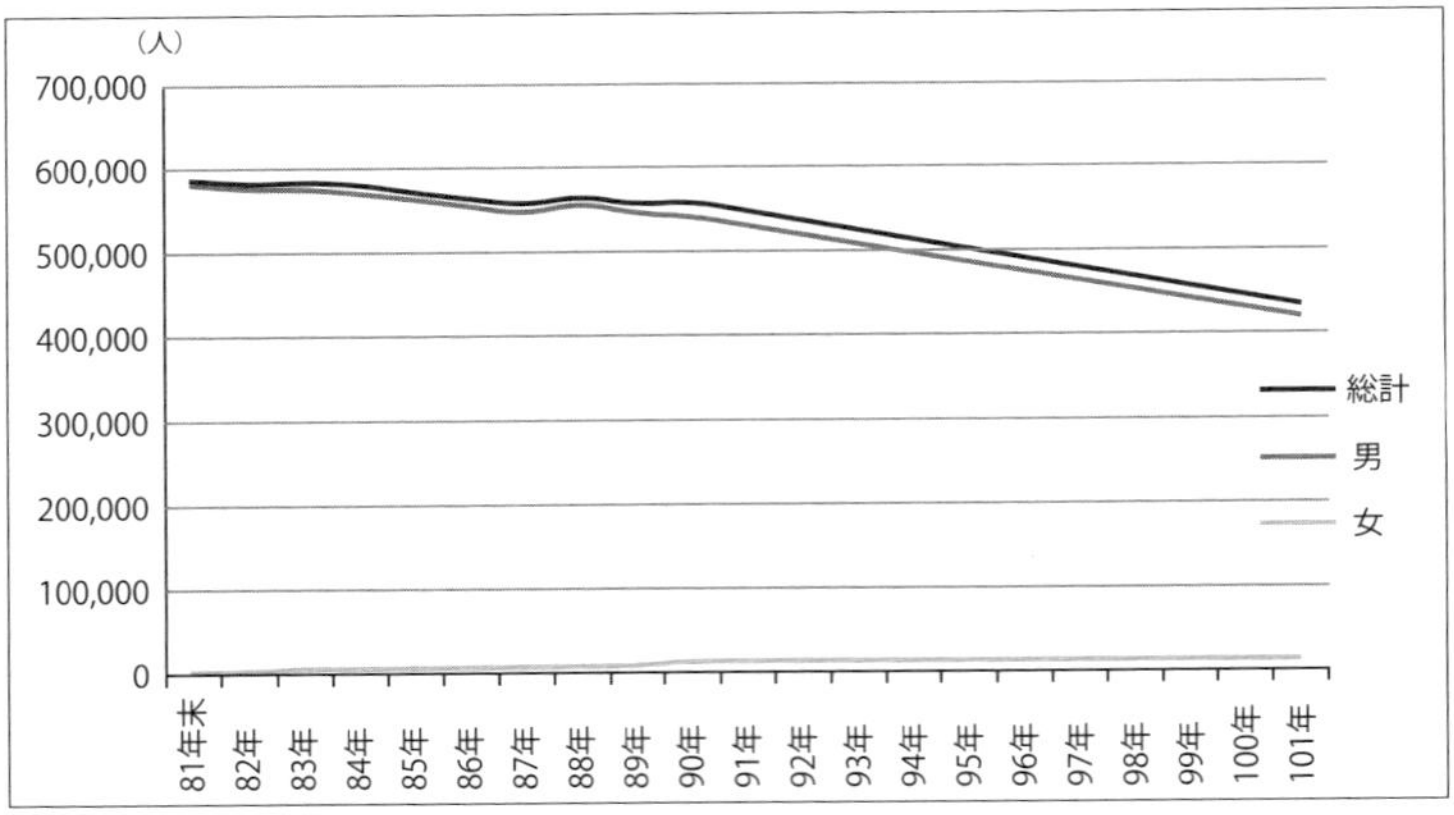

図1　榮民の数（行政院国軍退除官兵輔導委員会資料より作成）
横軸は民国年で、81年は1992年に相当する。

年に台湾の民衆が蜂起する二二八事件が起きる。

台北市内でヤミたばこの販売が摘発された際に、市民が死亡するという事件が発生した。これに抗議する人々が官庁や警察、大陸中国から来た人たちの商店などを襲いはじめ、大規模な群集デモが生じ、それが全国に飛び火していった。国民党政府は軍隊を台湾に派遣し、徹底的な弾圧をもって臨んだ。デモの参加者のみならず、知識階層や共産主義者、政府側が嫌疑をかけた人々を次々に摘発し、投獄したり処刑したりした。その後、一九四九年に中国共産党との内戦に敗れた蔣介石は、国民党の関係者や国民党軍とともに台湾に移住してきた。その数は約二〇〇万人にのぼる。

治安維持のために国民党政権は政治・経済・教育・マスコミなどの独占を進め、事実上の独裁体制のもとで台湾統治を進めていった。政治的な発言は著しく制限され、公用語も大陸中国の標準語とされた普通語（北京語）が採用された。大統領にあたる中華民国総統の任免や憲法改正の権限をもつ国民大会の代表は大陸で選出された人たちがそのまま約四〇年間居座り、日本の国会議員にあたる立法委員も大半が改選されないままの状態が続いた。やがて、国民党とともに大陸中国からやってきた人々は外省人とよばれるようになり、第二次大戦以前から台湾に住んでいた人々は本省人とよばれるようになった。人口比にして約一五％の外省人が約八五％の本省人を政治的、制度的に支配したのである。

外省人とひとくくりにしているが、広大な大陸中国からやってきた人々はその出身地も多様であった。台湾の対岸にあたり、話されている言葉も近い福建省からの移住者や総統であった蔣介石の出身地である浙江省からやってきた人も少なくなかった。そうした中で図らずも台湾にやってきた人たちがいた。国民党軍兵士である。有事の際に家族を戦地にともなう兵士はいないであろう。多くの国民党軍の兵士は、家族を故郷に残したまま軍務のために単身、台湾に赴いた。国民党は当初「大陸への反攻」をスローガンにし、外省人の人たちはいつか必ず大陸へもどれる日が来ると信じていたが、中国共産党による大陸の掌握、ベトナム戦争による米中関係の変化、中華民国の国連脱退といった国際政治の状況変化に

『再会の食卓』のワンシーン

よって、それは事実上不可能となっていった。外省人たちは台湾で生きることを決意していかなければならなかった。兵士たちも、徐々に台湾での生活に慣れていき、少なからぬ人たちが台湾で結婚し家族を作った。高齢の兵士は退役し、榮民（栄誉国民）という地位を与えられた。国民党の庇護のもとで、生活費、医療保険、家族の扶養、就労、就学の支援等において、特権的に生活が保障された。

高度経済成長を果たし、それに並行するように八〇年代に民主化が進んだ台湾では、人口比でまさる本省人の社会における発言力が強くなっていった。外省人が本省人を支配するという構図が薄れ、台湾生まれの外省人二世、三世が増えていくなかで、大陸中国に対抗する新たな台湾アイデンティティが模索されていった。特権的な外省人の存在が必ずしも肯定されなくなるとともに、高齢化していく榮民の生活や介護が台湾社会の中で新たな課題として浮かび上がっていった。

外省人たちの移住により短期間の間に大幅な人口増を経験した台湾では、一九六〇年代に本格的な家族計画政策を導入し人口の調整を積極的に行った。医療水準の向上にともなう平均寿命の上昇、女性の社会進出にともなう婚姻年齢の上昇は、他の国と同様に社会の少子高齢化を促したが、他の国と情況が異なるのは、榮民が人口における高齢者の比率を押し上げたことである。このことは福祉政策、とりわけ、高齢者の介護等について、台湾特有の課題を生み出すことになる。対立する榮民や外省人兵士と積極的に子どもを結婚させる本省人家庭はそれほど多くなく、榮民の特権的な立場を目当てにした結婚も少なからずあった。榮民の多くはその出自から普通語と大陸の出身地の言葉しかできず、妻や子どもはいるが故郷は台湾にない榮民たちは、父系意識が強い台湾漢族社会では、ある種の根無し草のような情

南東部の台東市内にある「榮民病院」の壁面レリーフ。従軍し戦闘に参加しただけでなく、国家の建設という事業に献身したことも象徴的に示されている。

況のなかで老後を生きることが少なくない。大陸中国出身の榮民の数はおそらく年々、減少していき、その存在が台湾社会の中で意識されなくなる日もやがて来るだろう。時間の経過による問題の解決とわりきり、台湾の人々が榮民のことを歴史のひとこまとしてとらえる日がやがて来るのかもしれない。

一方で、大陸中国に残された国民党軍兵士の家族は、中国共産党にとっては敵軍兵士の家族であった。大陸に残された家族たちは肩身の狭い思いをしながら生きていかなければならなかったことにも留意しておく必要がある。

戦争によって家族の絆を引き裂かれるのは一般市民だけではないことを、台湾の榮民や、その大陸での家族がたどった運命から理解しておきたい。戦地におもむいた兵士とその家族は戦争が終わった後も、少なからぬ時間を国家の都合に翻弄されていくのである。

【参考文献】

野林厚志『タイワンイノシシを追う――民族学と考古学の出会い』(臨川書店、二〇一四年)
野林厚志「今を生きる台湾の人々」(『季刊民族学』一三七号、千里文化財団、二〇一一年、三―五六頁)
行政院国軍退除役官兵輔導委員会統計処『栄民統計年鑑』(行政院国軍退除役官兵輔導委員会、二〇一一年)(stat.vac.gov.tw/vacrs/html/2/99.pdf)二〇一六年七月四日確認

023
人生、ブラボー!

Starbuck
2011年/カナダ/フランス語/110分
監督　ケン・スコット
出演　パトリック・ユアール　ジュリー・ル・ブルトン
DVD
価格:3,980円+税(2016年6月の情報です)
発売元:コムストック・グループ/クロック・ワークス
販売元:NBCユニバーサル・エンターテイメント

突然五三三人もの子どもの父親である現実に直面する中年男の成長を、生き生きと綴るドラマ。借金まみれの独身男が、恋人から妊娠を告げられた上、かつて優良種牛の名を借りて行った精子提供で誕生した子どもたちに、父親の身元開示を求める訴訟を起こされる。素性を伏せたまま、サッカー選手や役者の卵、障害と闘う青年などさまざまな境遇を真摯に生きる我が子たちと面会するうちに、名乗りをあげるか否か葛藤が湧き、奔放に過ごしてきた日々にも変化が芽生える。コメディ界の気鋭ケン・スコット監督が、奇抜な物語の中に、親になることへの不安や喜び、家族への感謝の気持ちを細やかに織り込み本国カナダなど各国の映画祭で観客の支持を獲得。その才能に注目したスピルバーグの要請を受け、自らハリウッドで『人生、サイコー!』⑬としてリメイクした。

家族の新しいつながり

松岡　悦子

まつおか・えつこ──奈良女子大学研究院生活環境科学系教授。専門は文化人類学。主な著書に『妊娠と出産の人類学』（世界思想社、二〇一四年）、『アジアの出産と家族計画』（小浜正子との共編、勉誠出版、二〇一四年）、『世界の出産』（小浜正子との共編、勉誠出版、二〇一一年）などがある。

全編、愛情に満ちあふれた映画である。といっても、この愛情は男女の性愛に基づく愛情だけではなく、これまでとはどこか違う穏やかで包容力のある新しい親密感や温かさなのだ。この映画を見終わったあとでは、一対の男女の性愛に基づくラブストーリーは何やら古めかしく排他的に思われるかもしれない。それほど人間の愛情の幅広さを感じさせてくれる作品である。なぜならこれは、そこにいるべきはずの女性が登場しないというセクシュアリティー抜きの映画なのだから。

主人公のダヴィッドは、父と兄二人が営む精肉店で配達の仕事をしている。彼は若い頃に、貧しい両親と兄たちにイタリア旅行をプレゼントしようと、精子提供を繰り返してお金を貯めた。そうしていつのまにか五三三人もの子の父親となっていたのだ。そんなことは全く知らないダヴィッドのもとに、ある時弁護士がやってきて、五三三人の子どものうち一四二人から父親捜しの集団提訴がなされていることを知らされる。うろたえて友人の弁護士に相談するダヴィッド。この弁護士の友人とダヴィッドの関係も暖かい愛情に満ちている。提訴した子どもたちの情報が入った茶色い封筒を渡されたダヴィッドは、すぐさまそれを屑箱に捨ててしまう。でも、なぜか捨てきれずに中を見たくなってしまい封筒をじっと見つめる。思い切って中から一枚を抜いたダヴィッドは、驚きの声をあげる。サッカーのスター選手のリカルド・ドナテッリだったのだ。子どもの一人一人が個性を持つ人間としてダヴィッドの中に立ち現れる瞬間だ。急いで友人の弁護士と試合を見に行ったダヴィッドは、リカルドがゴールを決めて走りながらこちらに向けてVサインをしたように思い、急にわが子を見つめる父親のまなざしに変わる。それからのダヴィッドは、次々と子どもたちを捜しあてては出向いて小さな応援をする。俳優の面接を受けに行く間カフェのアルバイトを代わってやったり、地下道でギターの演奏をする子の客寄せをしたり、薬物中毒の子を病院に連れて行ったり、障害で施設に入っている子の面会に行ったりした。

ある時、ダヴィッドはバイセクシュアルの息子の後を追いかけるうちに一四二人の集団訴訟の集会に紛れ込んでしまう。「この子たちがみんな自分の子どもなんだ」と立ち上がって後ろを見渡したダヴィッドにマイクが向けられる。思わず彼は「君たち全員を愛している。何があろうと君たちはきょう

『人生、ブラボー！』より

だいだ。めぐり会ったんだ」と発言する。ダヴィッドの顔を知っている子どもたちが彼の周りに集まってきて、互いに仲良くなる。

　そんな時、どういうわけか子どもたちの一人アントワーヌがダヴィッドがドナーであることを知り、彼につきまとうようになる。このアントワーヌが、ダヴィッドに子どもたちの気持ちを代弁する役割を果たしている。アントワーヌは、ダヴィッドからサッカーにつきあうかと誘われて大喜びでついていく。不器用なアントワーヌはサッカーを教えてもらい、ダヴィッドと一緒にアイスクリームを食べ、小さい時に父親にやってもらえなかったことを果たして満足する。そして彼はダヴィッドにキャンプに行こうと誘う。互いにきょうだいだと知った子どもたちが週末にキャンプを計画しているというのだ。ダヴィッドは妊娠中の恋人のヴァレリーとの約束があると言って断る。「本当の家族と過ごしたいんだ」

というダヴィッドに、アントワーヌは猛然と抗議する。「ボクらは存在している。ボクらだって本当の家族だ」と。

子どもたちが湖畔で開いたキャンプは、この映画全体に流れる不思議なやさしさをみごとに表している。一〇代から二〇代の男女が愛情で結ばれているのに、そこにセクシュアリティーが感じられないのだ。女の子たちのビキニ姿、ずらっと物干しに並んだブラジャーとパンティー、思い思いの格好で寝そべる日光浴、体のあちこちに入れたタトゥー。そこにはは性別はあってもセクシュアリティーはない。ダヴィッドは配達用トラックで家から肉やソーセージを大量に運んできて、バーベキューを始める。ヴェジタリアンの子どもたちには、「豆腐がいかに残酷に殺されているか」を冗談で話しながら豆腐を焼いてやる。夜になって輪になった子どもたちの一人が言う。「僕は育ての親を愛している。でもこういう家族をもてない人は不幸だ。最高の週末だった」ダヴィッドは、施設に入っているラファエルを車椅子に乗せて連れ出し、他の子どもたちと合流させる。そして、こっそりラファエルにだけ自分が父親だと耳打ちする。

週末の子どものキャンプは、「スターバックは誰？」として新聞の一面を飾ることになる（スターバックとはカナダの有名な種牛の名前で、五三三人もの子どもを作ったドナーは有名な種牛になぞらえられたのだ）。まさか、ダヴィッドがスターバックだとは知らない恋人のヴァレリーは、「正気を疑うわ。そんな人は変態よ、ぞっとするわ」と断言する。訴訟が進み、ダヴィッドは子どもたちに名乗り出たい衝動と、ドナーは匿名だとして勝訴したい気持ちの間で揺れ動く。そんなとき、「貧しくても俺の幸せは、毎日子どもたちに会えることだ」という父親のことばがダヴィッドを突き動かす。

ここには三つの家族が登場する。一つ目はダヴィッドと兄と父からなる家族で、母親はすでに他界したことになっている。二つ目はダヴィッドが人工授精のドナーとして命を与えた子どもたちとその親とで営む家族だが、ここにも子どもを産み育てているはずの女性たちは全く登場しない。三つ目はダヴィッドと恋人のヴァレリーと赤ん坊とで作る家族である。前二つの家族にはセクシュアリティーの対象となる女性が欠如していたが、三つ目の家族には生身の女性ヴァレリーが登場する。しかもヴァレリーは妊娠していてやがて出産する。生まれた子のそばでダヴィッドとヴァレリーが抱き合う場面は、男女の性行為によって子どもが誕生することを表象している。ヴァレリーとの間に作る家族にはセクシュアリティーが存在し、人工授精で生まれた子どもたちとの間には父子関係はあっても、セクシュアリティーは存在しない。この対比は、男女の愛情と性行為によって生まれる家族と、人格のない精子によって作られる家族とを比べているようでいて、その実どちらの家族も等しく家族なのだというメッセージを伝えている。

この映画は、人工授精をこれまでとは違う視点からとらえ直している。日本でのドナーによる人工授精の件数は表1のとおりで、患者一人につき三・五回の治療を受け、毎年一〇〇人前後の子どもが誕生している。経過不明が相当数あるのは、人工授精の事実を知られたくないという思いから、妊娠がわかった後に別の病院に行く人が相当数いるからだろう。従来の人工授精では、不妊のカップルの子を持ちたいという意思が中心で、生まれてくる子どもの声には光が当てられてこなかった。ドナーとなる男性は人格を持たない精子として扱われ、その正体はあえて秘密にされていた。ところが一九九〇年頃から人工授精で生まれたと知った子どもたちが、生物

	患者数	治療周期	妊娠数	出生児数	経過不明
2007*1	1113	3062	192	98	64
2008*2	908	3461	184	76	69
2009*3	806	3224	177	97	55
2010*4	639	2264	138	53	56
2011*5	892	3082	165	92	43
2012*6	1090	3700	226	120	64
2013*7	1169	3876	184	109	48

表1　提供精子を用いた人工授精（AID）の治療成績
出典：日産婦誌　倫理委員会 登録・調査小委員会報告
＊1 61巻9号1862頁　＊2 62巻9号1830頁　＊3 63巻9号1890頁　＊4 64巻9号2119頁
＊5 65巻9号2092頁　＊6 66巻9号2454頁　＊7 67巻9号2086頁

学的父親を捜し始めた。日本では、ドナーによる人工授精で親になった夫婦の大半が子どもに話さない方が良いと考えていることから（久慈直昭「AIDによって親になった不妊夫婦の出自を知る権利・告知に関する意識調査（第二報）」『日本生殖医学会雑誌』五四（三）一四九・二〇〇九年）、親が告知をしなければ、子どもはドナーの精子で生まれたことを知らないままとなることがほとんどだろう。しかし、何らかのきっかけで出自を知った子どもたちの不信感やショックは大きい。そこですでにいくつかの国や地域では、子どもの出自を知る権利を法制化し、一定の条件のもとにドナーの情報を開示するようになってきている。

ところがこの映画では精子を提供したドナーが主人公で、彼によって作られた子どもたちがそれぞれ生き生きとした姿で登場する。ダヴィッドは父親として子どもたちの生活の端々に関与し、人工授精を受けたであろう母親は一切登場しないのである。さらに、通常は生まれた子どもどうしが出会うことは想定されていないし、出会わない方がよいとされているが、映画では子どもたちが互いにきょうだいとして仲良くなり助け合う。ここには、ドナーを秘密のヴェールに包んで見えなくする現在の人工授精を逆転させ、批判的に見るまなざしがある。

映画はダヴィッドをとりまく三つの家族を描きながら、どの家族が望ましいという価値づけを一切していない。どのつながりもやさしい愛情に満ちているのだ。父と兄はダヴィッドに意見したり批判したりするけれども、そこにはいっしょの時を過ごした信頼感がある。人工授精で生まれた子どもは、アントワーヌが言う「オナニーで生まれた子ども」であっても同じように父と子やきょうだいの愛情に満たされている。男女のセクシュアリティーに基づく家族だけが本物の家族なのではなく、人工授精でできた家族も尊いのだ。子どもにとってドナーは「幸せと生命をくれた」父であることに違いはないというメッセージが感じられる。この映画はセクシュアリティー抜きの家族を提示することで、多様な家族のありかたや人と人とのつながりを描いて見せ、男女の愛情に限らないもっと広い親密関係、友情、やさしさがあることを教えてくれる秀作である。

024 ラビット・ホール

Rabbit Hole
2010年／アメリカ／英語／91分
監督　ジョン・キャメロン・ミッチェル
出演　ニコール・キッドマン　アーロン・エッカート
DVD
発売・販売元：株式会社KADOKAWA

大切な存在を亡くす癒し難い喪失感と希望の兆しを描き、ピューリッツァー賞に輝く同名戯曲の映画化。閑静な住宅街で暮らす家族の幸福な生活を、四歳の一人息子の交通事故死が一変させる。事故から八ヶ月を経ても、未だ情緒不安定気味の妻は、想い出を胸に前に進もうと懸命な夫との溝を埋められずにいた。そんな中、息子をはねてしまった青年と再会し、胸中を語らううちに、少しずつ平穏を取り戻していく。原作に惚れ込み製作も兼ねたニコール・キッドマンが、絶望から再生へと向かう母親の心の軌跡を繊細に演じ、アカデミー賞候補となるなど数々の賞を受賞。演劇界でも活躍するジョン・キャメロン・ミッチェル監督が、新星からベテランまで、幅広い世代の多彩な実力派キャストを見事に束ね、余韻深い人間ドラマを完成させた。

グリーフ・ワークの紡ぐもの
――現代社会の死別の経験

岩佐　光広

いわさ・みつひろ――高知大学人文社会科学部准教授。専門は、医療人類学、生命倫理学、東南アジア地域研究。主な著書に『高齢者のウェルビーイングとライフデザインの協働』（共編、御茶の水書房、二〇一〇年）、『メディアのフィールドワーク――アフリカとケータイの未来』（共編、北樹出版、二〇一二年）、『越境スタディーズ――人文学・社会科学の視点から』（共編、リーブル出版、二〇一五年）などがある。

『ラビット・ホール』のパンフレットに掲載されたレビューの一つに、次のように書かれている。「重い気持ちで見始めたあなたは、予期に反して、心を軽くしてこの映画を見終わるだろう」（『ニューヨーカー誌』）。けれども、この映画を見終えた私の感想は、なんとも複雑なものだった。エンディングで描かれるベッカー夫妻の姿には、たしかに胸を打たれる。しかし同時に、自助グループで出会うギャビー夫婦がたどった経緯が、思わず頭をかすめてもしまう。今後ベッカー夫妻が歩むのは、きっと「希望に満ちた未来に続く一本道」ではないだろう……。そんな「重さ」もまた残るのである。この映画は、現代社会の死別の経験の「複雑さ」を実にリアルに描き出しており、そこから学べることは多い。ここでは、現代社会における死別をめぐる苦悩とグリーフ・ワークの営みについて考えたい。

澤井敦は、イギリスの社会学者トニー・ウォルターの議論を参照し、社会の類型と関連づけながら、死と死別の特徴を三つに分けて整理している（表1）。「伝統社会」では、宗教や神話によって、共同体で共有される死の意味づけが与えられ、それをもとに死別も経験される。これを「プレモダンの死」と呼んでいる。

宗教や神話の力、共同体の力が衰退する「近代社会」では、近代医療が死の文脈となる「死の医療化」が進行する。死にゆく場所は病院となり、死にゆく者のケアは医療専門家が担う。死別の経験もまた、医学的な知識が提示する「正常な過程」に即して管理されることになる。これを「モダンの死」と呼んでいる。

そして、近代社会の延長線上に姿を現す「現代社会」では、医学的な言説もまた力を弱め、死のかたちは多様化し、今度は私的な言説や経験、個人の選択が尊重される「死の私化（個人化）」が進行する（岩佐光弘「深める：「良い死」の外側へ」、鈴木七美ほか編『高齢者のウェルビーイングとライフデザインの協働』御茶の水書房、二〇一〇年、一三三―一四八頁）。そこでは、感情

	伝統社会の死（プレモダンの死）	近代社会の死（モダンの死）	現代社会の死（レイトモダンの死）
権威	伝統	職業上の専門的知識	個人的選択
権威ある人物	聖職者	医者	自我
支配的言説	神学	医学	心理学
対処法	祈り	沈黙	感情の表出
身体的文脈	死とともにある生	コントロールされる死	死にゆくこととともにある生
社会的文脈	共同体	病院	家族

表1　死と死別の3つのかたち
出典：澤井敦（『死と死別の社会学：社会理論からの接近』青弓社、2005年、98頁）を一部補足して転載

を自由に表出し、「私（あなた）らしい」死別との向き合い方が称揚され、それをサポートする制度（たとえばカウンセリング）が整備される。これを「レイトモダンの死」と呼ぶ。『ラビット・ホール』で描かれる死別の経験は、この「レイトモダンの死」を文脈とするものといえよう。

死の私化が進行する現代社会では、劇中にも登場する「自助グループ（セルフヘルプ・グループ）」の活動が活発化する。自助グループとは、同じ経験を有する者たちが集い、その経験を分かち合うことで、精神的な支援のための交流や問題の解決のための情報交換を行なう自助的な組織である。そこでは、自らの経験や感情を自由に語ること、そして他者の語りを尊重することが基本的なルールとなる。こうした場が、現代社会において孤立しがちな遺族を包摂し、相互扶助的なサポートを得る機会を提供している。

けれども、自助グループは必ずしも「自由な場」とは言い切れない。漠然とした「雰囲気」というかたちではあっても、特定の参加者の意見が支配的になったり、特定の悲しみ方が肯定的に捉えられたりすることも起こる。そのとき、その「雰囲気」に馴染めなかったり抵抗を感じたりする人は、その場から退場せざるをえない。さらに、自助グループが活発化する現代社会においては、そこに参加することが「理想的なグリーフ・ワーク」のように語られることもある。そのとき、その場から退場せざるをえなかった人は、周囲の人から「間違っている」とみなされることさえある。つまり、包摂のための場に参加することで、新たに「排除」を経験する人たちもいるのである（内藤直樹・山北輝裕編『社会的包摂／排除の人類学：開発・難民・福祉』昭和堂、二〇一四年）。ベッカが自助グループで経験したことは、まさにこうした苦悩だったといえる。

さらに劇中のベッカの姿を見ていると、この自助グループにみられるような「包摂と排除の力学」は、その場に限らず、生活のさまざまな局面（たとえば夫や母とのやりとりなど）にも見出すことができることに気づく。他者の経験とは同列には扱えない「私の経験」が、他者のかけがえのない経験によって否定されるのを感じたり、逆に自分のかけがえない経験が他者に否定感を与えてしまったりしてしまう。そこで生じているのは、他者との関係における「意図せぬ結果の連鎖」が生み出す苦悩といえるだろう。

ではそうしたなかで、グリーフ・ワークはいかに営まれていくのだろうか？

ベッカの母ナットの印象的な言葉がある。「この一年間、悲しみはずっと消えない。でも変化はするわ。何というか、その……、重さが変わるの。のしかかっていた重い大きな石が、ポケットの小石に変わる」。愛する者の死は、その人との関係を避けがたく変えてしまう。しかし、その関係はかたちを変えながらも継続していく。死別した者との関係をいかに紡ぎなおすか、それがグリーフ・ワークの課題といえる。

しかしここで重要なのは、グリーフ・ワークにおいて紡ぎなおされるのは、死別した者との関係だけではない、という点である。人間は、さまざまな他者との関係の「網の目」のなかで生き、死んでいく存在である。それゆえ愛する者との死別は、その人と遺族とのあいだの関係に留まらず、遺族が家族や友人と切り結ぶ関係の「網の目」全体のゆらぎとして経験されるものである。そしてこの関係の網の目のゆらぎこそが、先に述べた「意図せぬ結果の連鎖」が生み出す苦悩の文脈にもなっているのである。

だとすればグリーフ・ワークとは、関係の網の目において営まれるものであり、そしてその関係の網の目を紡ぎなおす営みでもあるということができよう。紆余曲折を経たベッカとハウイーが新たな一歩を歩みだそうとするとき、まずしようとしたのが、

『ラビット・ホール』より

友人の娘のプレゼントを買いそれをラッピングすること、そして友人や家族を誘ってバーベキューをするということだったのは印象的である。ありふれた暮らしの営みを通じて、家族や友人との関係の網の目を紡ぎなおしていくこと、そしてそのなかで、機会があれば死別した息子について語ってみること。それが、息子との死別に伴う悲しみや怒りが解消されたわけではなく、またこの先どうするかも定かではない彼女たちが、彼女たちなりのグリーフ・ワークの出発点として見出したことだったのであろう。

ここまで述べてきたように、死別の経験もグリーフ・ワークの営みも、死者も含めて遺された人たちが切り結ぶ関係の網の目を文脈とするものである（死と死別をめぐる「孤独」もこの文脈において考える必要がある）。このことは、ともすれば「あたりまえ」に感じることであるが、それゆえにしばしば見落とされてしまうことでもある。だからこそ、この「あたりまえ」のことをもう一度みつめなおすことが、現代社会の死別の経験を考えるための大事な手がかりになるのである。

025 人生はビギナーズ

Beginners
2010年／アメリカ／英語・フランス語／105分
監督　マイク・ミルズ
出演　ユアン・マクレガー　クリストファー・プラマー
DVD
発売元：株式会社クロックワークス　販売元：アミューズソフト
提供：ファントム・フィルム／株式会社クロックワークス

七五歳にして同性愛者だとカミングアウトした父親が、ガンで亡くなるまでの目まぐるしくも濃密な日々を、恋の予感に揺れる息子の視点でユニークに綴る。突然の重大告白を皮切りに、第二の人生を情熱的に謳歌した父親の死。深い喪失感から抜け出せない一人息子は、同じく孤独を好む女優の卵や愛犬に支えられながら、新たな一歩を踏み出していく。多才なマイク・ミルズ監督が実体験をモチーフに、亡き父とのかけがえのない数年間や、どこか寂しげに見えた母親との一風変わった少年時代を、写真やイラスト、字幕を独創的に挿入し映像化。『サウンド・オブ・ミュージック』(64)のトラップ大佐役でも知られる名優クリストファー・プラマーが、長いキャリアの中でも類稀な役柄を優雅に好演し、アカデミー賞など数々の演技賞に輝いた。

異性愛者と同性愛者の交差

砂川　秀樹

すながわ・ひでき――文化人類学者・博士（学術）。明治学院大学国際平和研究所研究員。大学非常勤講師。一九九〇年から二一年間、東京でＨＩＶ／ＡＩＤＳやＬＧＢＴに関する活動に関わったのち、二〇一一年に沖縄へ帰郷。沖縄初のＬＧＢＴプライドイベント「ピンクドット沖縄」を実現し、那覇市の「性の多様性を尊重する都市なは」宣言に寄与。二〇一六年、東京を拠点にしながらも、沖縄でのＬＧＢＴ活動も継続している。主な著書に『新宿二丁目の文化人類学』（太郎次郎社エディタス、二〇一五年）などがある。

異なる時代に、異なるセクシュアリティを持つ者たちが、それぞれにパートナーを見つけ関係を築いていく様子が照らし合わせられながら、この映画は進む。それにより、個人的なものとだけ考えられがちな恋愛や性が、いかに時代と結びついているのか、また、家族の関係に影響を受けるのが示されている。そして、時代の枠の中で、家族関係の中での傷を抱きながら、それぞれが自分の生き方を模索していく。その姿はもどかしくも、いじらしくもある。この映画では、異性愛も同性愛も、まったく等価のものであるという前提で描かれており、ゲイである私は、そのことにも感動を覚えた。そこにも時代が現れている。

『人生はビギナーズ』は、マイク・ミルズ監督自身の実体験を元につくられたと言われている。そのためか、この映画は、ライフヒストリーという研究手法を思い起こさせる。ライフヒストリーとは、個人の人生の歩みを聞き取りながら、その人の生きて来た世界や時代性などを考察するものだ。

この映画には、主人公の父親ハルが、ゲイであることを自覚しながら異性と結婚した時代から、異性愛者の息子オリヴァーが恋人／パートナーとなる女性と出会い、その関係性を模索している現代までの約半世紀が描かれ、その間に大きく変化してきた、米国での性に対する価値観、性別の役割等の歴史が織り込まれている。

物語は、恋人と安定した関係を築けない経験を積み重ねてきたオリヴァーの視点から描かれているが、ゲイであることをオープンにして研究や社会活動をおこなってきた私には、ゲイ／レズビアンを取

『人生はビギナーズ』より

り巻く社会の変化とそれを生きてきた父親のことが前景化して見え印象に残った。

一九五〇年代の米国では、ゲイやレズビアンの権利運動グループが誕生する一方で、「マッカーシズム」と呼ばれる、共産主義者や同性愛者が公職から追放される動きが激しさを増した。その時代に青年期を迎えていた父親は、ほんとうは同性が好きだったにもかかわらず異性と結婚するわけだが、時代背景を考えれば、それはごく普通のことだった。

その状況が大きく変わり始めるのは、一九六〇年代の終わりだ。一九六九年六月二八日にニューヨークにあったストーンウォールインというLGBT（レズビアン、ゲイ、バイセクシュアル、トランスジェンダー）が多く集まるバーに警察の手入れがあった。当時は、このようなバーに対して嫌がらせ的な警察の手入れがしばしばあったのだが、この時はいつもと違い、客が警察による連行に抵抗を始め、数日間も続く暴動に発展した。この蜂起に全米のLGBTは大きく力づけられ、この動きが、米国のLGBT運動を盛んにしたと言われている。

そして、この反乱を記念して一年後に全米各地でパレードが開催された、それが現在世界の各地で開催されているプライド・パレード（LGBTのパレード）のきっかけとなったと言われている。現在、世界各地で六月の最終週にプライド・パレードがおこなわれることが多いのは、このためだ。この映画でも、父親がパレードへ参加する様子が描かれている。このようなパレードにプライドという言葉がつけられているのは、社会全体の抑圧や差別の中で失われてきた／失われがちなプライドを取り戻したり、示したりするという意味がある。この映画の中で、父親は、まさにその過程を経験しているように見える。

ゲイ／レズビアンをめぐる社会状況、特に同性カップルの位置づけは、その後さらに大きく変わっていく。二〇〇〇年代以降、米国で「結婚の平等化」（同性間の結婚の実現）が、次第に大きな社会的テーマとなってきた。一九九七年にハワイ州でドメスティックパートナー制度（結婚に準ずる制度）が導入され、二〇〇四年にはマサチューセッツ州で同性間の結婚が認められるようになり、その後、同性間の結婚が認められる州が急増する。二〇一三年には、連邦政府の最高裁判所で、結婚を異性間に限定するのは違憲であるという判決も出され、二〇一五年にはついに全米で結婚の平等化が実現することになった。

　この結果だけをみると、同性間のパートナーシップの法的保護の動きは、主にここ二〇年の動きに見えるが、一九八〇年代から、それを求める動きは活発になっていた。その背景として、米国の歴史学者ジョージ・チョーンシー（二〇〇六）は、レズビア

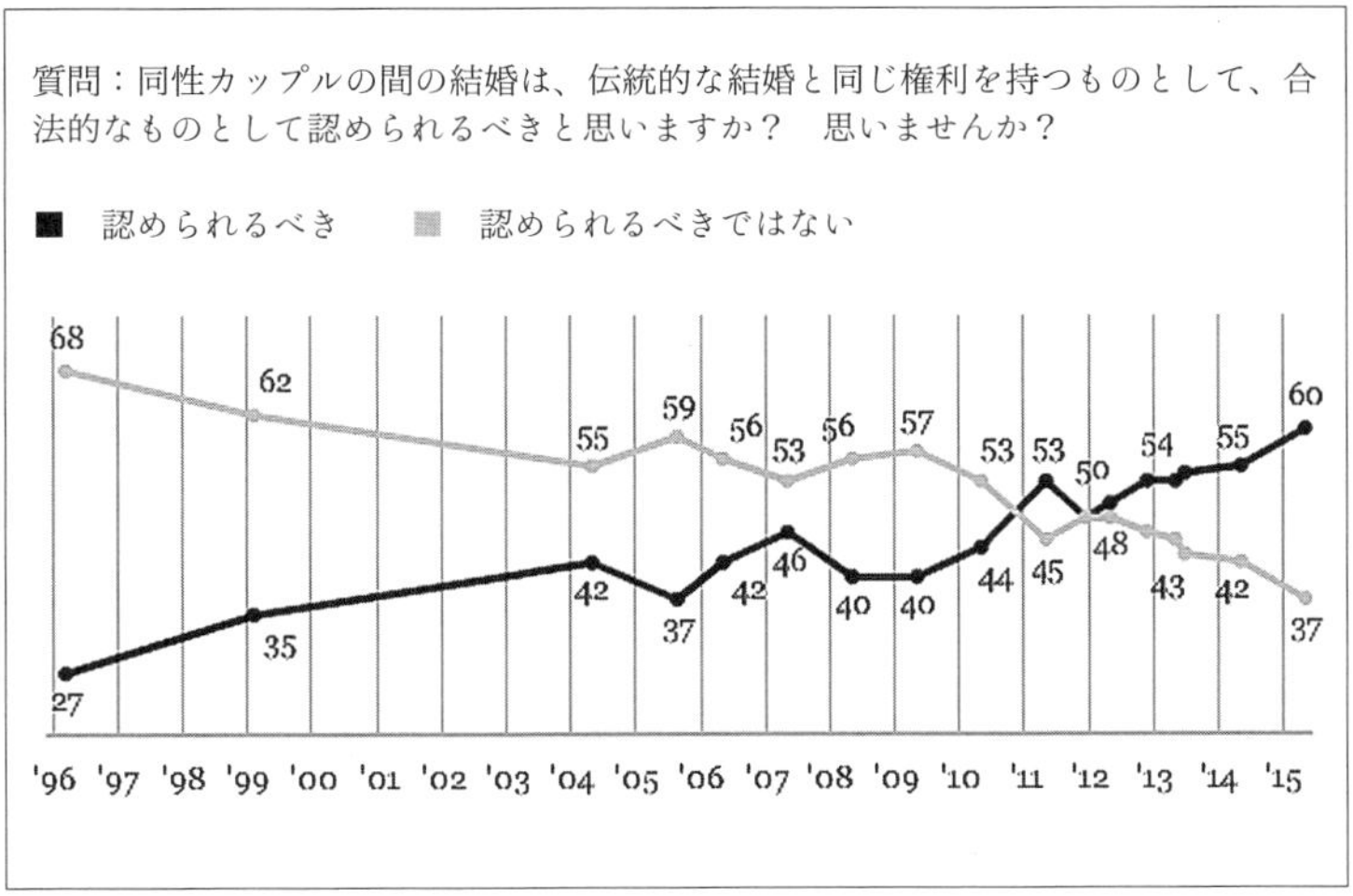

表1　米国の同性カップルを認める人の割合の変化（GALLUPによる調査）
出典：THE HUFFINGTON POST
http://www.huffingtonpost.com/2015/05/20/support-for-same-sex-marriage-_n_7342790.html

ンカップルで子育てをする人が急増し、その子の法的な位置づけが問題になり始めたこと、男性同性間のセックスでＨＩＶ感染が広がり、ゲイ・コミュニティに破壊的な影響を与え、カップルの法的保護が必要になったということを挙げている。

映画の中で父親が息子にカミングアウトした一九九〇年代は、ＨＩＶ／ＡＩＤＳの深刻な影響を受けながらもまさにその運動が成熟し拡大していく時代だが、そのような時代の中でも、父親はパートナーとの関係を、そのあり方を模索しながらも享受していように見える。

もちろん、セクシュアリティに関連して変化が起きたのは、ゲイ／レズビアンだけではない。異性愛者も同様だ。より大きな文脈では、イギリスの社会学者アンソニー・ギデンズ（一九九五）が指摘していることがあげられるだろう。それは、現代社会では、結婚において、社会的な役割や経済システムに組み込まれるという意味や機能が低下し、その代わり、カップルが親密な関係性を意識しながら結びつき、それを継続することから満足を得ることに重きが置かれるようになっているということだ。これは、結婚において親愛感などの感情が中心的な役割を果たすことを意味する。そのため、異性間の関係も不安定さを増してゆくことは免れ得ない。なぜなら、個々人の感情や感覚は、社会的な制度や役割よりもはるかに変化しやすいものだからだ。

また、もう一つ異性カップルの関係性の変化で指摘しておかなければならないのは、女性の生き方が変化してきたことだ。米国では、一九六三年にベティ・フリーダンが『女らしさの神話』を出したことを一つのきっかけとして女性運動が盛んになった。そして、家庭外の賃金労働に就き、パートナーの男性から経済的にも自立した女性が増えてきた（男性との格差は、まだまだあるにしても）。これにより、

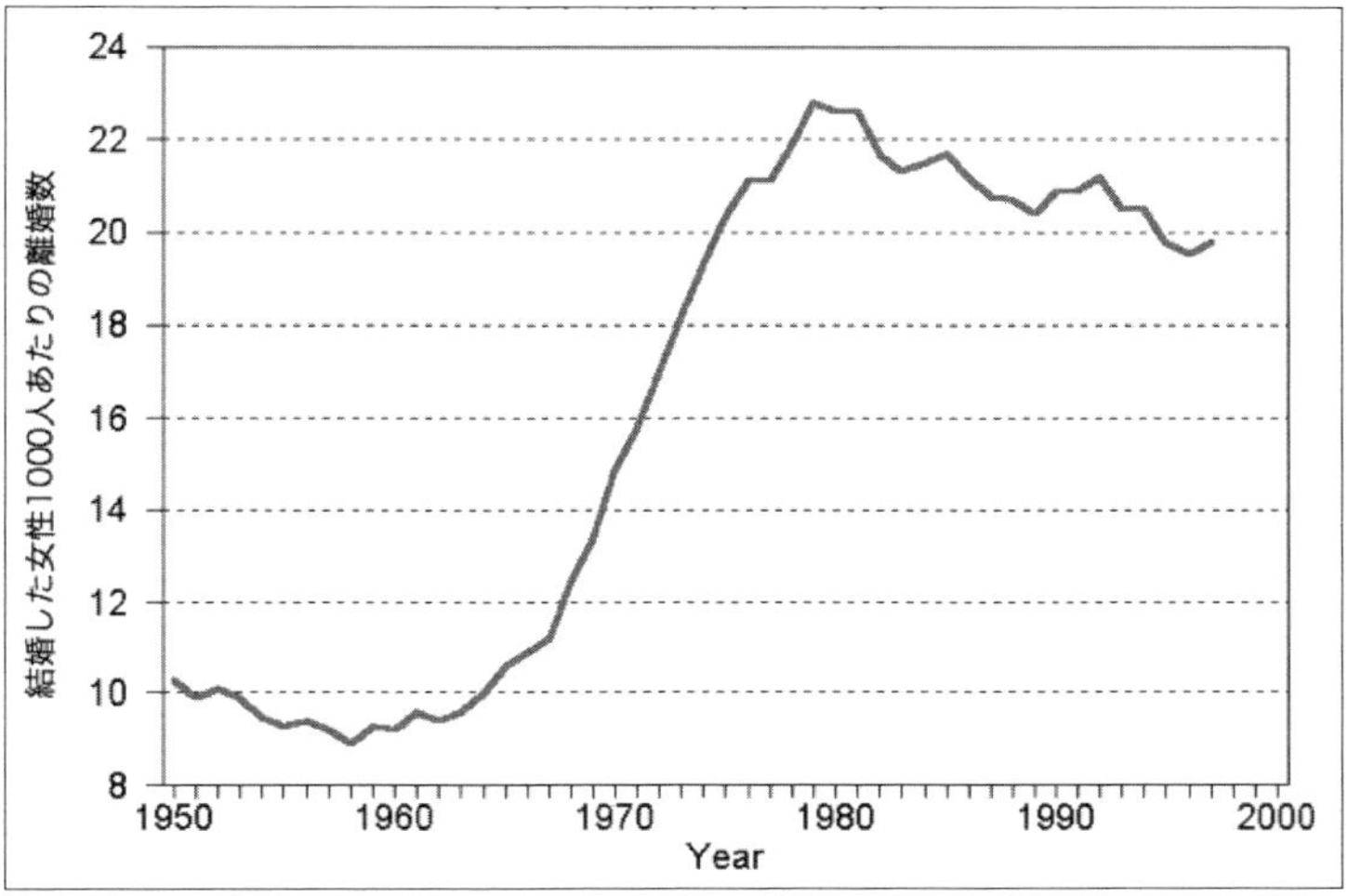

図1　米国の離婚率の変化（University of Maryland のHPより）

女性が自分の力で生活を営んでいける可能性が大きくなった。

そのような自立し合った関係ゆえ（どちらかがどちらかに依存しない分）、ある意味で別れやすくなった関係性は、これまでゲイ男性のカップルが長く関係が続かない傾向にあると言われてきたことと重なる。ましてや、同性カップルの場合、法的な枠がなく、社会的な偏見と抑圧にさらされていたゆえに、一層、関係性を継続することが困難であったのは当然のことだった。しかし、異性カップルにだけ与えられていた権利である結婚など、法的、社会的に承認を得たパートナーシップを手に入れつつあることで、同性カップルも異性愛カップルの状況に近づいている。

そのような、ゲイの変化と異性愛者の変化が交差するところにこの映画がある。だからこそ、この中では、同性カップルと異性カップルを重ねて描くことが可能になったのだ。日本で、これまでの半世紀を意識しながらゲイを描いたとしたらどうなるだろうか。そんなことを想像し、この映画と比べてみると、現在の日本のセクシュアリティの問題を再考することができそうだ。

【参考文献】

ジョージ・チョーンシー／上杉富之・村上隆則訳『同性婚』（明石書店、二〇〇六年）

アンソニー・ギデンズ／松尾精文・松川昭子訳『親密性の変容』（而立書房、一九九五年）

Ⅵ 多文化を生きる

026

マイネーム・イズ・ハーン

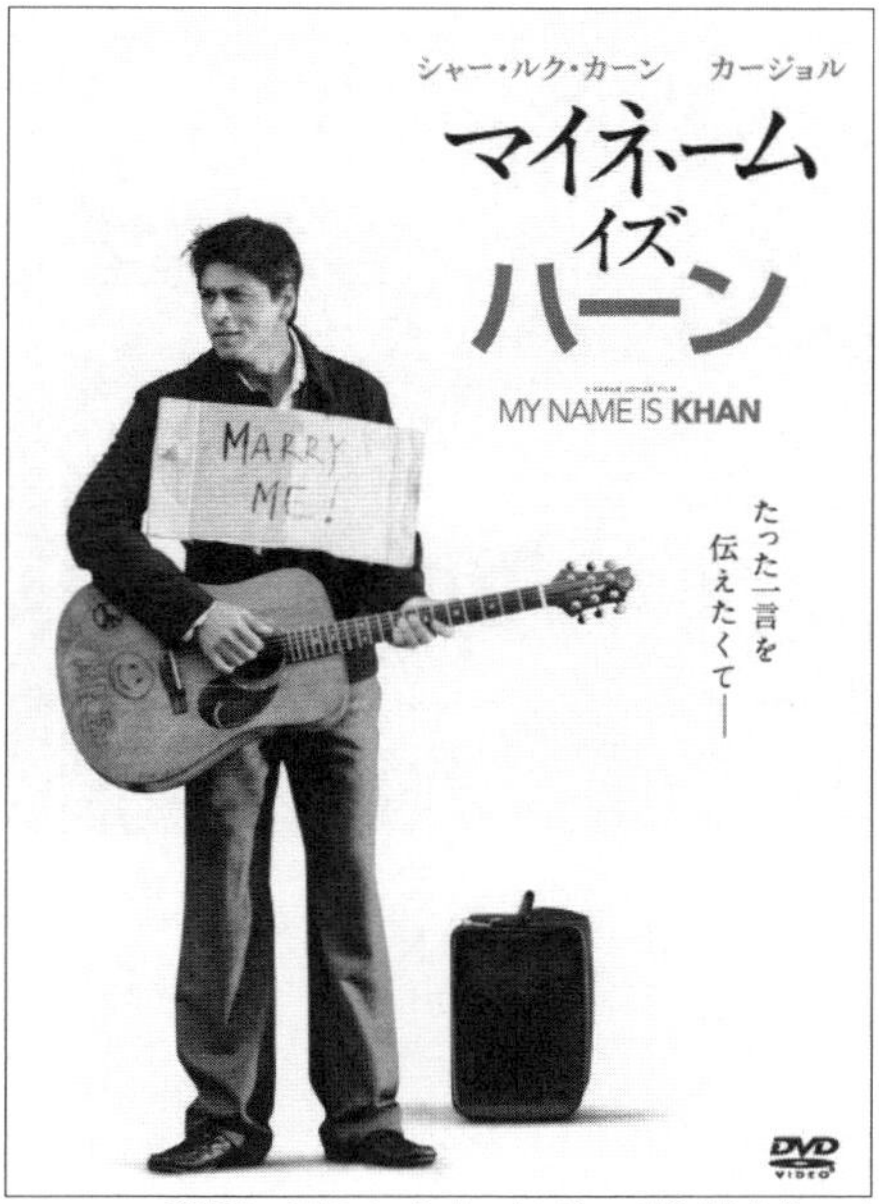

My Name Is Khan
2010年／インド／ヒンディー語・英語／162分
監督　カラン・ジョーハル
出演　シャー・ルク・カーン　カージョル
DVD
発売・販売元：20世紀フォックス ホーム エンターテイメント ジャパン

二〇〇一年の同時多発テロから歴史的新政権の誕生へと変動するアメリカを舞台に、イスラム教への偏見に囚われた社会に旋風を起こすインド人青年の奮闘を描く、日本劇場未公開作。亡き母との想い出の詰まった祖国インドを離れ、弟が暮らすサンフランシスコに渡ったアスペルガー症候群の青年は、ヒンドゥー教徒のシングルマザーとさまざまな障壁を乗り越え結婚するが、九・一一を境にイスラム教徒への反発が異様に高まる中、突然の悲劇に見舞われる。すれ違う妻とのある約束を胸に、大陸横断の旅に出た彼の行動の数々が、やがて世論をも突き動かす。映画大国インドの代表的スターのシャー・ルク・カーンが、黄金コンビのカージョルを相手役に、障害すら魅力に転じる不屈の男を好演。心揺さぶる社会派エンターテインメントを完成させた。

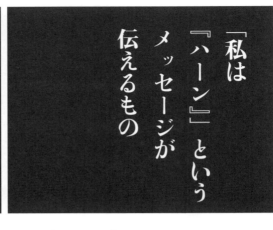

「私は『ハーン』」というメッセージが伝えるもの

三尾　稔

みお・みのる――国立民族学博物館准教授。専門は文化人類学、南アジア地域研究。主にインド西部の宗教変容と社会変化に関心を持つ。主な著書に『現代インド6　環流する文化と宗教』(杉本良男と共編、東京大学出版会、二〇一五年)、『人類学的比較再考』(出口顕と共編、国立民族学博物館、二〇一〇年)、『インド　ポピュラー・アートの世界』(千里文化財団、二〇一〇年)などがある。

『マイネーム・イズ・ハーン』はインド制作の映画だが、物語の大半はアメリカで展開する。二〇〇一年の同時多発テロ事件後、中東系や南アジア系移民への敵対感情が急速に高まるアメリカ社会を背景に、インド系のムスリム移民とその家族の苦しみを描いている。主人公のムスリム男性はアスペルガー症候群を抱えながら米国でたくましく生き抜いてきたが、同時多発テロ事件をきっかけに、映画タイトル通り「私の名はハーン」というたった一言を大統領に伝える苦難の旅に出る。一見すれば単純なメッセージにはどういう意味が込められているのだろうか。テロ後のアメリカ社会を覆った移民排斥の実情とその背景に迫る。

この映画の主人公は字幕ではリズワン・ハーンと表記される。だが、映画の中の発音は「カーン」と聞こえないだろうか。この場合、アルファベットでkhと表記される音は、舌の奥の方を上あごの奥の柔らかい部分に近づけ「ハ」と強く発声したときに出る音である。アラビア語、ペルシャ語、ウルドゥー語（インドのイスラーム教徒に話者が多い）などでは、この音とk（「カ」）の音は区別されるが、英語や日本語では区別されない。だから英語や日本語話者は、kh音が「カ」にも「ハ」にも聞こえるし、多くの場合はKhanを「カーン」と発音して済ませてしまう。

瑣末なことだろうか。しかし、自分の名前が間違って発音されたらと想像してみてほしい。個人としての存在をないがしろにされたように感じないだろうか。主人公はインドから米国に渡り、米国社会の荒波に揉まれ、やがて「自分は『ハーン』」というメッセージを合衆国大統領に伝える旅に出る。そこには、自分を何かのラベルで括るのではなく、尊厳ある個人として受け止めてほしい、という強い思いが込められている。

映画に登場するインド系移民は、中流の安定した生活を営む人々が大半である。この傾向は最近の統計でも裏づけられるが、彼らが常に裕福であったわけではない。

インドから米国への移民は一九世紀末に始まる。その多くはインド北西部出身の農民だった。当時米国は開拓ブームで移民労働力が求められていた一方、英国植民地下のインドでは社会不安が増大し、働き先を海外に求める農民が生じていたのである。しかし、米国はアジア系女性の移民を制限したため、移民の大半は男性だった。また、移民数の国別割り当て政策もあってインド系移民の数は数千人規模にとどまり、経済的にも貧しい人々が大半という状況がインドの独立後もしばらく続く。

この状況は一九六五年の米国の移民国籍法の改正により劇的に変化する。この改正では移民数の国別割り当て制が大幅に緩和されたほか、家族の呼び寄せも認められ、米国が必要とする職業に従事できる移民を優先受け入れする方針が定められた。これは医師・看護師・技術者など高学歴理系職種への移民の門戸解放を意味し、植民地支配の遺産として英語ができるインド系の高学歴者が米国に渡って成功する道が開かれた。この結果、従来とは異なるタイプの移民が急増し、一九八〇年にはインド系移民は三六万人余りに達した。この傾向は八〇年代後半からのIT産業の成長によって加速し、以後一〇年ごとに倍増してゆく。インド系移民の数は二〇一五年現在四四五万六〇〇〇人に達し、米国におけるアジアからの移民の中で中国系、フィリピン系についで三番目を占めるに至っている。

米国インド系移民における学士号以上の学位取得者の割合は二〇〇〇年の統計では約六八％。これは台湾系に次いで高く、日系移民（約四四％）あるいは米国人一般（二八％）と比べても抜群に高い。シリコン・バレーで働くIT技術者の三三％、IT企業経営者の七％はインド系という報告もある。このほか、政界、学界、実業界、エンターテインメント産業などで活躍する者も多く、インド系移民は米国の模範的なマイノリティと自他ともに認められる存在となってきている。

主人公が築いた幸せな家庭生活は二〇〇一年の同時多発テロ事件を境に暗転する。この事件は多民族を受け入れ異文化に寛容だった米国社会を一変させ、特に中東や南アジア諸国からの移民やイスラーム教徒を排斥する風潮が急激に高まるきっかけともなった。主人公を演じたシャー・ルーク・カーンもインドのムスリムだが、彼自身映画撮影の前後に米国の入国審査で長時間にわたって尋問を受けるというトラブルを経験している。

このような「イスラーム恐怖症」はムスリムだけでなく、「ムスリムのように見える」人々をも対象とするようになった。米国の主流社会の人々には中東系と南アジア系の顔立ちは見分けがつきにくく、またテロ事件後に頻繁にテレビで放映された首謀者の姿がターバンを巻き、あごひげをたくわえるものだったため、ターバンとひげ姿の男性全てが憎悪の対象となったことが大きな原因とされる。同時多発テロ事件直後には宗教的慣習としてターバンをかぶり、ひげを蓄えるスィク教徒がムスリムと混同されて殺害されたり、警察に連行されたりする事件が立て続けに起こった。スィク教の寺院にあたるグルドワラに危害が加えられる事件も発生している。また、ムスリム風のスカーフ姿の女性だけではなくサリー姿の女性も中東風と目され、排斥の対象となったという報告もある。

ヒンドゥー教徒やスィク教徒の移民はこれに対処するため、自分たちはムスリムとは異なるという主張を始めるようになる。スィク教の指導者たちはそもそもスィク教がイスラームに対抗して創始された宗教であるとの主張をさまざまな形で訴えた。またヒンドゥー教徒の間では、インドのヒンドゥー・ナショナリズム（インドにおいてヒンドゥー教文化を基盤とした国民国家形成を目指す運動で、異教と見なされるイスラームやキリスト教勢力の排斥も合わせて主張する）勢力と連動しながら、ヒンドゥー教はイスラームと異なるばかりか、寛容で合理的かつ洗練された教義を持ち、他の宗教文明よりも優秀であると訴える運動が一定の支持を集めるようになった。

映画の冒頭近くでも描かれているように、インド本国は宗教の違いを口実とする暴力的紛争に植民地時代から現代まで悩まされ続けている。特にヒンドゥー教徒とムスリムの間の紛争はときに相互の大量殺戮や集団強姦など深刻な騒擾に発展することがあり、大きな社会問題となっている。米国のインド系移民社会では、本国で見られるような異教徒間の対立はあまり目立たなかった。しかし、主流社会から差別的待遇を受けることによって移民社会内部に伏在していた亀裂が明るみに出て、宗教別のアイデンティティーが強調され、自分たちと異なる他者への敵対感情が意識されるようになったのである。

戦争、災害、不況など社会的危機が発生すると、自分たちの団結意識を強め、危機に対抗しようとする動きが生じる。自分たちの境界線を明確にさせれば仲間意識は高まり、相互の連帯によって危機への対応力が強まるかも知れない。しかし、境界線の明確化は、境界線の向こう側に自分たちとは違う他者を作り出す動きを伴う。むしろ他者を作り出して自分たちの外側に放り出すことこそが、境界線を明確にすることそのものと言えるだろう。境界線を引くためには、誰にとっても明確と思えるような違いが自他の区別をつける「しるし」として用いられがちである。宗教や言語の違い、肌の色や服装の違いなどがそういった「しるし」の典型となる。同時多発テロ事件後の米国社会の「イスラーム恐怖症」やその余波も、このような自他意識を作り出すメカニズムによって説明できるだろう。

自分たち意識が強まり、自他を区別する「しるし」への注目が高まると、境界線の向こう側に放り出した他者は、ただその「しるし」だけを身にまとう者と見なされるようになる。自分たちがある「しるし」を共通にするから同じだと思えるようになるのと同様に、他者も別の「しるし」のもとに括られて、それ以外の多様性は切り捨てられ、まるで「しるし」そのものが人格を帯びたかのように扱われるのである。こうして世界は一見して明確な違いのあ

『マイネーム・イズ・ハーン』より

る「しるし」によって塗り分けられ、単純で大雑把に括られた者どうしが対立しあう場と捉えられてゆく。昨日までの隣人がいとも簡単に殺し合える関係になる背後には、他者を生身の人間としてではなく自分とは違う「しるし」の代理物と考えるメカニズムが働いている。

日々の暮らしを送る生身の人間は、実際にはある一つの「しるし」だけに括られるような存在ではない。個々の人間は、ある宗教の信者であると同時に、仕事をし、学校へ行き、地域社会で役割を果たし、趣味の仲間がいて、母（父）であり、子であり、女性（男性、あるいはトランス・ジェンダー）であり、という具合に多面性を持っている。そして、その多面性に応じていろいろな人間とさまざまなつながりを保って生きている。そのつながりは、宗教や民族の違いを越えて広がっていることもしばしばある。多面性のある個性を持った個人を丸ごと個人として尊重すること、多面的でどこまでも広がってゆく可能性のあるつながりを最大限維持し活用することと、そこにこそ異民族・異教徒間の差別や対立を乗り越えるカギがある。それが、リズワンの苦難の旅路を通じて映画が訴えるメッセージなのではないだろうか。「私を単にムスリムとだけ括らず、名前のある生身の個人として認め、つながってほしい。私は『ハーン』」と。

【参考文献】

古賀正則・内藤雅雄・浜口恒夫編著『移民から市民へ　世界のインド系コミュニティ』（東京大学出版会、二〇〇〇年）

国立民族学博物館編『世界民族百科事典』（丸善出版、二〇一四年）

鈴木晋介『つながりのジャーティヤ』（法藏館、二〇一三年）

027 ヒア・アンド・ゼア

Aquí y Allá
2012年／スペイン・アメリカ・メキシコ／スペイン語・ナワトル語／110分
監督　アントニオ・メンデス・エスパルサ
出演　テレサ・ラミレス・アギレ　ペドロ・デ・ロス・サントス・フアレス

メキシコの山村を舞台に、ある家族の日常を通して、深刻な問題を抱える地方の実情を浮き彫りにしたドラマ。出稼ぎ先のアメリカから妻子の待つ故郷に数年ぶりに戻った夫は、難しい年頃に差しかかった娘たちと空白の時間を埋めつつ、念願のバンド活動を始める。新たに赤ん坊も授かり、家族で暮らす平穏な日々が過ぎていくが、安定した雇用がない現実の壁に直面する。長篇デビューを飾るアントニオ・メンデス・エスパルサ監督が、現地の声を反映し練り上げた脚本を、主役の夫婦など実際の彼らに演じさせ、メキシコの現在をリアルに描出。離れていても心でつながる一家の愛の強さが胸に染みる家族劇には、カンヌ国際映画祭批評家週間グランプリなど、高い評価が集まった。

互恵の美徳と循環移民

鈴木　紀

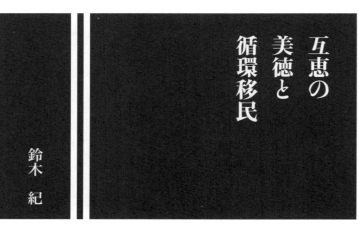

すずき・もとい――国立民族学博物館准教授。専門はラテンアメリカ文化論、開発人類学。みんぱくワールドシネマ実行委員。主な著書に『国際開発と協働――NGOの役割とジェンダーの視点』（滝村卓司と共編、明石書店、二〇一三年）、『ラテンアメリカ（朝倉世界地理講座14）』（坂井正人、松本栄治と共編、朝倉書店、二〇〇七年）、論文に「機関研究のアウトリーチ――みんぱくワールドシネマの試み」（『民博通信』138:2-7、二〇一二年）などがある。

本映画の題名の「ヒア」とはメキシコ、「ゼア」とはアメリカだ。物語は、主人公のペドロがアメリカでの出稼ぎから帰国したところから始まり、再びアメリカに旅立つところで終わる。その間のペドロとその家族の暮らしが淡々と描かれた地味な映画に見えるが、メキシコ農村の実情を知る者にとってはきわめて味わい深い作品だ。本稿では、この映画を楽しむために知っておきたい二つの事項について述べる。それはメキシコ人が大切にする互恵の美徳と、他国への移動と帰還を繰り返す循環移民という生き方だ。この二つが影響し合うことから生じる言葉にならない感情が、この映画の見所である。

この映画で私が一番好きなシーンは、主人公のペドロが自宅の居間で妻と二人の娘たちに歌を聴かせるところだ。チップをはずんでくれよと冗談を言って、妻に小銭をもって来させ、自慢ののどを披露する。みなが笑っていて、ペドロがアメリカから帰国した当初には、少しぎくしゃくしていたこの家族に、幸せがもどってきたことがうかがえる。

とにかく歌がいい。メキシコでコリードといわれる民謡風の歌が。「祝杯をあげよう」という題名で、仕事で稼いだ金をもって酒場に繰り出す男の気持ちが歌われている。一番の歌詞ではビールを頼む。そして店にいる客全員にビールを振舞う。その理由はこうだ。「貧乏はいやだけど／金持ちでいるのはもっといや／仲間と素直に生きたいだけなのさ。」二番ではテキーラを頼む。テキーラを飲めば、「寂しさを感じず／退屈も知らず／仲間と楽しく歌えるさ。」こうしてせっかくの稼ぎを皆で酔うために使ってしまう。でも心配はいらない。おそらく今夜その男にビールをおごってもらった誰かが、来週はおごり返してくれるのだろうから。招き招かれる関係が、人々の絆を強くする。

この歌はエンディングテーマとしても流れ、映画の舞台となったメキシコ、ゲレロ州の田舎町コパの情景をバックに、金持ちでいるよりも皆で分け合おうというメッセージが繰り返される。これはメキシコの庶民にとって美しい生き方、すなわち美徳なのである。これを「互恵の美徳」と名付けよう。ちなみに、この歌の作詞作曲は、ペドロを演じる素人俳優ペドロ・デ・ロス・サントス本人である。

とはいえこの映画は、人々が「互恵の美徳」を謳歌する物語ではない。むしろそれを許さない厳しい現実が描かれているというべきだろう。金に困ったペドロは、家族を残して再び「むこう」であるアメリカに向かう。ペドロと家族の境遇を理解するためには、メキシコ人にとってアメリカとはどのような場所なのか、そしてそこへ出稼ぎにいくとは、どのような体験なのかを知っておく必要がある。

メキシコ人のアメリカへの大規模な移住は一九四二年から一九六四年にかけて実施されたブラセロ計画に端を発する。第二次大戦中の農業部門の人手不足を補うためにアメリカ政府がメキシコ政府に労働者の派遣を要請し、ブラセロ（スペイン語で「手を貸す人」の意味）計画が始まった。この計画で四五〇万人のメキシコ人がアメリカに渡ったといわれる。そしてブラセロ計画以後も、仕事を求めてアメリカに移住するメキシコ人は後を絶たなかった。とりわけ一九七〇年代以降、アメリカ在住のメキシコ人（メキシコ出身者）は急増し、二〇一〇年の推定で、その数は一一七一万人に上るという。この人数は、同年のメキシコの総人口の約一〇・四％に相当する。

アメリカでメキシコ人が従事する主な職業は、農繁期の農作業、製造業、建設作業、サービス業などであり、大半が期間限定の非熟練労働である。このため、正確な数は不明だが、多くのメキシコ人がアメリカでの就労後、メキシコに帰国している。永住せずに一時的な労働力として滞在する移民を循環移民というが、ブラセロ計画以来アメリカ経済は、メキシコ人循環移民を巧みに利用してきたということができる。これは同時に、メキシコ人もまた循環移民という仕組みを利用してきたとみることもできる。家族をメキシコに残し、数ヶ月から数年間アメリカに滞在する。仕事は楽ではないが、両国の賃金格差が大きいので、メキシコに留まっていてはとても稼げないような金を手にすることも可能だ。映画では、主人公ペドロがまさにそのような移民の一人として設定されており、すでにニューヨークに二度滞在し、レストランとスーパーマーケットで就労したことになっている。しかし、だからと

映画が撮影されたメキシコ、ゲレロ州、コパナトヤック村（撮影：小林貴徳）

いって循環移民は両国にとってウイン・ウイン（双方満足）の制度とはとても言えない。少なくともメキシコ人にとって、この移住には大変なリスクがともなうからだ。

まず国境を越えるためには多額の費用がかかる。貧しいメキシコ人が通常の手続きでアメリカのビザを取得することは困難なので、さまざまな「業者」の仲介を必要とする。正規ビザの取得を代行する業者もいるが、多くのメキシコ人が頼るのは密入国を斡旋するコヨーテとかポジェーロ（養鶏家）と呼ばれる裏業者である。彼らは、約二五〇〇から三〇〇〇ドルともいわれる手数料と引き換えに、国境越えの手引きをしてくれる。

密入国者の場合、国境地帯の通過はまさに命がけとなる。アメリカの国境警備隊の目を避けながら、数日間にわたって砂漠や荒野を歩き続ける。荷物は最小限にしなければならず、この間は空腹と渇きと寒さとの闘いである。怪我や病気で歩けなくなることは珍しくなく、川で溺れたり、毒蛇にかまれたり、強盗にあったり、住民に通報されて捕まったりなど、行く手を阻むリスクは数えきれない。

首尾よくアメリカに定住できても、待っているのは底辺の生活である。周囲のアメリカ社会から孤立して暮らすことが多く、移民への差別や移民同士のいさかいなどが生じても、非合法に滞在している移民は、警察に訴えることができない。訴えたとたんにメキシコへ強制送還される可能性があるからだ。

そんな思いをしてまでメキシコ人はなぜアメリカを目指すのだろうか。その理由はしばしば貧困にあるといわれる。しかし貧困とは、メキシコの場合、必ずしも食うや食わずの極貧状態を意味するものではない。主人公ペドロの家には一通りの家電製品があり、子どもたちも学校に通っている。いわば「そこそこの暮らし」なのだ。問題は、その暮らしを維

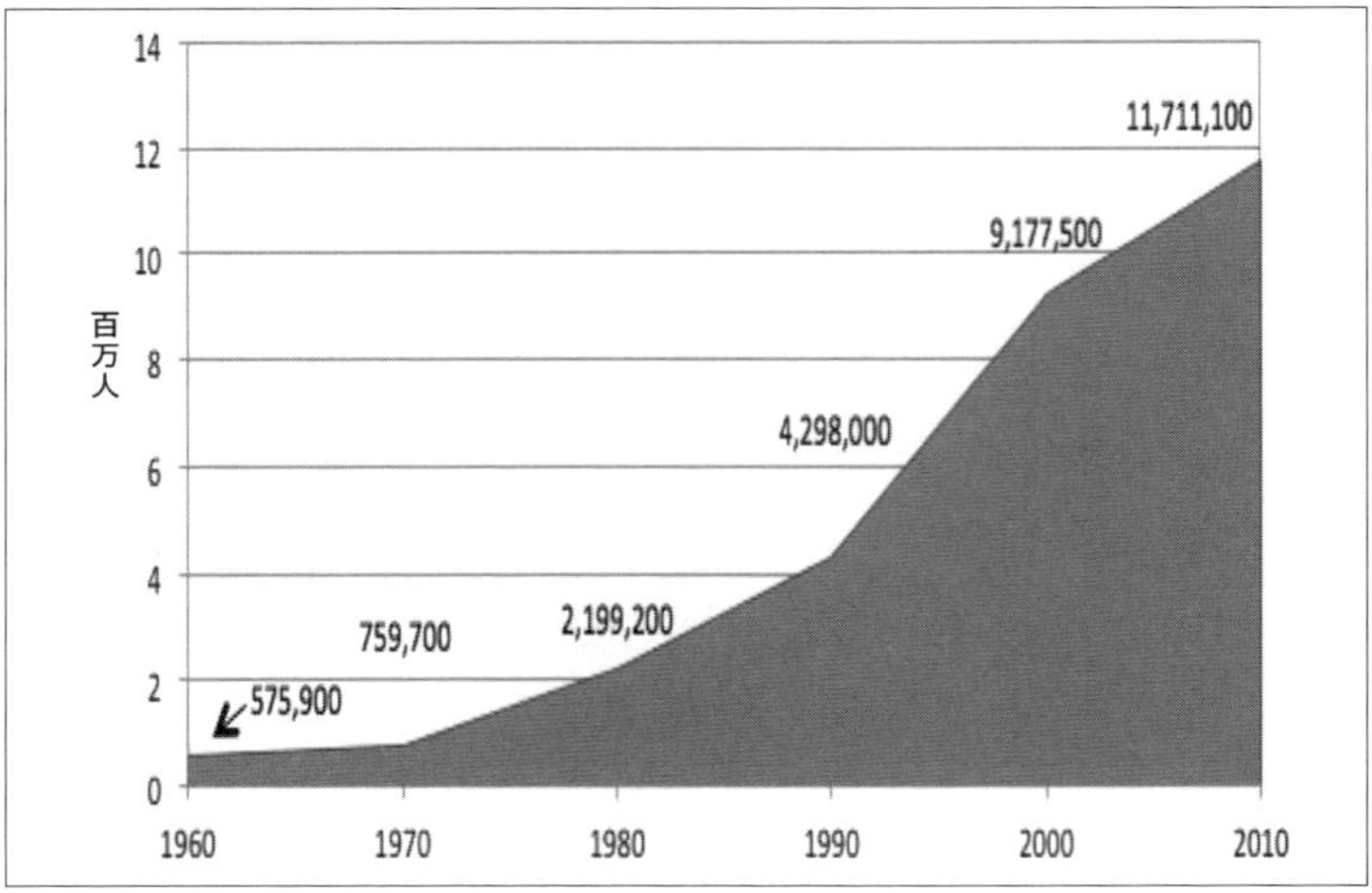

図1　アメリカ合衆国におけるメキシコ出身者の人数：1960−2010
出典：Migration Policy Institute（http://www.migrationpolicy.org/article/mexican-immigrants-united-states）より筆者作成

持するための安定した雇用が得にくいことである。たまたま仕事にありつけない時に、家族の病気など、予期せぬ出費がかさむと、「そこそこの暮らし」は直ちに「ぎりぎりの暮らし」になる。

そんな時こそ「互恵の美徳」が頼りになるはずなのだが、現実は厳しい。映画の中で、妻の医療費を支払う替わりに、ペドロが病院から献血者を八人集めるように求められるシーンがある。親戚に電話して必死に頼むのだが、翌日集まったのは二人だけだった。残りの分は現金での支払いになった。

「ぎりぎりの暮らし」になると、人に頼ることばかりになる。ペドロは友人に借金を申し込むが、いい返事は得られない。トウモロコシの収穫を手伝ったり、不慣れな建設作業に従事したりして、小銭を稼ぐ。しかし仕事はすぐに終わり、次の仕事はなかなか見つからない。まして「ぎりぎりの暮らし」では、人を助けることはできない。ペドロは、アメリカ移住を志す若者から援助を求められた時、金を渡すことができず、アメリカの知人を紹介することがせいぜいだった。こういう生活は「互恵の美徳」からすれば、きわめて情けないことなのだ。彼がアメリカへの再出発を決めたのは、経済的困窮だけでなく、助けを求めるばかりで助けることができないことの屈辱感を払拭したかったからに違いない。

循環移民を繰り返すメキシコ人は多い。雇用の少ないメキシコの農村部では、もはや当たり前の行動ということもできる。しかし移民一人一人にとっては、やはり命がけの選択だ。この映画が描いているのは、循環移民が単に貧しさから逃れるためだけなく、自分の大切にしている美徳を守るための手段でもあるということである。

インド映画を楽しむ③ Mr. & Mrs. アイヤル

杉本良男（国立民族学博物館名誉教授）

画像提供：福岡市総合図書館

MR.AND MRS.IYER
2002年／ヒンディー語・ベンガル語・タミル語・英語／123分
監督　アパルナ・セン
出演　ラーフル・ボース　コンコナ・セン・シャルマー

『Mr. & Mrs. アイヤル』（Mr. And Mrs. Iyer）は、二〇〇二年のアパルナ・セン（Aparna Sen）監督作品である。アイヤルというのは、南インド、タミルナードゥ州のシヴァ派ブラーマンを表す名称である。本作品ではアパルナの娘コンコナ・セン・シャルマーがタミル・ブラーマンのミーナークシ・アイヤル役、ラーフル・ボースがベンガル・ムスリムの写真家の役を演じている。物語は、二人がたまたま乗り合わせていたコルカタ行きのバスを、ヒンドゥー過激派が襲い、ムスリムの乗客をあぶり出そうとしたとき、とっさの機転でタミル・ブラーマンのアイヤル夫妻（Mr. & Mrs. Iyer）だと名乗り、その窮地を脱するまでの心の交流を描いたものである。ミーナークシは無事夫と再会し、ラーフルが二人を見送るところで物語は終わる。宗教や地域などの違いによって分断されるインド社会の複雑な現状を鋭く批判している。

この作品で注目すべきなのは、乗客がそれぞれアイデンティティに引き裂かれている社会の多元性、多様性である。その中心にはインド・パキスタン分離独立後のヒンドゥー教徒、ムスリム（イスラム教徒）の対立があり、ほかにスィク教徒、ユダヤ教徒なども登場する。言語的にも、英語、タミル語、ベンガル語などが話される。舞台はベンガルであるが、意外なことに全編ヒンディー語が基調となっている。この作品は国内外で賛否両論あり大きな反響を呼んだが、とくに海外での評価が高く、ロカルノ国際映画祭、ハワイ国際映画祭などで数多くの映画賞に輝いている。

この作品の背景には、二一世紀に入って世界的に大きな歴史の転換点を迎え、その結果噴出していた深刻な紛争、事件などがある。二〇〇一年の「9・11」を契機にイラク・アメリカ戦争が起こり、ネパールではいわゆるマオイストによる騒乱がつづいていた。また、二〇〇二年の二月から三月にかけて、西インド、グジャラート州において、アヨーディヤのモスク襲撃破壊から一〇年を期に再びヒンドゥー、ムスリムの間の騒乱事件が起こった。聖地アヨーディヤからの帰路にあったヒンドゥー教徒の巡礼列車が焼き討ちされ、その報復として州では少数派のムスリムが襲撃された。その後も報復合戦が数ヶ月にわたって続き、双方で二〇〇〇人にものぼる死者が出た。

登場する人びとは、微細なまでに細分化されている。同じヒンドゥー教徒でも、聖紐を首にかけたブラーマンには、厳しい菜食のタミル・ブラーマンと、魚が許容されるベンガル・ブラーマンの区別があり、普通のベンガル・ヒンドゥーも出でくる。またスィクの男性は頭にターバンを巻いている。ムスリムとユダヤ教徒はともに割礼し、肉食であるが、ユダヤ人はムスリムと間違えられて襲われるのを恐れて、ムスリムの老夫婦を告発する。同じ英語でも、タミルとベンガルで違っていて、主役の男性はタミル訛りを話すよう特訓する。同じタミル語でも、ブラーマンと非ブラーマンとの違いがあり、おなじ「おいで」でもワンゴとワンガという微妙な違いがある。そして、保守的な高齢者とポップにはじける若者の世代間の違いも際立っている。

アパルナ・セン（Aparna Sen）は、一九四五年東インドのカルカッタ（コルカタ）生まれ。父チダーナンダ・ダースグプタはサタジット・レイとともにカルカッタ映画会を設立して映画の発展に尽くし、母スプリヤー・ダースグプタもコスチューム・デザイナーとして映画界でも活躍した。アパルナは一九六一年、一五歳のときにサタジット・レイ監督の作品「テーン・カンニャー」（Teen Kanya, 三人娘）で女優デビューをはたした。同じ年に、サタジット・レイの「大河のうた」（Aparajito）にも出演して注目を浴びたが、学業のため一時活動を中断し、一九六五年、ムリナル・セン監督の「雲の上」（Akash Kusam）から本格的に再開した。六〇年代後半から八〇年代にかけて主にベンガル映画で活躍した。ムリナル・センなどのシリアスないわゆるニュー・シネマ作品のイメージが強く、モスクワ映画祭での主演女優賞なども受けたほか、国内外の映画賞を総ナメにしている。一九八一年には『チョウリンギー通り36番地』で監督デビューをはたし、二〇一〇年にはベンガル男性と日本人女性との交流をテーマにした「妻ははるか日本に」（The Japanese Wife）を製作するなど、一貫して多言語状況のなかでのコミュニケーションの問題に関心があるようだ。二〇〇九年には女優としても復活し、ますます活動の幅を広げている。

028
海と大陸

Terraferma
2011年／イタリア・フランス／イタリア語・アムハラ語／93分
監督　エマヌエーレ・クリアレーゼ
出演　フィリッポ・プチッロ　ドナテッラ・フィノッキアーロ
DVD
発売・販売元：株式会社KADOKAWA

衰退する漁業から観光業へと転身を図る、南イタリアに浮かぶ小島を舞台に、密入国した親子を匿うことになった一家の葛藤を描く、重厚な人間ドラマ。島の未来を悲観して新天地を夢見る母親と、昔気質の漁師の祖父との板挟みにあう二十歳の青年は、リゾート客で島がにぎわう夏のある日、漁の途中でアフリカから漂着した妊婦とその息子に遭遇する。不法難民に手を差し伸べることすら許されない法律や、眼前の現実にも目を背ける享楽的な観光ムードに疑問を覚える彼は、苦悩の末にある行動に出る。南イタリアを舞台にした作品で評価を高めてきた実力派監督が、あどけない青年がたくましく変貌する姿に人間への期待を込め、ヴェネツィア国際映画祭審査員特別賞をはじめ国内外で数々の賞を獲得した。

移民とは誰のことか

宇田川　妙子

うだがわ・たえこ――国立民族学博物館准教授。専攻は文化人類学。イタリアを中心に南ヨーロッパの家族・親族、ジェンダーなどをテーマとする調査研究をおこなっている。主な著書に『城壁内からみるイタリア』（臨川書店、二〇一五年）、『仕事の人類学』（中谷文美と共編、世界思想社、二〇一六年）、『ジェンダー人類学を読む』（中谷文美と共編、世界思想社、二〇〇七年）などがある。

現在ヨーロッパの社会問題といえば、一つは移民問題であろう。イタリアでもさまざまな地域から多くの移民たちがやってきているが、深刻な差別なども起きており、移民排斥の世論は小さくない。ただし、人々が移民と直接に出会うレベルでは、ことは少々違っている。移民の側もイタリア人の側も、法律やメディアなどに翻弄されて互いに敵対感情をもっていても、ときに共通点を見出すことがあるからである。この映画では、イタリア南端の島のある家族が、漂着した不法移民をかくまう中で、何を考え、どう行動していくのかが丁寧に描かれていく。そこからは、移民の問題が「彼ら」の問題ではなく「私たち」の問題であるという視点が鮮やかに浮かびあがってくる。

イタリアの最南端の領土に、地中海に浮かぶランペドゥーサという島がある。人口は六〇〇〇人ほどで漁業を主な生業としてきたが、夏には青い美しい海と自然を満喫しようと多くの観光客も訪れる。しかしここ一〇年ほどは、難民・移民が漂着する島として有名になってしまっている。この島は、実はイタリアのシチリア島よりもチュニジアに近く、アフリカから密入国をしようとする者にとっては、いわば格好な「玄関口」になっているためである。ことに二〇一〇年に起きた「アラブの春」以降、混乱がさらに進んだアフリカや中東地域からの密航船の数は急増し、悲惨な航海の末、命を落とす人も後を絶たない。

この映画は、このランペドゥーサの隣のさらに小さな島を舞台に、漂着した不法移民の母子を偶然かくまうことになった家族の物語である。この島でも漁業は衰退し、人々は今後の生活を思い悩み、伝統的な人間関係のあり方や考え方も少しずつ変わってきている。そうした変化のさなか移民問題に直面した彼らは、どう移民に向き合い、自らの人生をどのように乗り切っていくのか……。その選択を、ある若者フィリッポの視点から描いていく。

ところで近年、移民問題はヨーロッパが抱える最大の問題の一つである。二〇一五年には、シリア内戦激化を受け、数多くの難民たちがヨーロッパを目指して歩いている姿が日本でも大きく報道された。しかし移民は、当然のことながら最近の現象・問題ではない。イタリアも、地中海に突き出た半島という地理的な要因も手伝って、すでに数十年、移民問題に揺れてきた。

イタリアに住む外国人は、二〇一三年の統計によれば約四四〇万人、全人口の七・四%にあたり、さらに五〇万から七五万人の不法移民がいるという。彼らの出身地は、アフリカ、東南アジア、中国、ロシア、東欧と多岐にわたっている。また、かつての移民たちは、働き口の少ないイタリアを通過してドイツなどに向かったが、今ではイタリアにとどまることが多くなった。イタリア生まれの第二世代も増加している。

しかし他方では、偏見、差別や確執も深刻化し、二〇〇二年には移民受け入れ制限を強化する法律が作られた。イタリアは、長い間むしろ移民を送り出す側だったせいで、入ってくる移民の対応に関する法制化は遅れていた。そのため移民に寛容で入りやすい国というイメージもあったが、次第に不法入国・就労や犯罪などが増えてくると、移民排斥の世論が強くなった。この法律は、移民の入国の際には事前に労働契約書の提出を義務付けることなどを定めたものである。また国民も、不法入国者を見つけたら、まずは警察に一報すべきとされ、いたずらに助けたり匿ったりすると刑事罰に問われることになった。

ただしこうした強硬姿勢は、何の解決にもならなかった。とくにランペドゥーサ周辺で急増する密航船をめぐっては、映画にもあるように、この法律のため、島民たちが漂流する移民たちを救えず、さまざまな悲劇が起き、国への批判や移民支援の動きも広がった。しかしその一方で密航船の数は年々増え、収容センターの許容度をはるかに超えるようになった。しかもその経費は、ヨーロッパ諸国間では、移民が漂着した国(すなわちイタリア)がすべて賄うとされていたため、その取り決めに対する不公平感が、移民へのさらなる排斥感情につながった。

また、密入国者の側にも、背後には法外な渡航賃を要求するあっせん組織があり、その悲惨な状況は、映画でも漂着した女性によって語られている(ちなみに演じているのは、自身がランペドゥーサに漂着した経験をもつ女性である)。ようやく乗船できても、す

©2011 CATTLEYA SRL・BABE FILMS SAS・FRANCE 2 CINEMA
『海と大陸』より

し詰め状態の劣悪な状況下での航海は、きわめて危険であるばかりか、沿岸が近くになると、密航船は捕縛されることを恐れ、密航者たちを小さなボートに移し替えて帰ってしまう。このため残された人々は、粗末なボートで暗闇の海を漂い、命を落とすこともあった。

そんななか二〇一三年一〇月、火災が起きた密航船の救助が遅れ、三六〇人以上の死者が出るという大惨事が起きた。これをきっかけに上記の法律は見直され、今では漂流者の救助に関してEUも関与するようになっている。とはいえ、漂着はまだ続いているし、もちろん他の移民の数も増え、最近ではテロ問題も絡んでさらに複雑化している。

しかし、移民の側も受け入れる側も、それぞれの国の法律や世論、国際情勢などに翻弄され、ときに互いに悪感情をもち敵対しながらも、より良い生活を求めようとしている点では共通していることを忘れてはならない。

実際、イタリア人自身も、一九世紀後半以降、国内では南から北へ、国外ではドイツなどの他のヨーロッパ諸国、そしてアメリカ、オーストラリアなどへの移民を経験している。たとえば日本でも有名な映画「ゴッドファーザー」はアメリカへの移民の物語だし、アニメにもなった「母を訪ねて三千里」は、アルゼンチンへ移民した母を追って旅をする少年の話である。彼らも移住先ではさまざまな差別を受けてきたし、その経験が、国家統一をしてまだ間もなかった彼らが、自らを「イタリア人」として意識していくうえで重要な契機になったともいわれている。一八六一年の国家統一後、イタリアを離れた者は三〇〇〇万を超え、現在八〇〇〇万人のイタリア系の人々が世界中に住んでいる。

そして今でも、働き口を探すため国外に流出するイタリア人はけっして少なくない。ここ数年は、経済状況の悪化も手伝って、流出者の数が再び増えている。また、国内においても、南から北への人々の移動は続いており、南イタリアの人々への偏見や差別感情も消えていない。ちなみに、北部同盟という、北部イタリアの独立を主張していた政党（現在その主張は撤回）があるが、二〇〇二年の移民法制定の立役者の一人は、この政党の当時の党首だった。このことは、移民問題と国内の南部問題が密接につながっていることを示している。映画のなかでも、主人公フィリッポの母親が職を求めて島を出ようとしているように、現在のイタリア人自身も、移動とは無縁ではないのである。

この映画の原題*Terra Ferma*は、通常「大陸」と訳されるが、直訳すると「不動の地」となる。このタイトルからも、映画の主題が、「不動の地」を探しているのは移民たちだけではない、という点にあることは明らかである。

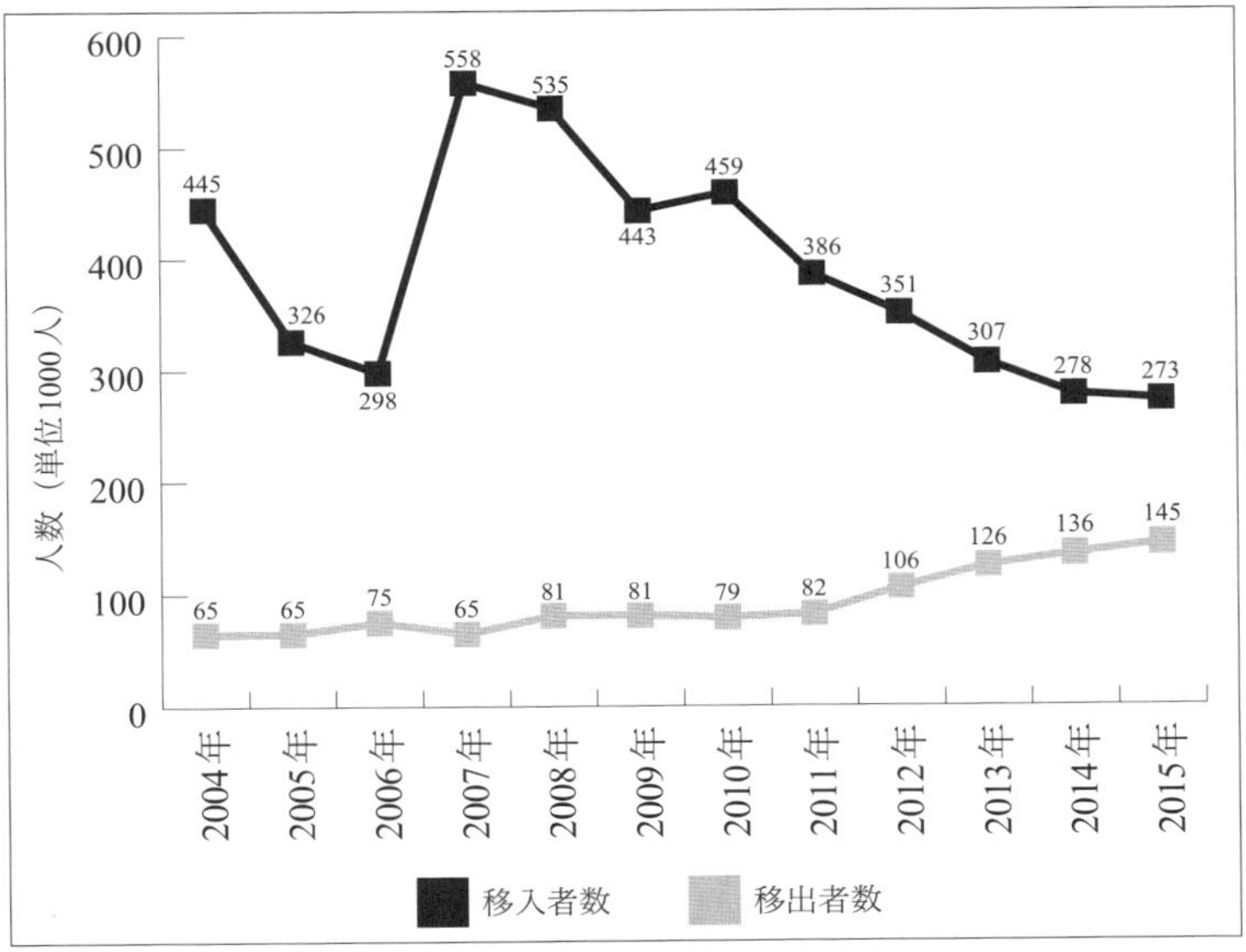

図1　イタリアにおける外国からの移入者・外国への移出者の変遷（住民登録者に限る）

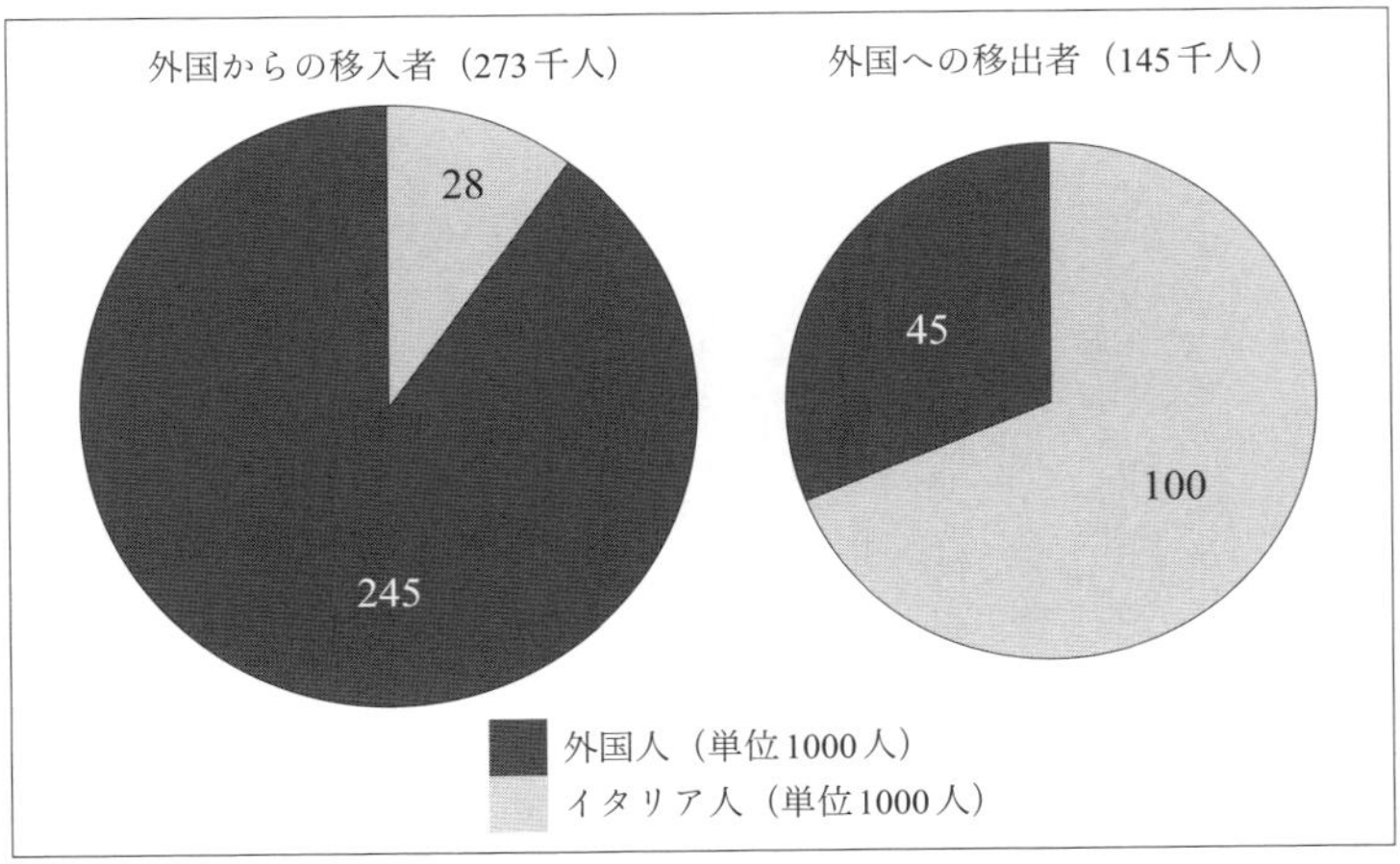

図2　2015年イタリアにおける移入者・移出者の内訳（住民登録者に限る）
図1・図2ともに、イタリア国立統計局（Istat 、http://www.istat.it/it/）移民関連資料より筆者作成

映画のラストは、漆黒の海に乗り出した小さな船を空撮するカメラが追う、とても印象的なシーンで終わる。途中カメラが少しずつ回っていくと、波間を行く船がどこに向かっているのか、分からなくなる。漂流しているのは、彼ら（誰が乗っているのかはあえて書かないが）だけでなく、見ている私たち自身でもあるようにも思えてくる。実際、誰もが「不動の地」を探しており、その意味では、人はみな同じではないのか……そこには少なくとも移民や受け入れ社会などという分断は、存在しない。

そもそも地中海、そしてイタリアは、古代の昔から多くのさまざまな人々や文化が出会い、衝突しながらも融合したり共生したりしてきた地であった。たとえば歴史家ブローデルは、地中海を、陸を分断する海ではなく、むしろ活発な交流の行われる陸地のごとく描き出している。しかし今や、そこに行きかうのは、「不動の地」を求めて漂流する者たちである。

なお、本映画の監督エマヌエレ・クリアーゼは、イタリアのなかでも多くの移民を輩出してきたシチリアの出身で、これまでも移民をテーマとする作品を撮ってきている。なかでも二〇〇六年の『新世界』は、二〇世紀初頭シチリア人家族がアメリカ（新世界）にたどり着くまでを描いており、本映画と表裏をなしている。彼の視点の特徴は、移民を「彼ら」の問題ではなく「私たち」の問題としてとらえようとする姿勢にある。

そしてこの視点は、相対的に移民問題が少ないとされる日本の私たちにとっても、重要かつ必要になってくるだろう。それは、日本の移民を身近な問題として考え直すためだけではない。私たちもまた、今後グローバル化が進み、ますます移民・移動が広がっていくであろうこの世界の一員として生きているのだから。

029 人生、ここにあり！

Si Può Fare
2008年／イタリア／イタリア語／111分
監督　ジュリオ・マンフレドニア
出演　クラウディオ・ビジオ
DVD
発売元：新日本映画社　販売元：ハピネット

イタリアで世界初となる精神科病院廃絶法が制定されて間もない、一九八三年のミラノを舞台に、社会に飛び出た元患者たちが生きがいを手に入れる姿を、コミカルに描く人間ドラマ。病院から放り出されて居場所を失くし、無気力に過ごしていた元患者たちだったが、何事にも熱心な正義感溢れる労働組合員に後押しされ、廃材を利用した〝寄木貼り〟事業に、秘めたる才能を開花させる。労働や生きる喜びに目覚め、日々を積極的に楽しむようになる中、ある悲劇が起こる。実話を基に、モデルとなった協同組合にも足繁く通って取材を重ね、起伏に富む脚本を得て、厳しい現実にも目を向けながら、〝やればできる〟という原題そのままにポジティブな人間賛歌を完成させ、イタリア本国で数々の映画賞を受賞し、驚異のロングランヒットを飛ばした。

イタリアの社会的協同組合という挑戦

宇田川　妙子

イタリアでは一九七八年、世界で初めて精神病院の解体を決め、精神医療体制の抜本的な改革を始めた。とはいえ、その道のりは険しく、とくに病院から外に出された患者たちの処遇をどうするのか等、多くの混乱が起きた。この映画は、そうした時期、精神疾患者の支援のために組織されるようになった協同組合の物語である。イタリア映画らしいヒューマンコメディの要素を散りばめながらも、彼らが尊厳を失わずに生きていくことの重要性と、そのために私たちができることとは何かを、その難しさとともに強く訴えかける。ボランティアなど、人と人との助け合いの意義が広く認知されるようになった今だからこそ、見ていただきたい映画である。

うだがわ・たえこ――前出（二三〇頁）。

少々唐突だが、日本では「ボランティア元年」という言葉がある。一九九五年、阪神大震災の起きた年のことである。震災後すぐに、全国各地から被災者支援のため多くのボランティアが集まり、これをきっかけにボランティア活動への関心が全国的に高まったことに由来している。それまでボランティアといえば、一部の、ある特定の人々による活動と思われがちだった。しかし一九九八年には特定非営利活動促進法（通称NPO法）が制定され、今では、ボランティアをはじめとする非営利的な活動の重要性は十分に認知されるようになっている。

ただしその一方で、新たな問題も出始めている。その一つが、支援する側と、される側との意識の差の問題である。支援する側は、もちろん善意からボランティア活動を行っているに違いない。しかし、その内容が的を外れていたり、単なる自己満足だったり、ときには押しつけがましかったりするというトラブルも少なくない。無意識であっても、相手を「弱者」とみなすこと自体が、支援される側にとっては尊厳が傷つくことにもなる。

では、どうすればいいのか。この問題の解決は簡単ではない。しかし、だからといって放置していいものではなく、逆に、支援する側が委縮して支援が不十分になったらさらに大問題である。そもそも、人を助けるとは、どういうことなのだろうか。この問題は、そもそも私たちはどんな社会を望んでいるのか、という問いにもつながるだろう。

本映画は、そんな現場の一つを題材として、イタリア映画お得意のヒューマンコメディの雰囲気をまといながら、さまざまな問いを私たちに突きつけるものでもある。

さて映画の舞台は、一九八三年のイタリア、ミラノである。主人公のネッロは、労働組合の活動家だが、労働組合の同志からはあまりに資本主義的すぎると批判され、恋人からはあまりにも家父長的で古すぎるとなじられ、公私ともに壁にぶち当たってい た。そんなとき、彼は、「一八〇（チェントットー）」という名の協同組合に出向することになった。

当時イタリアでは、精神病院の解体を目指す法律が施行されたばかりだった。このため、病院を出たものの行き場のない患者たちを受け入れる組織が必要となり、この協同組合もその一つだった。つまり「一八〇」の組合員は、多少なりとも精神疾患を抱えている者たちであり、彼らは、医師の監督のもと、封書の宛名書きなどの行政から与えられた簡単な仕事を無気力に行いながら生活していた。

ネッロはそんな様子に疑問を感じ、協同組合とは組合員ひとりひとりが主体的に仕事に取り組み、皆で協力して収入を得ていく組織であると強く主張した。そして一〇人ほどの組合員を集め、はじめての組合総会を開く。

そこで彼らは、はじめて意見を求められるという経験をし、床板張りという仕事を自分たちで選択した。もちろん、彼らにも不安はあった。周囲の医師や家族は無理だ、病気を悪化させるだけだと反対した。それでも、「やればできるさ（*Si può fare*）」という言葉のもとで活動を始めた彼らは、自分で収入を得る喜びを知り、少しずつ自立をしていった。各自が意外な能力に目覚めるということもあった。しかし同時に問題も生じはじめ、ある事件が起こる。そのとき彼らは、ネッロは、そして周囲の者たちは、どう対処していくのか……。

ちなみにこの映画は、実話を基に作られたものである。やはり当時、精神疾患者たちの支援のために生まれた「ノンチェッロ」という組合に取材し、映画中のエピソードの多くも、実際にあったことだという。このノンチェッロは現在でも活動を続けている。また、映画の原題 ***Si può fare***（やればできるさ）

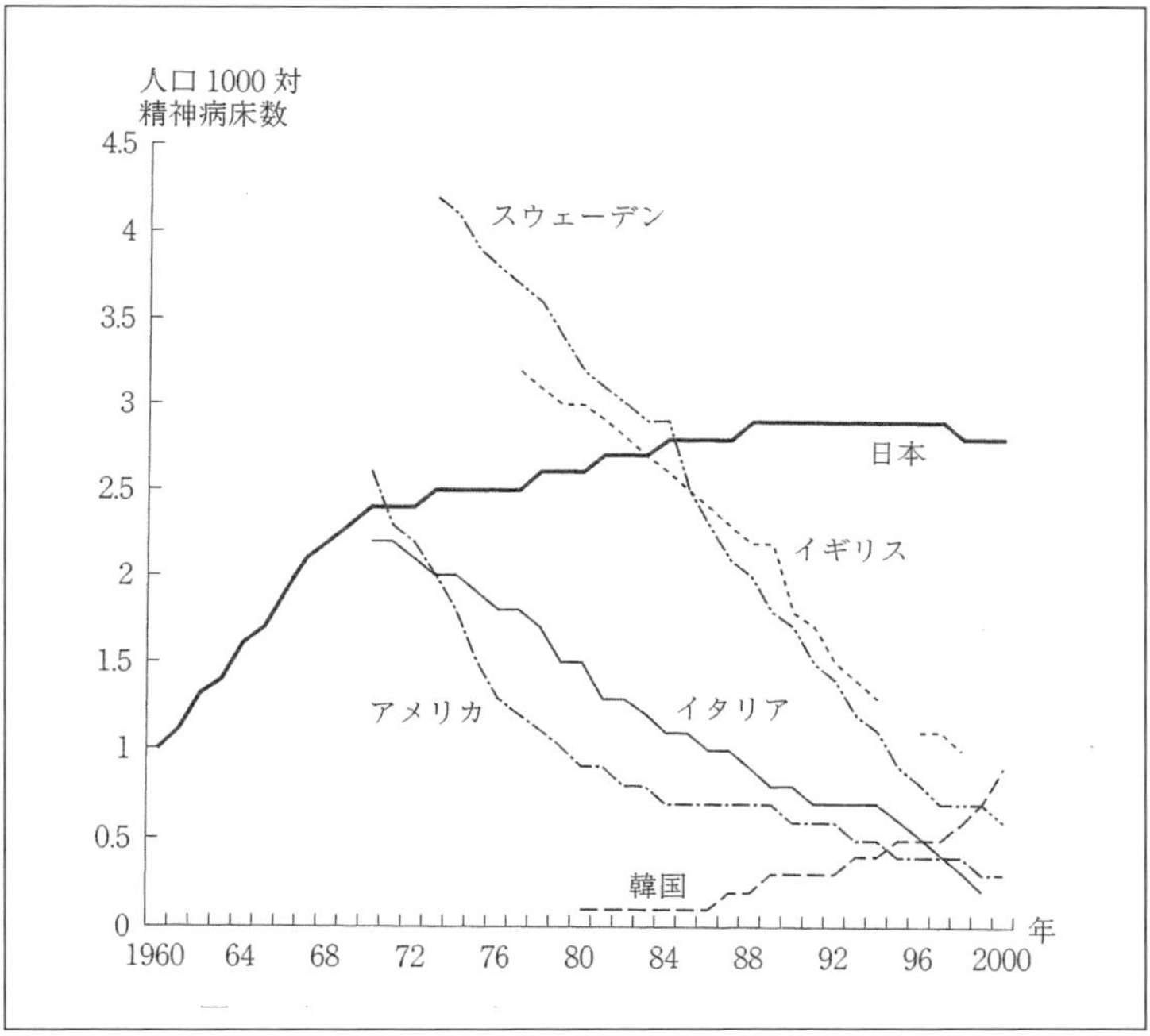

図1　人口1000人当たりの精神病床数の国際比較
（大熊一夫『精神病院を捨てたイタリア　捨てない日本』岩波書店、2009年、27頁より）

は、彼らの合言葉だったことも付け加えておこう。

ところでイタリアは、日本ではあまり知られていないが、世界で初めて精神病院の廃止を決めた国である。一九七八年に、精神病院廃絶を目指す法律が公布された。この法律は、通称一八〇号法と呼ばれ、映画の協同組合「一八〇」の名称はここに由来する。

イタリアにおける精神医療の改革運動は、一九七〇年代、薬に頼って、患者たちを施設に隔離する傾向の強かった実態に異議を唱えたバザーリという医師によって始まった。バザーリは、北東イタリアの町トリエステの病院で働いていたが、入院患者の悲惨な状況に疑問を持ち、「自由こそ治療だ」というスローガンのもと、精神治療の脱施設化、すなわち精神疾患は病院ではなく社会の中で治療すべきであると主張した。彼の名は、この映画の中でも言及されている。元患者たちを、精神に問題のある者ではなく、組合の一員として扱おうとするネッロに対して、ある医師のいう言葉である。

とはいえ、精神病院を解体したら問題が解決というわけではない。とくに法律の施行まもなくは、多くの混乱が起きた。誤解や偏見も少なくなかった。しかし他方では、「一八〇」のような試行錯誤も生まれ、制度的には、地域精神医療センターが地域ごとに設立されていくようになった。精神疾患に悩む人たちはこのセンターに登録することによって、通院治療のほか、グループホーム、デイサービス、訪問サービス、職業訓練所、作業所など、多様できめ細かな治療やサービスを利用しつつ、それぞれの地域で生活していくことのできる体制が次第に整えられていった。こうして二〇〇〇年、イタリア政府は精神病院完全閉鎖（受刑者用の病院を除く）を宣言した。

ただしこうした体制も、それぞれの地域の人たちの理解やサポートなしにはうまく機能しないことはいうまでもない。実はイタリアは、ボランティアなどの非営利な活動が盛んに行われている国でもある。なかでも注目されているのが、一九九一年に法制化された社会的協同組合という組織である。

それは、精神疾患者をはじめ、身体障碍者、薬物やアルコールなどの中毒患者、元受刑者、高齢者など、何らかの問題を抱えて社会的に不利な状況にある人々を支え、彼らと一緒に働きながら、問題の解決を図っていこうとする協同組合である。イタリアではもともと協同組合の活動が盛んだった。社会的協同組合は、そこに社会的な支援という目的が積極的に加わったものだが、その具体的なきっかけの一

『人生、ここにあり！』より

つが、精神病院廃絶運動だったという。つまり「一八〇」はこうした社会的協同組合の先駆けの一つであり、その意味でこの映画は、イタリアにおけるボランティア活動が新たな広がりをみせていく時代を描いたものでもある。

そしてさらに着目すべきは、それらの動きの背後には、人をいたずらに「普通」「標準」という枠に押し込めずに、互いに各自の個性を尊重しようとする精神が見てとれることだろう。

現代社会において、私たちは明確に意識していなくとも、「普通」「標準」であることを非常に重視している。少しでも「普通」から外れると不利になり、そうならないよう自らを律する生き方が浸透している。他人に対しても、「普通」とは違う者を避けたりからかったりすることは多い。精神病院とは、「標準」から外れた人を隔離し矯正する施設という意味では、そうした考え方がもっとも典型的に表われた装置・制度でもある。

この映画の最後、「今イタリアには二五〇〇以上の社会的協同組合があり、三万人に及ぶ異なる能力をもつ組合員に働く場を提供しています」というテロップが入る。そこからは、彼らを「普通」から外れた障碍者としてではなく、能力の「違い」としてみなそうとする考え方が浮かびあがる。

もちろん、それぞれの現場の実態は映画のように生易しいものではない。こうした言葉はきれいごとでしかないという見方もあろう。イタリアでもこの精神は十分に浸透しているわけではなく、社会的協同組合の活動も、社会全体からすれば一部にすぎない。その実現にはまだ数多くの困難が伴っている。しかし、だからといってあきらめてしまうのではなく、一歩でも歩みを進めていくことはできるだろう。「やればできるさ」である。

映画の締めくくりのシーン、新しく組合に入ってきた人たちの顔が一人一人大写しになる。それは、おずおずとしながらも、彼らがはじめてその個性を認められ受け入れられた瞬間のようにも見える。あなたは、彼ら・彼女らの顔に何を見ただろうか。

030

もうひとりの息子

Le Fils de l'Autre
2012年/フランス/フランス語・ヘブライ語・アラビア語・英語/105分
監督　ロレーヌ・レヴィ
出演　エマニュエル・ドゥヴォス　パスカル・エルベ
DVD
発売元:ミッドシップ　販売元:TCエンタテイメント株式会社

未だ根深い対立の続く、イスラエルとパレスチナ間の子どもの取り違えというショッキングな題材を、普遍的な人間ドラマに昇華させた話題作。フランス系イスラエル人の両親に何不自由なく育てられた青年が、兵役に就くため受けた血液検査の結果から、湾岸戦争初期の混乱する病院内で、パレスチナ人夫婦の赤ん坊と取り違えられた衝撃の事実が発覚する。両家それぞれの結束を脅かしかねない悲劇が動揺を生むが、互いの家庭の理解を深め合ううちに、複雑な運命を受け止めていく。ユダヤ人の血を引くフランス生まれの女性監督ロレーヌ・レヴィは、心優しき息子に育て上げた二人の母親を軸に据えることで、政治的作品とは一線を画す家族劇に仕上げ、東京国際映画祭でグランプリと監督賞に輝くなど好評を博した。

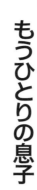

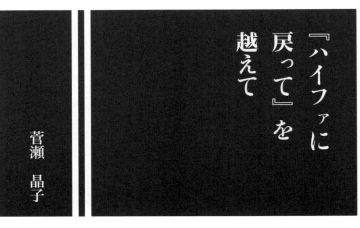

『ハイファに戻って』を越えて

菅瀬　晶子

すがせ・あきこ――国立民族学博物館准教授。専門は中東地域研究、文化人類学。みんぱくワールドシネマ実行委員。パレスチナやレバノンのキリスト教徒を中心とした宗教的マイノリティのアイデンティティに関心を抱いている。主な著書に『イスラエルのアラブ人キリスト教徒――その社会とアイデンティティ』（渓水社、二〇〇九年）、『イスラームを知る6　新月の夜も十字架は輝く――中東のキリスト教徒』（山川出版社、二〇一〇年）などがある。

二〇一三年秋、子どもの取り違えというショッキングな題材を扱い、国際映画祭で高く評価された二本の映画が、同時期に日本で公開された。一本は是枝裕和監督の『そして父になる』、もう一本が、『もうひとりの息子』である。主人公一家の家族としての再生という、きわめてプライヴェートな物語が展開された前者とは異なり、後者で物語の軸となったのは、七〇年近く続くパレスチナ・イスラエル紛争である。互いを敵同士とみなしてきたイスラエルのユダヤ人とパレスチナ人が、子どもの取り違え事件を通じて、一個の人間同士として共感を抱きあうようになる。紛争の時代に生きるわれわれに、本作が語りかけるメッセージとは。

年若い兵士たちが軍用ジープで基地に戻ってくる。ここは中東のユダヤ人国家イスラエル、市民は原則的に一八歳になると、男女ともに徴兵される。一九四八年の建国以来、四方を囲むアラブ諸国との戦いを幾度も経験してきたこの国では、男子には三〇ヶ月、女子には一八ヶ月の兵役が課され、ときにはイスラエルと敵対関係にある占領地パレスチナや隣国レバノンとの最前線に配属されることもある。イスラエル国籍を持つ者であれば軍務に就いて国を護るのが当然、それがイスラエルでの常識だ。いっぽうイスラエルの「敵」である占領地パレスチナは、「テロリスト」の流入を防ぐという名目でイスラエルによって建設された、高くそびえる分離壁に包囲されている。パレスチナ人は許可証なしにそこを通行し、イスラエル側へ行くことはできない。封鎖された占領地内では慢性的に雇用が不足し、人々の生活は苦しい。

空軍の基地で、入隊を控えたユダヤ人の若者ヨセフ・シルバーグが健康診断を受けている場面から、物語ははじまる。軍の大佐の息子であるにもかかわらず、ヨセフは軍務にあまり関心はなく、将来の夢はミュージシャンだと答えて、面接官を呆れさせる。フランス出身の両親アロンとオリットのもと、のびのびと育てられたヨセフは、兵役を経て早く一人前の大人になりたいと願っていた。

ところがその数日後、シルバーグ家の両親は衝撃的な事実を知ることになる。血液検査の結果、ヨセフは二人の子どもではないことが明らかになったのだ。調査の末、ヨセフは誕生直後に湾岸戦争（一九九一）の混乱のさなか、病院で別の子どもと取り違えられていたことが判明する。しかも取り違えの相手は、占領地に住むパレスチナ人アル・ベザーズ家の次男ヤーシーン。説明を受けるため、シルバーグ家とアル・ベザーズ家の両親は病院で対面する。敵対する相手とのわが子の取り違えという事実を受け容れられず、父親たちは席を立ってしまうが、オリットとアル・ベザーズ家の母ライラは互いの息子の写真を交換し、手を取り合う。折も折、フランスに留学中のヤーシーンが一時帰国するが、父サイードは息子の顔をまともに見ることができない。

悩んだ末、両家の親たちは息子たちに真実を伝える。ヨセフは恩師のユダヤ教のラビ（司祭）に相談するが、「君はユダヤ人ではない」と宣告され、深く傷つく。ヤーシーンもまた、仲の良かった兄ビラールに拒絶され、どうにもならない哀しみを抱えていた。しかしヨセフとヤーシーンは、互いに会うことを望み、たちまち打ち解けて交流を重ねる。彼らの間には互いを分身と思う気持ちが芽生え、母親たちもまた両方の息子をわが子として慈しむようになる。父親たちも、頻繁に行き来する息子たちに導かれ、二人の息子に血の繫がりと一八年間育んだ絆の双方を見出してゆく。宗教も言語も、生活環境も異なり、互いを敵とみなしてきた両家の人々は、一個の人間として互いと向き合うことに目覚めてゆくのである。

この映画の物語は、おそらくある小説を下敷きとして練られている。パレスチナを代表する作家ガッサーン・カナファーニーの遺作、『ハイファに戻って』（一九七二）である。

ハイファはヨセフとヤーシーンが取り違えられた病院のある、イスラエル第三の都市である。イスラエルが建国される一九四八年以前、この街はパレスチナ・アラブ人の港町であった。ところがイスラエル建国の直前、パレスチナを制圧しはじめたユダヤ人民兵に包囲され、パニック状態に陥った住民たちは、着の身着のままで家を捨てて逃げ出した。この混乱の中で、ハイファのパレスチナ人住民の約九割が難民となった。彼らの住居は差し押さえられ、世界中から移住してきたユダヤ人がそこに入居した。

元ハイファ住民のパレスチナ人夫婦、サイードとソフィアは、二〇年前のかつての自宅を訪れ、そこに暮らすユダヤ人女性としばしば語り合う。実はサイード夫婦はハイファ脱出時、赤ん坊だった長男と生き別れてしまったのだが、ユダヤ人女性と話すうちに、その長男が彼女に引き取られ、ユダヤ人として育てられたことを知る。さらにシオニストの兵士に成長した息子がその場にあらわれ、敵と戦わずに逃げたサイード夫婦を、臆病者だと面罵する。悄然とその場を立ち去ったサイード夫妻は、パレスチナ解放闘争の闘士に志願しようとしている次男が、自分たちの反対を振り切り、闘争に参加することをひそかに願う。

『ハイファに戻って』は、ここで未完のまま終わっている。自身もパレスチナ解放人民戦線（PFLP）の闘士であったカナファーニーが、作品を仕上げる前にイスラエルの諜報機関によって爆殺されたためだ。物語は、サイード夫妻の長男と次男が近い将来戦場で敵同士として会いまみえ、殺し合うことを暗示しているが、そこにはカナファーニー自身の立場や、パレスチナ解放闘争が熾烈に展開されていた一九七二年という時代が色濃く反映されている。

あらすじを比べれば、『もうひとりの息子』に『ハイファに戻って』へのオマージュが数多くあることはあきらかである。しかしながら結末は大きく異なり、その相違こそが『もうひとりの息子』をパレスチナ・イスラエル紛争の現在を描く映画たらしめているといえる。ヤーシーンがフランスに旅立った後とおぼしきラストシーン、ヨセフが占領地の村で地中海を眺めながら、ヤーシーンに心の中でエールを送る。「ぼくも自分の人生を生きる、きみもがんばって成功しろよ」。高い壁に隔てられ、敵同士

©Rapsodie Production/Cité Films/France 3 Cinéma/Madeleine Films/SoLo Films
『もうひとりの息子』より

として別世界に生きていた二つの家族が、同じ人間同士として向き合うことではじめて互いを思いやり、幸せを願うようになる。物理的にも心理的にも分断されたイスラエルとパレスチナであるが、互いを同じ人間だと思うことができれば、その高い壁を超えることは不可能ではないのである。

『もうひとりの息子』には、ご都合主義的な点も見受けられる。互いの言語（ヘブライ語とアラビア語）を解しない両家が、偶然フランス語を解するというのも、シルバーグ家の父親アロンが権力を持つ軍高官の地位にあり、アル・ベザーズ家のために何度もイスラエルへの通行許可証を取ることができるというのも、出来過ぎている。その一方で共存への希望を描きながらも、それを育てていくことが容易ではないことも暗示されている。物語の終盤、アロンの家庭の事情はすでにひろく知れ渡り、職権を利用する彼を部下が揶揄する場面がある。アロンが今後、今の地位を守り続けることは、おそらく困難であろう。アル・ベザーズ家もまた、シルバーグ家との交流によって、イスラエルへの密告者であるという噂を立てられないとも限らない。同じくパレスチナを舞台とした映画『パラダイス・ナウ』(二〇〇五)では、密告者であった父親を処刑された主人公が、周囲の偏見のまなざしから生涯逃れられない苦しみを吐露する場面がある。人情に厚い分、パレスチナ社会には閉鎖的で過干渉な部分がいまだに存在する。そんな狭い社会で悪評が立てば、致命的な打撃となりかねない。加えて本作が製作された二〇〇九年以降、イスラエルと占領地パレスチナの関係は悪化の一途をたどっている。二〇一四年夏にイスラエル軍がおこなったガザ地区空爆の後遺症はいまだ深刻であり、

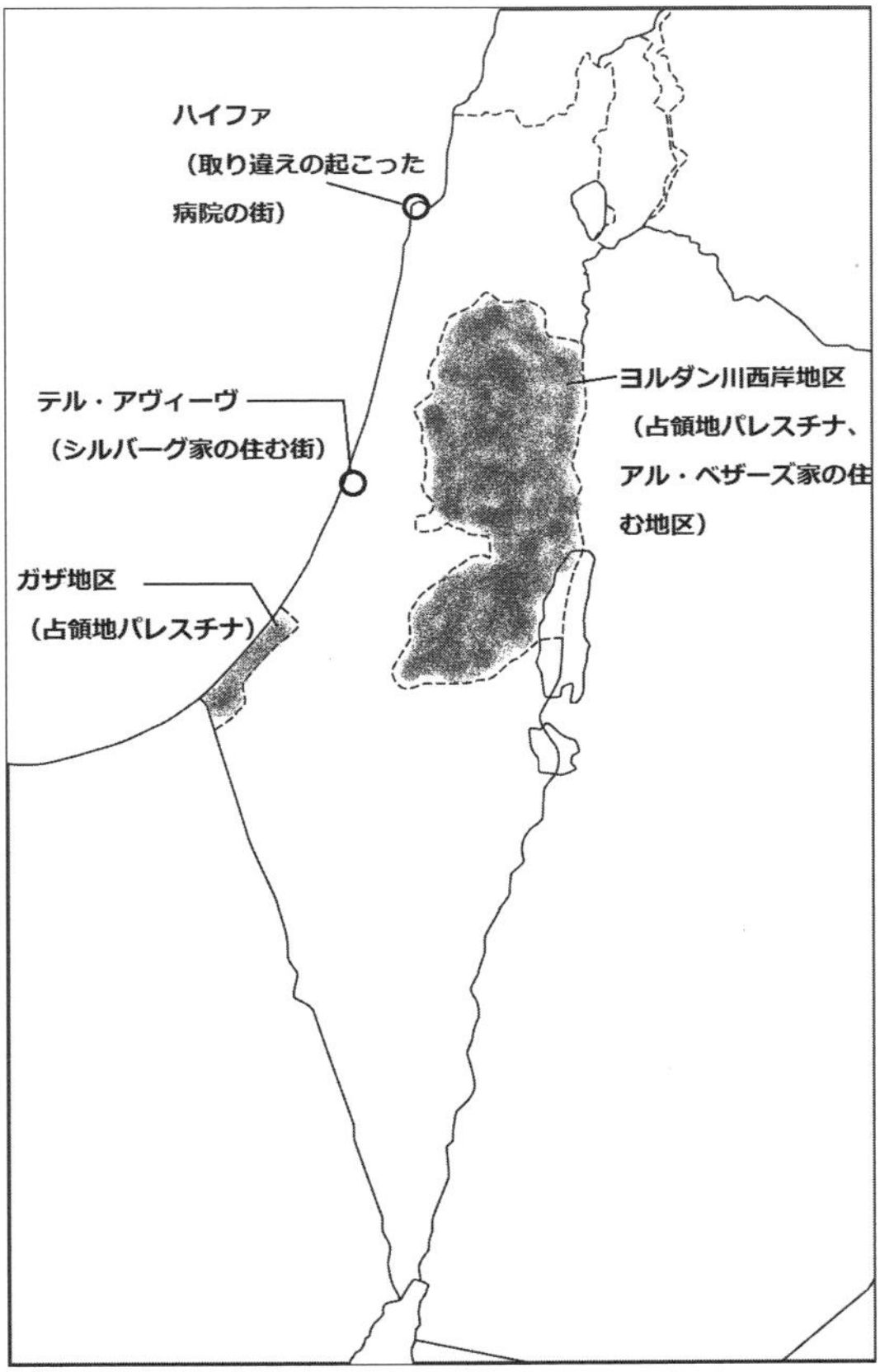

パレスチナ・イスラエル地図

イスラーム過激派やユダヤ人入植者内の極右集団など、双方で排外主義の台頭が著しい。

シルバーグ家とアル・ベザーズ家に待ち受ける未来は、決して明るいものではない。それでもなお、互いを尊重しあうことでのみ灯し続けることのできる共存への希望を、絶やしてはならない。それは今この世界に生きる我々すべてに託された、本作のメッセージなのである。

Ⅶ マイノリティ・ボイス

031
長江哀歌（エレジー）

三峡好人／Still Life
2006年／中国／中国語（普通語・四川語・山西語）／113分
監督　賈樟柯（ジャ・ジャンクー）
出演　趙涛（チャオ・タオ）　韓三明（ハン・サンミン）
DVD
販売・発売元：バンダイビジュアル

長江の三峡ダム建設に伴い、築き上げてきた歴史や文化が水底に沈みゆく古都を舞台に、激変する社会で懸命に生きる人々を映し出すドラマ。多くの住民が立ち退きを迫られる季節に、一六年前に妻子と別れた炭鉱夫と、働きに出たまま音信不通の夫を二年も待つ妻が、山西省から訪ねてくる。日々劇的に様相を変える街を背景に、伴侶を探してさまざまな出逢いを重ねる彼らの物語が、ゆるやかに交錯しながら綴られていく。中国の〝現在〟を真摯に問い続けるジャ・ジャンクー監督が、小型デジタルカメラの捉える息を呑むほどシュールな現実と予期せず舞い込むファンタジー的描写とを見事に融合させ、集大成的力篇へと集約。ヴェネツィア国際映画祭グランプリなど世界的に評価されたほか、日本でもロングランを記録した。

三峡ダム開発に揺れる人々

河合　洋尚

かわい・ひろなお——国立民族学博物館助教。専門は社会人類学、景観人類学、中国研究。主な著作に『景観人類学の課題——中国広州における都市環境の表象と再生』（風響社、二〇一三年）、『景観人類学——身体・政治・マテリアリティ』（編著、時潮社、二〇一六年）、『中国地域の文化遺産——人類学の視点から』（河合洋尚・飯田卓編、国立民族学博物館調査報告一三六、二〇一六年）などがある。

『長江哀歌（ちょうこうエレジー）』は、中国の新進気鋭の監督として知られる賈樟柯（ジャ・ジャンクー）が二〇〇六年に製作・上映した映画である。同年、ヴェネツィア国際映画祭のグランプリに輝き、日本の二〇〇七年度（第八一回）キネマ旬報・外国映画ベスト・ワンにも選出されている。この映画の中国語の原題は『三峡好人（サンシアハオレン）』である。三峡ダムの建設で揺れる重慶市奉節（ほうせつ）県を舞台に、現代中国の開発問題や社会問題を鋭く切り取った作品である。

中国は、一九七八年の改革開放政策以降、大きな変化の波に呑み込まれた。周知の通り中国は社会主義体制を根幹としているが、この年から市場経済原理が導入され、急速な開発と経済発展が進められた。こうして目まぐるしく変化することになった中国のシンボルの一つともなったのが、三峡ダム建設である。三峡ダム建設のプロジェクトは、長江に巨大なダムを建設することで洪水を防ぎ経済を発展させる目的により進められたが、同時に少なからずの社会問題を噴出させた。

『長江哀歌』の舞台となる奉節県は、重慶市の東北部に位置する小さな町である。この町は、紀元前三一四年に建設され、白帝城（はくていじょう）（三国志の英雄である劉備が最期を遂げた城）などの歴史遺産があるが、三峡ダムの建設により水没予定地となった。この映画のストーリーは、山西省汾陽市（ふんよう）（賈樟柯監督の出身地）から奉節県にいる配偶者を探しに来た男女が主人公となっている。

三峡および奉節の位置

主人公の一人である韓三明（ハン・サンミン）は、娘を連れて故郷の奉節県に戻り一六年間も音沙汰がなかった妻を探す旅に出る。彼は、まず妻の実家を訪れるが、三峡ダム建設の影響で水没していたため、安宿に泊まり情報を集めることから始める。そして、妻が兄の借金の肩代わりとして船運行の業主の妻として「転売」された事実をつきとめる。妻と再会した韓三明は、娘が広東省東莞市へ出稼ぎに出ていること、妻が奉節県に戻ったことを後悔していることを知り、山西省の炭鉱で働いて借金を返し、妻を迎えに来ることを固く約束する。他方で、女性主人公である沈紅（シェン・ホン）は、二年前に奉節県で再就職したきり音信不通になった夫を探す旅に出る。彼女は、夫の友人の協力を得て夫と再会するが、夫が厦門（アモイ）の女性実業家と曖昧な関係になり、金儲けに夢中になっている姿を見て別れを告げる。

韓三明と沈紅は、ともに音信不通になった配偶者を奉節県へ探す旅に出ているが、二人の背景やストーリーは対照的である。たとえば、韓三明とその妻は学歴や財産のない人物として描かれているが、沈紅は看護師であり、彼女の夫は実業家として成功した「新富人（シンフーレン）」（新たな富裕層）となっている。そして、韓三明は最後に復縁を誓うが、沈紅は最後に離別を選択している。本作品では、立場の異なる主人公を追うことで、異なる角度から三峡ダム問題に揺れる小都市の姿を描き出している。

本映画は、二人の主人公をめぐる夫婦関係をストーリーとしているが、その背景には三峡ダム建設問題がある。逆に言うと、夫婦のストーリーを通して三峡ダム建設とその影響について描写している。

三峡ダムは、アジア最大の河川である長江の水量を調節するため、長江中流域の三峡に設置された巨大ダムである。三峡は、重慶—武漢間にある全長二四〇キロの総称であり、ここには三つの峡谷（瞿塘（くとう）

©2006 Xstream Pictures
『長江哀歌』より

峡」「巫峡」「西陵峡」）がある。

中国では古来より長江の氾濫により人命が失われており、長江の治水は歴代王朝の関心事であった。三峡にダムを建設する構想は、一九一九年に孫文が提唱し、毛沢東に引き継がれている。特に一九五四年に長江で大洪水が起き約三万人の死傷者が出ると、中央政府は長江流域の治水調査を全面的に展開した。しかし、三峡ダムの建設については政府内部で反対意見もあり、旧ソ連との関係悪化や文化大革命が生じたことにより、ダム建設構想は棚上げとなった。だが、改革開放政策が採択されると三峡ダムの建設計画が再浮上し、一九九三年一月には李鵬総理をトップとする国務院三峡プロジェクト建設委員会が設立された。一九九四年一二月、湖北省宜昌市で大規模な着工式がおこなわれ、それから一六年の月日をかけてダムが建設された。

三峡ダムの建設は、上述したように、長江流域のダムで水量を調整することで、河川の氾濫を防ぐことにあった。また、水位を高め、長江下流域の上海・南京といった大都市から中流域の武漢・重慶までを水路でつなぐことにより、沿海部と内陸部の交通の便を良くし、内陸部の経済を発展させることも目的の一つにあった。中国では、北京、上海、広州のような東の沿海部が豊かであるのに対し、四川省、貴州省、雲南省など西の内陸部が相対的に貧しいという構図が存在する。三峡ダムの建設プロジェクトは、内陸部を開発することで経済格差・社会格差を是正する西部大開発の政策とも一致するものであった。

だが、三峡ダムの建設はいくつかの問題を生み出すことになった。『長江哀歌』は、三峡ダムの建設により生じた直接的な問題、もしくはダム建設問題により顕在化した社会問題について作中で直視している。

第一に、三峡ダムの建設は、この地域の歴史／自然景観を喪失する結果を招いた。三峡ダムの建設により水没する地域のなかには、奉節県のような歴史ある都市も少なくない。数千年の時をかけて築き上げられてきた都市が一瞬にしてなくなることの悲哀を、この映画は水没前の奉節県を舞台に描き出している。また、作中では、李白の詩「早に白帝城を発す」を詠むシーンを登場させることで、唐詩で詠まれた美しい自然景観が失われることを直視している。

第二に、三峡ダムの建設による出稼ぎ労働と家族の離散も、この映画のテーマの一つとなっている。一九四九年に共産党政権が樹立してから中国の人々は戸籍に縛られてきたが、改革開放政策が始まると、移動の規制が緩和された。人々は就業の機会を求めて移住したが、それは家族を離散させ、離婚や留守児童などの社会問題が深刻になった。沈紅は、

1919年	孫文、三峡ダム建設プロジェクト提唱
	(国共内戦等によって中断)
1949年	中華人民共和国成立
1950年	長江水利委員会設置、予備調査開始
1954年	長江大洪水、死者3万人・家屋流出100万人
1956年	調査完了、63年着工の方針発表
	(中ソ対立・文化大革命等によって中断)
1983年	三峡ダム事業化調査報告提出
	(以降、建設の賛否をめぐって議論噴出)
1989年	天安門事件直後、建設反対派の意見を掲載した〈長江 長江-三峡工程論争〉発売禁止となる
1992年	全人代、三峡ダム着工を採択
1993年	着工、準備工事開始
1994年	着工式(本工事開始＊公式着工)
1997年	第一期工事完成、長江本流を堰止め、第二期工事開始
1998年	長江大洪水、死者1320人
2003年	第二期工事完成、一部貯水・発電開始、第三期工事開始
2006年	三峡ダム本体完成
2009年	完成

三峡ダム年表　出典：『長江哀歌』プレス資料より転載、一部修正

こうしたなか夫と離別し、最終的には離婚を選んでいる。他方で、韓三明は、三〇〇〇元(約六万円)を払って妻を娶る「売買婚」により結婚した。共産党政権樹立後、売買婚は封建的な習俗として否定されており、それが告発されたことで妻が実家に帰っている。しかし、韓三明の物語では、三峡ダムの水没により妻の実家がなくなっても、なお妻の居所をつきつめ家族とやり直すという逞しさが描かれている。

第三に、本編では貧富の差が描写されている。近年の中国では、経済発展に伴い急に金を得

た「新富人（シンフーレン）」が大量に出現している。この階層の人々は、教養を伴わないまま金を手に入れた成金である、労働者や農民を搾取することで生活を営んでいる。それゆえ、手段を選ばず闇社会とつながったり、金にまかせて愛人を囲ったりするなど、さまざまな社会問題をひきおこしているのである。『長江哀歌』では、「新富人」によるこれらの問題を直視する一方で、土地をもちながらも十分な補償を受けられない人々にも焦点を当てている。

このように本作品は、二人の主人公を中心とする人々の「生」を切り取ることで、開発問題や貧困問題に巻き込まれる人々の姿を描き出している。登場人物は、中国の急速な社会構造の変化に巻き込まれ（包摂され）、苦悩するだけではない。そうした状況にあっても、自らの意志で選択し逞しく生きていく、中国民衆の自律性が描かれている。『長江哀歌』はフィクションであると同時に、現代中国の「生活者の声」を拾い出したドキュメンタリーともなっている。

032 パリ20区、僕たちのクラス

©Haut et Court - France 2 Cinema

Entre les Murs
2008年／フランス／フランス語／128分
監督　ローラン・カンテ
出演　フランソワ・ベゴドー
DVD
発売元：ミッドシップ　販売元：紀伊國屋書店

移民が数多く暮らすパリ20区に佇む中学校を舞台に、現役教師が実体験を基に書き上げたベストセラーの映画化。正確な文法や言葉づかいを教え込もうとする熱意が時に空回りして、自己嫌悪に陥る担任の国語教師と、多様な家庭環境で育った個性溢れる生徒たちとの波乱の一年を、構内に留まり続けるカメラを通し、ドキュメンタリー顔負けのリアルなフィクションとして綴る。原作者自身が演じた悩める教師と、ワークショップで厳選された中学生たちが思いの丈をぶつけ合う、演技とは思えないナチュラルかつスリリングな対話の数々を通し、現代のフランスに潜む社会問題もが自ずと浮き彫りにされる。教育や言葉本来のもつ意義を力強く映し出し、カンヌ国際映画祭では、フランス本国に二一年ぶりに最高賞をもたらす快挙を成し遂げた。

壁の中の子どもたち——パリ外国人集住区の中学校の一年

庄司　博史

しょうじ・ひろし——国立民族学博物館名誉教授。専門は言語学、社会言語学。主な関心は移民言語。主な著書に『世界の文字事典』（編、丸善出版、二〇一五年）、『日本の言語景観』（共編著、三元社、二〇〇九年）、『事典　日本の多言語社会』（共編著、岩波書店、二〇〇五年）、『講座　世界の先住民族　ファースト・ピープルズの現在　ヨーロッパ』（共編著、明石書店、二〇〇五年）などがある。

多民族が集住するパリ二〇区のある中学校。映画はひとりのフランス語教師が外国にルーツをもつ子どもたちとともに繰りひろげる一年を追う。クラスという壁で区切られた狭い空間の中で、文化、ことば、出自の異なる生徒たちと、対等に向いあおうとする教師の溝は容易には埋まらない。多感で未熟な思春期の生徒と教師の対立と軋轢、移民をめぐる社会の壁、そして国語力の欠如などさまざまな問題を巻きこみながら展開するストーリーは錯綜し、解決の糸口さえみえない。むしろありのままに近い形で現実を描こうとする映画の見どころをここでは少し解きほぐしてみたい。

フランス語教師フランソワの担当するクラスは二四人全員が移民出身である。多くは北アフリカや地中海沿岸の出身者で、中国人もまじる。授業でフランソワは生徒たちに文法を教え、表現力を養うため作文を書かせるが、彼らの将来をおもう教師の善意は届かない。それどころか生徒たちは、フランソワのことばじりをとらえては彼の真意、忍耐をためす挑発をくりかえす。ことばのすれ違いに過敏に激しく反応する彼らに対し、対等の立場で向き合おうとするフランソワの忍耐は見るにも痛々しい。

それでも一人の少年スレイマンの粗暴な行動が限界をこえてしまい、懲罰委員会にかけられる。口を閉ざすスレイマン、フランス語が分からずとも息子を弁護しようとする母、解決策を模索するフランソワ。しかし学校は最終的に退学処分という厳しい決定をくだす。激動の一年をへてフランソワの対話への働きかけが報われ始めたかにみえたころ、「一年

©Haut et Court - France 2 Cinema

『パリ20区、僕たちのクラス』より

で何を学んだか」という彼の問いかけに一女生徒からもどってきたのは、「なにも」という素っ気ない返事であった。

多くの問題が錯綜したまま、何一つ解決されずに終わってしまうこの映画への率直な感想はおそらく混乱感であろう。不安定で遠慮のない、感情むき出しの言動を続ける生徒たちの多くは、日本なら単なる問題児で片づけられそうだ。

この映画でとりあげられている思春期の子どもたちの教師や学校への反抗は、確かにどこにでも見られる題材ながら、彼らの言動、周囲の大人や社会の態度には、日本人にとって違和感を禁じ得ない。教室で生徒たちは自分の意見を教師に向かって臆することなく主張し、教師は権威をふりかざすことなく真摯に対応する。「ゲイか」とからかわれ冗談でやりこめようとした教師と生徒のあいだでかわされる議論は象徴的である。女生徒にうっかりペタス（下品な女）と口走ったことで、批判の矢面に立たされた教師は、生徒たちに厳しく釈明をせまられるが、そこには社会の信条とする平等主義の片鱗がうかがえる。それでもスレイマンが退学処分を受けたように、子どもであれ、我々には冷淡とも思える形で、自身の行動に責任を負わせるという社会でもある。

一方で子どもたちが教師、ひいては社会にむける反感は、彼らが時折発する多数派への皮肉とともに、近年西欧社会で深刻化する移民や難民問題とも同じ根をもつと想像するのは難しいことではない。特に今日的な文脈では、この映画がフランスでの昨今の移民暴動や連続テロとの関連から、移民や難民受け入れに対する警告と解釈されかねないあやうさを持っているのも確かである。いうまでもないことだが、移民排斥運動に迎合するような意図でないことを了解したうえで、この映画から何が読みとれるのであろうか。

数値（二〇〇八年）はやや古いがフランス人口のうち約五三〇万人が外国生まれで、その子どもにあたる二世約六五〇万人を加えれば約一一八〇万人、一九％を移民出身者が占める。約五八万人、二六％が外国生まれといわれるパリ都市部でも、映画の舞台となるパリ二〇区は多民族が集住しており、その率は高い。主にアラブや北アフリカ出身者が上位をしめており、商店やモスクなど彼らを対象にした施設も多く、基本的に自己完結的な、多数派から閉ざされた空間で生活することも可能である。これは文化や言語においてもフランスの主流派から距離をおき、社会的な適応を回避することをゆるす一方で、教育や経済活動における上昇をおさえ、彼らを差別の対象として排除する原因にもなっている。安価な生活、匿名性、情報、多数派による差別の回避と安心感をもとめてやってくる多民族な空間は今日ヨーロッパの各都市にみられる。

フランスの多民族、多文化状況はすでに一九世紀の労働者移入から始まっており、さらに第二次世界大戦後の経済成長期にはポルトガルや旧植民地を中心に安価な労働力が導入された。オイルショック後の不況下、労働移民の受け入れは一九七四年に停止されたがその後も家族の呼び寄せ、難民の流入などで外国人の増加は続いている。同様の傾向は今やヨーロッパ全体に広まりつつある。一方、失業、貧困、文化適応、差別で苦しむ移民の増加は、各国が堅持してきた単一文化主義、そして社会保障などの経済的蓄積の分与に関し深刻な決断をせまってきた。流入する難民を前に、民主主義と寛容の象徴と自負してきた西欧社会で排他的な極右主義者の行動がめだちはじめたのはそのためである。しかし、西欧の繁栄をかつては植民地が支え、近年は経済活動と人口の下支えを旧植民地からの労働移民が担っていることにはあまり触れられない。そんな今、難民の流入で先鋭化しつつある事態の陰で、ともすると置き去りにされがちなのが移民の子どもたちの問題である。

国籍の出生地主義をとっているフランスでは、親の出自にかかわりなく、移民の子どもたちのほとんどはフランス国民である。したがって「移民」とはみなされていない。しかし、彼らが生活環境や将来への可能性において多数派と同様の条件を与えられているわけではない。統計によればフランスでは移民の三九％は中学以下の学歴しか持たないが、その移民二世代目では二五％にまで減少するという。それでも一七％の多数派にくらべれば大きく差があり（(財) 自治体国際化協会パリ事務所 Clair Report No. 363 (July 14, 2011) http://www.clair.or.jp/j/forum/pub/c_report/pdf/363.pdf）、移民の子どもたちは依然、さまざまな教育環境上のハンディを受けていることになる。

ハンディはさらに、彼らの多くが社会上昇や社会参加の一つの条件でもある標準的なフランス語能力をほとんど身につけぬまま育つことで、一層増幅される。これは多文化主義を尊重する西欧諸国の中で、国語教育を国民統合の手段として常に優先させてきたフランスにとって深刻な問題でもある（池田賢一『フランスの移民と学校教育』明石書店、二〇〇一年）。映画のなかでフランソワが教えようとする「接続法半過去」活用は口語では古風だが、文語では繊細なニュアンスをもつ表現である。しかし子どもたちの気づかない言語的なハンディを取り除こうとする彼の努力も「そんなこと知らなくても生きていける」と拒絶されてしまう。映画のフランス語によるタイトル「壁の間で」は、日本語や英語のタイトルにある「クラス」を指す一方で、子どもたちが、このような格差と排除の壁により、自覚のないまま閉じ込められている状況を比喩しているのかも知れない。

それでも望みへの兆しはないわけではない。それ

民族間の憎悪も子どもたちには存在しない。ヘルシンキのソマリアとアフガニスタン出身者を両親にもつ子どもたち（筆者撮影）。

は子どもたち自身のもつエネルギーと彼らが日常、相互に肌が触れ合うつきあいのなかで築いてきた関係である。映画では出自がフランス人という意識を持とうとするカいうだけでフランス領アンティルとルル、サッカーのよわい祖国のチームにかわり、同じアフリカのモロッコチームに連帯感を模索するマリ出身のナシムなど彼らの帰属意識は不安定で時折対立もする。それでも移民二世として生まれた時点から、フランスを事実上の祖国として暮らしてきた彼らには、まだ大人の作りあげた偏見や憎悪は存在しない。それどころか、粗雑ではあれパリの下町を同郷として、経験と感情を共有しながら育った仲間意識が芽生えているのにおどろかされる。スラングではあるが自由にフランス語でやりあい、多民族社会を委縮することなく生き抜こうとするエネルギーに感動すらおぼえる。筆者が移民言語を調査してきたフィンランドでは、多民族化は遅く一九九〇年代に始まったが、近年では都市人口の八％近くは外国生まれが占める。移民と多数派間の軋轢を政策的に回避する努力の続けられるそばで、出自にかかわりなく付きあっている子どもたちの光景はもっとも印象的である。面倒な理屈ぬきで多民族の乗りこえることができるのは子どもたちだけかもしれない。

033 イロイロ　ぬくもりの記憶

爸媽不在家／Ilo Ilo
2013年／シンガポール／中国語・英語・タガログ語／99分
監督　アンソニー・チェン
出演　コー・ジャールー　アンジェリ・バヤニ　ヤオ・ヤンヤン
DVD
発売元：日活　販売元：JVCケンウッド・ビクターエンタテインメント

アジア各国を通貨危機が襲った九〇年代後半のシンガポールを舞台に、孤独な問題児とメイドとの束の間の交流を描く人間ドラマ。夫婦共働きで、目の届かぬ一〇歳の一人息子に振り回される母親は、フィリピン人メイドを住み込みで雇い入れる。祖国に残した幼い我が子を想い、誠実に向き合うメイドの人柄が息子の心も摑み、親子のように打ち解ける二人に母親が複雑な視線を注ぐ中、不況の波が一家にも押し寄せる。本作で長篇デビューを飾る新鋭アンソニー・チェン監督が、少年時代をともに過ごしたメイドの故郷をタイトルにするなど、忘れ得ぬ実体験をベースにしつつも、甘い感傷に流されない鋭敏な演出手腕を発揮。胸にしみる物語の中に、世界中が直面する社会問題を巧みに盛り込み、カンヌ国際映画祭新人監督賞など数々の映画賞を受賞した。

シンガポールのフィリピン人女性家事労働者について

永田　貴聖

ながた・あつまさ——国立民族学博物館機関研究員。専門は文化人類学、移民研究。主な著書に『トランスナショナル・フィリピン人の民族誌』（ナカニシヤ出版、二〇一一年）、論文に「フィリピン人は境界線を越える——トランスナショナル実践と国家権力の狭間で」（『現代思想』三五（七）、一一六～一三〇、二〇〇七年）などがある。

第六六回カンヌ国際映画祭でカメラドールを受賞したシンガポール映画『イロイロ　ぬくもりの記憶』は、九〇年代のシンガポールの中流家庭を舞台とする、フィリピンからやってきたメイドのテレサと両親が共働きで一人っ子ジャールーを中心とする人間模様である。これまで、フィリピン人移住労働者を題材にした映画の多くが送り出し側であるフィリピンで製作されてきた。この映画は、受け入れ側のシンガポールで製作され、現地の事情が反映されている。また、時代背景となった九〇年代後半、フィリピン人女性メイドへの死刑宣告と執行、アジア通貨危機により経済が停滞するなど、フィリピン人労働者の身の危険性が露呈した時期であった。

二〇一三年第六六回カンヌ国際映画祭でカメラドール（新人監督賞）を受賞したシンガポール映画『イロイロ　ぬくもりの記憶』は、二人の主人公、一人っ子の少年とフィリピンからやって来た出稼ぎメイドの間に芽生えた親愛の情が物語となっている。監督アンソニー・チェンは、幼少時代に共に暮らしたフィリピン人メイドとの体験を振り返りながら、九〇年代後半を舞台とするシンガポール家庭の一面を描いている。また同時に、世界最大の移住労働者送り出し国フィリピンの現実を反映させている。本章では、映画の内容と特徴、映画に登場するフィリピン人の出稼ぎ女性労働者が置かれている現状に焦点を合わせ解説する。

舞台は、一九九七年のシンガポール。一人っ子のジャールーは共働きで多忙な両親になかなかかまってもらえず寂しさから孤独を抱えていた。小学校でも、うっぷんを晴らすためにわがままに振る舞い問題ばかり起こしていた。母親は仕事中に担任から呼び出されるなど手を焼いており、負担を減らすためにフィリピン人メイドを住み込みで雇うことを決めた。当初、ジャールーはメイドとして突然やってきたテレサにも意地悪をするなど心を開こうとしなかった。しかし、テレサが仕送り先に我が子を残しながらも、懸命にジャールーと向き合おうとする姿に、自身が抱える孤独と同じものを感じるようになりやがて心を開いていった。そんな時、父親がアジア通貨危機に影響を受けた不況で会社をクビになってしまう。また、母親も息子がテレサに打ち解けるようになったことに嫉妬心を抱き始めるようになった。結局、両親は経済的にメイドを雇う余裕がなくなり、テレサは帰国することとなった。この映画は新進気鋭の若手監督アンソニー・チェンが四歳から一二歳までフィリピン人メイドと一緒に暮らした経験から練られたフィクションである。「テレサ」は

『イロイロ　ぬくもりの記憶』より

監督がこどもの頃ともに暮らしたメイドの名前である。また、興味深いことに映画タイトルの「イロイロ」はその「テレサ」さんの出身地の地名である。監督もまた、少年時代、通貨危機に伴う父親の失業により親しく愛しい「テレサ」さんとの別れを経験した。

出稼ぎフィリピン人に関する映画の多くがフィリピンで製作され、フィリピン側の事情に視点を向けている。出稼ぎ受け入れ国にて製作された映画には、フィリピン人への理解不足を露呈させている場合もある。だが、今回の作品は、そのような懸念はない。チェン監督のフィリピンへのこだわりを特徴づけるシーンがある。テレサがこどもを預けているフィリピンの親戚に電話する場面である。ここでの通話がイロイロ周辺で使用されているイロンゴ語になっているのである。これこそ監督の「テレサ」さんに対する想いなのだろう。

　つぎに、フィリピン人女性による海外への出稼ぎが増加するようになった経緯と現状について説明する。現在、フィリピンは、世界有数の移民・移住労働者送り出し国である。二〇一三年末時点で人口の約一割に相当する約一〇二四万人が、二二一の国・地域に暮らしている。国外での永住者数は約四八七万人（約四八％）であり、数ヶ月から数年間出稼ぎに行く一時滞在者が約四二〇万人（約四一％）である。さらに短期や非正規での滞在が約一一六万（約一一％）いる。七〇年代前半まで、かつて、宗主国であった米国の西海岸やハワイを中心として、すでに現地に移住した家族や親戚のつながりを頼りに職をみつけ出稼ぎに向かっていた。またアジア地域に展開していた米軍基地やその周辺のライブハウスなどには多くのフィリピン人が期間契約により就労していた。返還前の沖縄の米軍基地には技能労働者として、日本本土の米軍基地周辺のライブハウスではフィリピン人バンドマンが演奏していた。一部の日本人はフィリピン人が演奏するジャズやフォークソングに熱狂したものだった。一九七七年にフィリピンでヒットしたフレディ・アギラが歌うAnak（アナック、タガログ語で「息子」と「娘」双方の意味）は、のちに日本でも『息子よ』のタイトルでカバーされヒットしている。

　そのような時代、フィリピン人による海外への出稼ぎは大きな転換期を迎える。一九七四年政府機関として、現在の海外雇用庁（当時は海外雇用開発局）が設置された。これを機に、政府が諸外国と出稼ぎフィリピン人の受け入れに関して交渉するなど、国策として海外就労が促進されるようになった。同庁を通じた海外への労働渡航者数は、一九七五年の年間約三万六〇〇〇人から、二〇一三年にはおよそ六八倍に相当する約二四五万人に膨れ上がった。

　そして、九〇年代以降、フィリピンからの海外出

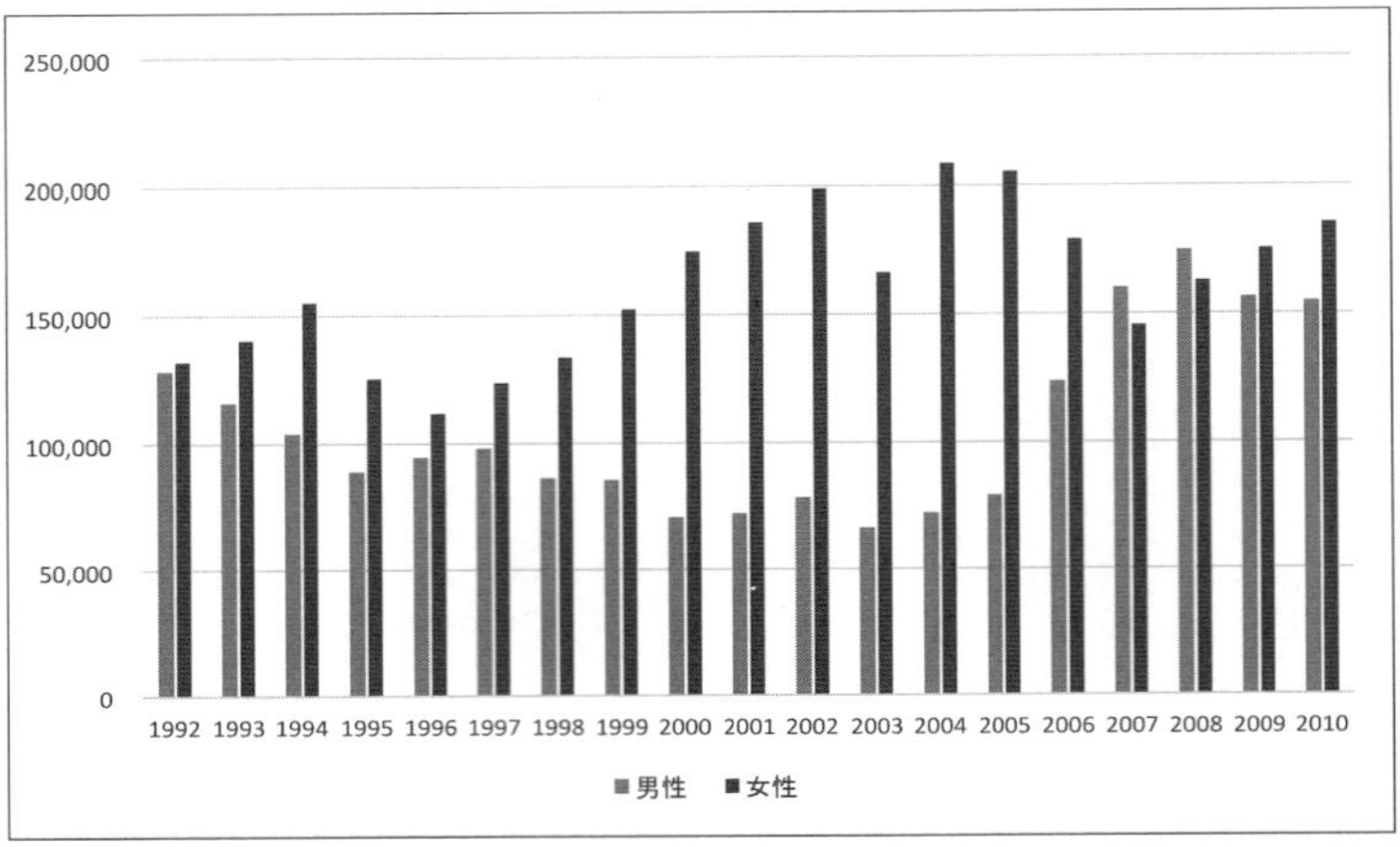

図1　フィリピン海外雇用庁を通じた新規海外渡航契約者数（船上勤務除く）

稼ぎは、男性が従事する中東などでの建設労働や船員などの分野に加え、女性が主に従事する中東や香港、台湾、そして、シンガポールなどでの家事や介護に関する職業、さらに日本における契約芸能活動へと拡大し、「移住労働の女性化」が進行する。アジア近隣の新興国の女性が社会に進出する一方で、女性が担っていた家事などの「再生産労働」はフィリピンなどからの出稼ぎ女性が補完するようになった。映画の舞台となった一九九七年には、フィリピンからの新規契約海外出稼ぎ総数二二万一四四七人（船上勤務を除く）のうち、女性は一二万三五〇九人であり、全体の約五六％を占めた。その後も女性の割合は五〇％以上を超え高く推移している（図1）。

現在では、国内総生産の一割弱に相当する額が海外からフィリピンに送金されており、移住労働は国家の「一大産業」となった。この「産業」を支えている移住労働者たちは「Bagong bayani（バゴン・バヤニ、ニューヒーローの意味)」と呼ばれている。しかし「ヒーロー」とはあくまでも男性の出稼ぎであり、女性たちが「ヒロイン」と呼ばれることはない。女性たちが海外に向かうことは、たとえ家計を支えるためだったとしても、家庭内において背負っている母親や娘の役割である、家事や子育て、家族の相談相手ということを中断していると考えられるからである。皮肉なことに、女性たちは渡航先において賃金労働として家事や子育てに従事するという矛盾を背負うことになる。

映画に登場するテレサと同じようにこどもをフィリピンの親戚や家族に預けたまま働くことは頻繁にみられる。さらに、夫婦や親子間のコミュニケーション・ギャップや、海外からの仕送りが浪費や家族間の金銭トラブルにつながるケース、両親の不在などの寂しさからこどもが不登校や不就学になるなどが起こっている。

シンガポールでは、一九七八年から外国人家事労働者を受け入れ、中流階層以上の家庭における家事育児が軽減され、職場における男女平等に貢献したとされている。しかし、フィリピンなど海外からの出稼ぎ女性たちが、多くの犠牲を払いそれを補っているのが現実である。さらに、当時から現在にかけて、フィリピン人を含む外国人家事労働者は、妊娠検査が義務付けられるなど管理されている。また、最低賃金の規定がない「低技能労働者」という立場で滞在している。フィリピン人家事労働者の賃金相場は月額で三〇〇~五〇〇シンガポールドルであり、休日は週に一日程度であり、良い待遇とは言えない。また、雇用主宅での住み込みによる就労であり、プライバシーが守られていないだけではなく、多くの危険に直面している。一九九五年、痛ましい事件が起こる。メイドとして働いていたフロール・コンテンポラシオンさんが雇用主宅の風呂場で死亡したこどもの殺人容疑で死刑を執行された。この事件は冤罪の疑いがあり、当時、フィリピン政府は、シンガポールへの家事労働のための渡航を一時禁止した。事件後、フロールさんが死刑を執行されるまでの経緯は、フィリピンに残した家族の関係が彼女の不在中に複雑な状況に陥っていた事実などとともに映画化され、大きな反響をよんだ（監督Joel Lamangan 出演Nora Aunor、タイトルThe Flor Contemplacion Story、製作VIVA Film、一九九五年、フィリピン）。九〇年代には、日本、サウジアラビアなどでフィリピン人女性労働者の死亡事件や冤罪事件が頻発した。その後も、さまざまな国で、雇用主によるレイプや暴力、軟禁事件などが起こり、問題となっている。女性たちは出稼ぎ先で多くの危険と隣り合わせにいる。

　現在、日本でも外国人家事労働者受け入れが議論されている。しかし、受け入れる側の社会の利益の裏側には、送り出し社会がリスクや犠牲を払っているということを忘れてはならない。

【参考文献】

小ヶ谷千穂「シンガポールで働くフィリピン人家事労働者」田村慶子編著『シンガポールを知るための六二章　第二版』（明石書店、二〇〇八年）

小ヶ谷千穂『移動を生きる――フィリピン移住女性と複数のモビリティ』（有信堂、二〇一五年）

http://www.poea.gov.ph　（フィリピン海外雇用庁）

034

あの日の声を探して

©La Petite Reine / La Classe Américaine / Roger Arpajou

The Search
2014年／フランス・ジョージア／フランス語・英語・ロシア語・チェチェン語／135分
監督　ミシェル・アザナヴィシウス
出演　ベレニス・ベジョ　アネット・ベニング　マキシム・エメリヤノフ
DVD／Blu-ray
発売・販売元：ギャガ

一九九九年のモスクワでのテロ以降、犯人と断定されロシアの無差別攻撃に遭うチェチェンを舞台に、戦争の実情をリアルに映す。命からがら逃げのびた難民の聞き取り調査に励むも、巷の無関心に虚しさを覚えるEU人権委員会のフランス人女性職員。ロシア兵に両親を殺されて声を失うが、女性職員と生活するうちに笑顔を取り戻す少年。些細な過ちから軍に強制入隊させられ、別人のようになり戦場に送られるロシア人青年。『アーティスト』（11）でアカデミー賞五部門など数々の賞に輝くフランスの気鋭が、ユダヤ人とアメリカ兵との交流を描く『山河遥かなり』（47）を下敷きに再映画化。三人の運命を緻密に交錯させつつ、泥沼の紛争を解決に導く人間の力に祈りを込める渾身作を生んだ。

二項対立を遠く離れて

中村 唯史

なかむら・ただし――京都大学文学研究科教授。専門はロシア文学、ソ連文化論、比較文学。主な著書に『再考ロシア・フォルマリズム――言語・メディア・知覚』(共編著、せりか書房、二〇一二年)、『映像の中の冷戦後世界――ロシア・ドイツ・東欧研究とフィルム・アーカイブ』(共編著、山形大学出版会、二〇一三年)、ペレーヴィン『恐怖の兜』(角川書店、二〇〇六年)などがある。

緊張や紛争が起こると、私たちは、たとえば侵攻したロシアに悪、被抑圧のチェチェン側に正義を見るというふうに、つい二項対立で考えがちだ。だが、どちらの側にもそれぞれの正義があって、二項式は容易に反転する。チェチェン独立派によるテロの犠牲者の立場に立てば、悪と正義が入れ替わる。それにひとや現実は二項式に還元できるほど単純ではない。

二項式に収まらない多様な細部を丹念に重ねているこの映画の観客は、「ロシア対チェチェン」という図式を超えた認識を得ることができるだろう。葛藤や相克の当事者となった際にこのような認識を保つことは容易ではないが、二項対立の図式に安住することの危険には自覚的でありたい。

本作は、一九九九年の第二次チェチェン紛争（旧ソ連圏チェチェン共和国へのロシア連邦軍の侵攻）を背景に、両親をロシア軍兵士に殺されて姉弟とも離れ離れになってしまったチェチェン人少年と、当初は強制的に入隊させられた軍に疑問や違和を感じていたが、やがてチェチェン侵攻の最前線の兵士となるロシア人青年コーリャという、互いに会うことのない二人の軌跡を軸とする映画である。まず物語の前提となっているロシアとチェチェンの対立が生じた経緯を簡単に見ておこう。

チェチェンは黒海とカスピ海に挟まれた、コーカサスと総称される地域に属している。この地域は交通の要衝だったために、南部に位置するグルジアやアルメニアが紀元後早くから独自の文字を持ち、キリスト教を受け入れるなど、古くから文明が開ける一方で、古代ローマ、モンゴル、チムール、ペルシャ、トルコなどの帝国の支配を受け続けてきた。

一八世紀末以降は、ロシア帝国がコーカサスに勢力を伸ばした。一九世紀初めまでに、まずグルジアやアルメニアなどが併合されたが、これより北部の主に山岳地帯では、一八三〇年代から六〇年代にかけて、イスラム教神政統治をめざすミュリディズムがロシアの進出に対して激しい抵抗を示した。指導者シャミールらアヴァル人と並んで、この主力となったのがチェチェン人である。ミュリディズムの抵抗は一八五九年のシャミール降服後しだいに終息に向かったが、彼らの勇敢な戦いぶりはロシア側にも強い感銘を残し、コーカサスを舞台とした文学作品が数多く書かれた。

このようにして併合されたコーカサスは紛れもなくロシア帝国の植民地だったが、そのことが二〇世紀末まで必ずしも強く意識されてこなかったのは、一九一七年の社会主義革命を経て帝国の版図を引き継いだソヴィエト連邦が、社会主義イデオロギーの枠内とはいえ、多言語・多文化共生社会をめざし、民族の文化的自治と伝統の維持に一定の配慮を払ってきたためである。グルジア、アルメニア、アゼルバイジャンは連邦構成共和国となり、チェチェン人も他民族と合同の自治共和国の樹立を認められた。

もっとも、チェチェン人はその一方で、第二次大戦期には中央アジアへ強制移住させられ、多くの犠牲者を出している。独裁者スターリン批判後の一九五七年に故地への帰還と自治領の再興を許されたが、ソ連崩壊と前後して共和国大統領に当選したドゥダエフは、一九九一年にロシア連邦からの独立を宣言した。だがロシア連邦軍は独立を阻止するべく、一九九四年にチェチェンに侵攻し、翌年にかけて首都グローズヌイほかの拠点を制圧した。

この第一次チェチェン紛争の結果、独立派は山岳地帯に逃れたが、九六年のドゥダエフの戦死後、主導権を握ったイスラム原理主義派はしばしば近隣の村々を襲撃し、ロシアの首都モスクワで高層マンションを爆破するなどのテロを展開した。連邦軍が一九九九年に再度チェチェンに侵攻した際（第二次チェチェン紛争）、ロシアの世論は圧倒的な支持を示したが、これには市民がテロの惨禍を目の当たりにしたことが影響していた。独立派はその後もコーカサス諸地域やモスクワで学校や劇場を占拠し、子供や観客を人質に取るテロをくり返したが、しだいに弱体化した。現在のチェチェンでは親露派が政権を掌握している。

私たちは緊張や紛争が起こると、たとえば侵攻したロシアに悪を、被抑圧のチェチェン側に正義を見るというふうに二項対立の図式で考えがちだが、現実はもっと複雑で入り組んでいる。たとえば一時期コーカサス駐留のロシア軍将校だった一九世紀の作家レフ・トルストイは、中編小説『コサック』でチェチェン人の戦死体を見つめるロシア側の兵士に

「こいつも同じ人間だったんだ！」と語らせ、晩年の『ハジ・ムラート』でもミュリディズムの指導者を、車輪の下でも決して屈服しない野のアザミに喩えているが、このような現象は「ロシア対コーカサス」という二項対立の図式では説明できない。

あるいは第一次チェチェン紛争の際に、従軍させられたロシア人兵士の母親が実際に現地に赴き、子供を脱走させる社会現象が生じたこと。母たちの現地入りを支援した人々の中には、チェチェン人もロシア人もいたのである。

一九九六年公開のセルゲイ・ボドロフ監督『コーカサスの虜』は、コーカサス側の捕虜となったロシア人兵士と現地の娘の交流を描いたトルストイの同名の物語を第一次チェチェン紛争時に置き換えた映画だが、モスクワでの試写会が終わった際には泣き崩れ、立ち上がれない観客が続出したと言われる。有名な原作が主人公の脱走で終わるハッピーエンドなのに対して、映画では主人公の捕虜と心を交わしたチェチェン人親娘の村がロシア軍によって爆撃されるというラストだったからである。日本も含め、自分たちの側の悲劇を強調する反戦映画が世界的に多いなかで、みずからを加害者に位置づけた作品が感銘を呼んだことは、当時のロシア市民の良識の表れだろう。

だが第一次チェチェン紛争時のこのような雰囲気は、第二次チェチェン紛争の際には一変していた。既述のように、その直前にモスクワでテロが起き、多くの犠牲者が出ていたからである。ロシア対チェチェンの二項式に立脚して、ロシアを被害者、チェチェン独立派を加害者と見なす意見が主潮流となった。

一方、チェチェンの独立派も「ロシア対チェチェン」という二項式に立脚していた点では同様だったが、ただし誰が善で誰が悪か、被害者と加害者の立場を反転させていたのである。こうして両者は侵攻とテロの悪循環にはまり込んでいったのだが、世界各地で現在起きている民族的、宗教的等々の反目も、同様の迷路に陥りつつあるような気がしてならない。

映画『あの日の声を探して』は、このような二項対立では割り切れないディテールに満ちている。たとえばハジ少年は無垢の天使ではない。赤ん坊の弟を見捨てたのは自分が生き延びるためであり、恩人であるキャロルに贈り物をしようとして同じチェチェン人難民から貴金属を盗み、発覚した際には「どうせそのうちロシアに奪われるのに……」と「敵」であるロシアに責任を転嫁して自己を正当化する狡猾さも持ち合わせている。

一方で、ロシアの兵士たちも単なる殺人機械として描かれているわけではない。ハジの両親を射殺した兵士は、泣き叫ぶ赤ん坊を見るとおしゃぶりを加えさせ、頭をなでてやる。この映画でもっとも痛切なのは、燃え上がるグローズヌイの建物を背景にして、同僚兵士が主人公コーリャに、自分が加害者であることを知っている者の自暴自棄で「ここは天国さ！」と叫ぶ場面ではないだろうか。ロシア軍兵士たちの残虐さは紛れもないが、それは生得のものというより、むしろ残虐にならないと心身がもたないからである。

現代世界に蔓延している紛争を揚棄するべく、私たちはどうすれば良いのか。論理的には明確だ。憎悪の源である二項対立を超えること。二項を分かつ境界の向こうで、「われら」と同じように、「彼ら」もまた苦しみ傷ついていると想像すること。

だがこれは、実際には、とても難しいことなのだ。『あの日の声を探して』の観客がハジ少年とコーリャ青年の両方に人間性を見いだせるのは、この映画がチェチェンとロシアをほぼ均等に俯瞰する視座から描かれているためである。だが緊張や紛争の当事者であるとき、言い換えれば対立する二項の一方に属しているときに、はたしてひとは敵の側の苦しみを思うことができるだろうか。それはたとえばモスクワのテロで子供を失い、チェチェンを憎悪する母親に向かって、チェチェンの側にも同じように子供を失って悲嘆にくれている母親がいるのを思えと言うことである。二項対立の図式を超えていこうとすることは明らかに正しく、認識や表象においては可能でもあるけれど、紛争や緊張の当事者たちの現実においては、ときに非人間的な言動となりかねないのである。

それでもやはり認識のレベルでは本作のような視点が失われるべきではない。もし、この映画でチェチェン側が描かれなかったとすれば、ひ弱なコーリャ青年が祖国のために戦う「英雄」へと「成長」していくビルドゥングスロマンができあがるだろう。逆にコーリャたちの苦悩と屈折が削除されれば、「悪」対「正義」の物語と化してしまう。このように二項式の一方に閉塞することの危険性には、自覚的でありたいものだ。

【参考文献】

北川誠一ほか編『コーカサスを知るための六〇章』(明石書店、二〇〇六年)
トルストイ／乗松享平訳『コサック——一八五二年のコーカサス物語』(光文社、二〇一二年)
トルストイ／中村唯史訳「ハジムラート」(加賀乙彦編『ポケットマスターピース四・トルストイ』集英社文庫、二〇一六年)

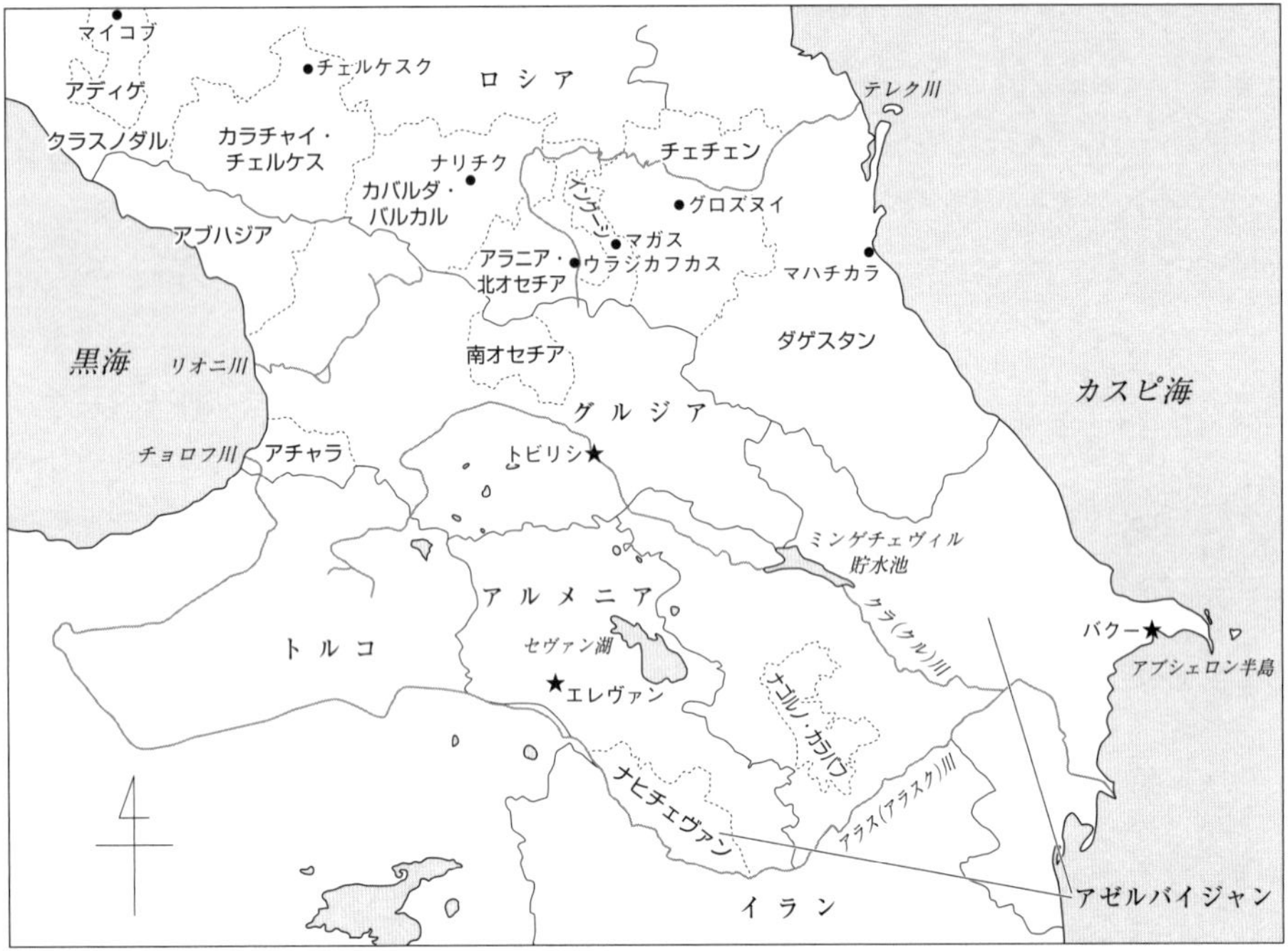

コーカサス地方とその周辺
出典：北川誠一ほか編著『コーカサスを知るための60章』（明石書店、2006年）を参照し作成

035 サンドラの週末

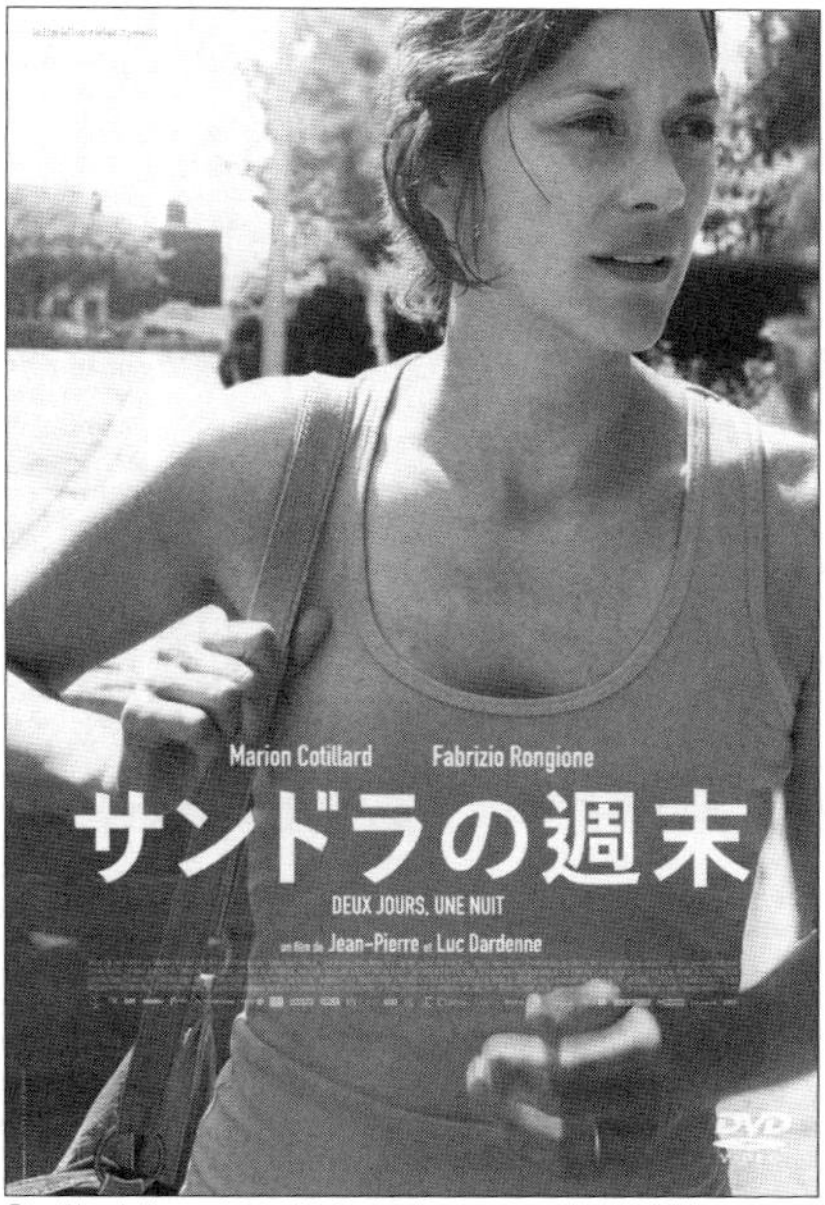

©Les Films du Fleuve -Archipel 35 -Bim Distribuzione -Eyeworks -RTBF (Télévisions, belge) -France 2 Cinéma

Deux Jours, Une Nuit／Two Days, One Night
2014年／ベルギー・フランス・イタリア／フランス語／95分
監督　ジャン＝ピエール＆リュック・ダルデンヌ
出演　マリオン・コティヤール　ファブリツィオ・ロンジォーネ
DVD
発売元：ギャガ株式会社　販売元：株式会社KADOKAWA

経済危機にあえぐヨーロッパを背景に、自らの尊厳をかけて立ち上がる女性の闘いの行方を見届ける人間ドラマ。体調不良で休職中のサンドラは、復帰間近の金曜日に突然解雇を告げられる。復職かボーナスかの投票で社員一六名の過半数の支持を得れば復職が叶うことになり、その週末、同僚の説得に奔走するが、個々に事情を抱える彼らの間にも、さまざまな波紋が広がっていく。社会的に厳しい境遇に追いやられた人たちに光を当ててきたダルデンヌ兄弟が、何度くじけそうになっても、夫や友人に励まされ、自分自身の強さに目覚める女性の移りゆく心模様を、丹念に描写。彼らのラブコールに見事応えたフランスの実力派女優マリオン・コティヤールが、アカデミー賞ノミネートのほか数々の賞に輝いた。

競争社会を超える決断

宮下　隆二

みやした・りゅうじ――さまざまな職業に従事しながら著作活動を続ける。二〇〇五年第二回「涙骨賞」受賞。主な著書に『イーハトーブと満洲国』（PHP研究所、二〇〇七年）、『三島由紀夫とアンドレ・マルロー』（PHP研究所、二〇〇八年）、『新訳西行物語』（PHP研究所、二〇〇八年）、『地球先生』（小学館、二〇一一年）、『未来は、ぼくたちの未来。』（小学館、二〇一五年）などがある。

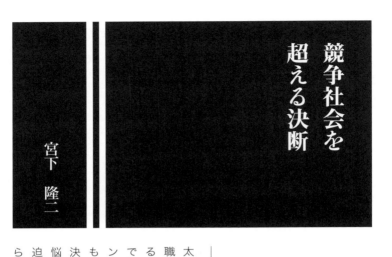

太陽光パネルを製造する小さな工場で働いていたサンドラは、病気休職からの復帰を目指している。ところが社長は、「彼女の復職を認めるなら、従業員へのボーナスは出せない。どちらを取るか全員の投票で決めろ」と言う。一回目の投票では惨敗したものの、再投票のチャンスが訪れた。サンドラはメンタル不調に苦しんでいたが、夫の勧めもあり、週末に従業員全員を訪れて、自分への投票を依頼することを決意する。訪問する側にも、される側にも、それぞれの事情があり、悩みや苦しみを抱えていた。自らの意志でなくして、理不尽な選択を迫られた彼らが、それぞれどういう行動をとるのか。静かな緊張をはらみながらドラマは進み、ついに投票日を迎える……。

この映画には派手なアクションシーンも切ない恋愛もない。サンドラという女性が週末に同僚の家を一軒ずつ回っていく、それだけの話だ。しかし限りなく心に沁みてくるのは、この映画が労働問題を通じて、人間心理の本質を深く穿っているからだ。人は誰しも自分が一番かわいい。その次には家族だ。では職場の同僚や友人はどうだろうか？　彼らも大切な存在であることは間違いないが、自分や家族に犠牲を強いてまで力になれるだろうか？

　仲間の復職を認めると、一〇〇〇ユーロのボーナスを諦めねばならない。日本円にして一〇万円余り。わずかだと思う人もいるかもしれない。しかしその金がどうしても必要な家庭もある。サンドラの訪問を受けた同僚たちの反応はさまざまだが、そこに彼らの人間性が見え隠れする。登場人物たちのおりなす心理のアヤや葛藤を、監督のダルデンヌ兄弟は見事な内面のドラマとして描写した。とくにラストシーンのサンドラの決断は見ごたえがある。

　さて、本作の舞台とされるベルギーは、一九六〇年代から七〇年代にかけて移民に寛容な政策をとり、モロッコやトルコからの移民を受け入れてきた。また近年ではイスラム系の移民が増えているが、彼らがベルギーの社会に溶け込むことはなかなか困難な状況だ。失業率もここ一〇年ほど七〜八％で推移している。日本の場合、リーマンショック翌年の二〇〇九年でも五％程度だ。社会に多様な人種層を抱えていることと、比較的高水準の失業率は、結果として人種間の格差を生むことになり、それが高じれば社会不安につながる。

　サンドラが訪問する従業員の中には、一見してアフリカ系やアラブ系と分かる者もいる。彼らは質素なアパートに住み、契約をいつ打ち切られるかと怯えながら暮らしている。そういった描写に、ベルギー社会の縮図が垣間見える。

もう一つ、経済のグローバル化の影響も見逃せない。サンドラの勤める工場の社長は、「雇用の維持とボーナスの両方は無理」だという理由を、「アジア勢の太陽光パネルと戦うため」だと説明している。近年の経済のグローバル化の進展は著しい。各国の巨大資本はこぞって、労働コストの安い国に生産拠点を集約し、コストダウンをはかっている。それに対抗することは、作中のような小さな町工場には容易ではない。

この事情は日本でも同じだ。中小企業だけでなく、一昔前なら考えられなかったような有名企業が次々と経営危機に陥っている。企業が単なる営利的存在にとどまらず、社会的存在でもあるなら、人材を育成し雇用の機会を提供することはその重要な役割の一つであるはずだが、日本でも失業率こそ改善の兆しがみられるが（二〇一六年一月時点）、ハンディを負った人間の就業は決して容易ではない。

なお、多少法律に詳しい人ならば、解雇かボーナスかを従業員の投票で決めるという設定に、違和感を覚えるだろう。日本では、『労働契約法』において、「解雇は、客観的で合理的な理由を欠き、社会通念上相当であると認められない場合は……無効」（第一六条）と定めている。会社の経営が苦しいからというのは、「客観的で合理的な理由」に該当しないのは言うまでもない。また『労働基準法』は、従業員一〇人以上を常時雇用する会社に就業規則の作成を義務付けており（第八九条）、一般に解雇（退職）のルールは就業規則で定められている。社長の恣意的な運用が許されるわけではない。これはあくまで映画的な設定であろう。

しかし、病気休職からの復帰途上にさまざまな問題が生じることは、日本でも珍しいことではない。とくにそれがメンタルヘルス不調の場合はなおさらだ。休職・復職のルールも就業規則で定められ、復職には医師の診断書が求められるのが一般的だが、それがスムーズに運ぶとは限らない。これはメンタルヘルス不調が他の疾病に比べて完治の見極めが難しく再発の可能性もあるからだ。そのため、まさに映画のように「病み上がりは使えない」と、退職を前提として話を進められることもあり、それに抵抗するのは容易ではない。

企業が営利目的で活動すること自体は悪ではないが、労働者の価値がすべて数字に換算され評価されるようになった時、弱者の排斥が正当化されるのは事実だ。さまざまなハンディを持つ人間にハラスメントを行い、退職に追い込むような行為まで正当化されてしまう。その意味では、この映画はリアルそのものであり、日本、いや世界中で起こっている問題を象徴的に描いたものと言えるだろう。

この作品では、主人公のサンドラのキャラクターが大きな見どころになっている。もっともそれは、彼女が強い人間だという意味ではない。むしろその真逆の心の痛みを抱えた弱い人間である。そのどうしようもない弱い人間が、必死になって自分と向き合い、勇気を振り絞って前進していこうとする、その真摯さに人は心を打たれるのだ。

サンドラを支える夫のマニュの役割も見逃せない。思い通りにいかないことがあるたびに、後ろ向きになってすべてを投げ出そうとするサンドラを、時には受け止め時には励ましながら、ともに困難に立ち向かっていく。もっとも夫はあくまでサポート役に過ぎず、リングで闘うのはサンドラだ。この夫婦関係は文化の違いを思わせて興味深い。これがもし日本なら、「オレが働くからお前は休んでろよ」と夫が言うかもしれない。それが男の甲斐性であり頼りがいだという認識も、いまだに根強いだろう。しかしそれでは、妻が夫に依存し従属するだけで、本質的解決にはならない。悩みながら問題に立ち向かう妻を支え、ゴールまで伴走するというのが、お互いに自立した夫婦関係なのだ。

スクリーンに登場した時の彼女は、自分は価値のない人間だと思い込み、安定剤を飲まないと人前に出ることさえできない状態だった。同僚たちを訪問することにも消極的だった。自分の復職のためにボーナスを諦めるよう頼むことに、罪悪感を覚えていた。ところが訪問を続ける中で、そんな彼女に少しずつ支持者が現れる。冷たく断る人がいる一方で、家族の反対や主任の圧力に抗してまで投票を約束した人もいた。それがサンドラを自分の価値に目覚めさせた。自分が周りから認められ支えられているという自覚が、人生に立ち向かう勇気を与えたのだ。

現代は弱肉強食の競争社会だ。とくにビジネスの世界では、すべてが数字で判断される。作中の社長もそういう考えだ。しかしそれは、弱い者が生き残るために、さらに弱い者を切り捨てる、という負のスパイラルにつながる。どうすればいいのか、という問いかけが、映画の重要なテーマになっている。この現代社会に対する深く切実な問いかけに対し、明確な答えを提示することは難しい。

しかしラストシーンのサンドラの決断は、少なくともその重要な示唆を与えているように思える。すなわち、閉塞状況の中で何かを変えようとすれば、誰かが勇気を奮い起こし、この現実に対して「ノー」を突き付けるしかない、ということだ。一人の「ノー」によって、すぐに現実が変わるわけではない。しかし少なくとも、その勇気を持つことでサンドラは生まれ変わり、人生の次のステップへと歩み出した。すなわち、どのような社会的矛盾があろうとも、個人が目覚め、発奮し、生きる勇気と希望を取り戻すことによって、人生を切り拓いていく余地はあるのである。

■インド映画を楽しむ④■

DDLJ　勇者は花嫁を奪う

三尾　稔（国立民族学博物館准教授）

©Yash Raj Films Pvt. Ltd.

DILWALE DULHANIA LE JAYENGE
1995年／ヒンディー語・英語／189分
監督　アディティヤ・チョープラ
出演　シャー・ルク・カーン　カージョル

インド系イギリス移民を主人公にヨーロッパとインドで繰り広げられる青春恋愛ドラマ。ヨーロッパ卒業旅行中にヒロイン、シムランと恋に落ちたラージ。しかし、シムランには生後直後に父が決めた許婚がいた。許婚との結婚のため里帰りしたシムランをラージは追い掛け、一世一代の勝負に出る。コメディータッチの筋の中に、伝統的な家族の価値と個人の感情との葛藤という古くて新しい問題を投げかけてくるこの作品は一九九五年の上映開始直後から本国だけでなくインド移民の間でも空前の大ヒットとなり、ロングランの世界的記録まで作っている。日本では一九九九年に『シャー・ルク・カーンのDDLJ　ラブゲット大作戦』という邦題名で公開されている。

この映画は印象的なシーンが他作品で模倣されただけでなく、欧米への移民を主人公とし、海外ロケが物語に組み込まれるという点でも以後のインド映画の先駆けとなった。その背景には、インド自体のグローバル化やインド系移民の海外における地位の上昇がある。

インドは一九九一年の経済構造改革以降目ざましい経済発展期を迎える。映画公開の一九九五年は経済成長が軌道に乗り、明るい未来が見えてきた時期にあたる。その経済発展を支える一翼を担ってきたのが海外移民からの送金であった。

ラージやシムランの暮らすイギリスを例にその動向を見てみよう。イギリスはインドを支配していた時代には移民の流入を厳しく制限していた。しかし一九五〇年代以降戦後復興が本格化すると、その支え手としてインドをはじめ南アジア諸国から移民を多数迎え入れるようになる。非熟練労働者の移民はその後再び制限されるが、家族の呼び寄せは認められたため、移民人口は増え続けた。ホワイトカラー層の移民も徐々に増加している。もとからの移民も勤勉に働き貯蓄に努め、自前の店や小工場を経営するようになってゆく。その多くが本国の親族に送金したり、インド企業に投資したりするようになったのである。

欧米などのインド系移民の総資産は今や一兆ドルを超えると推計され、その送金や投資は本国の経済発展に不可欠の要素となっている。彼らの海外での活躍は本国の人びとのあこがれでもある。娯楽映画が移民を対象に含むようになったのも当然と言えるだろう。

経済発展やグローバル化は、本国でも移民の暮らしにおいても豊かさをもたらす一方、欧米的な価値観とインドの伝統との葛藤を身近な生活の場面で引き起こす。それは親子の世代間の葛藤とも重なり、家族や結婚のあり方をめぐって時に深刻なかたちで現れる。

インドでは、縁組は個人が決めるのではなく、家どうしが地位の向上を求めて行うものであり、家父長制のもとで父親が決めるものとされてきた。出生後すぐ縁組が決められ、婿も嫁も相手の顔すら知らずに育ち、婚礼のときに初めて出会うという例も稀ではなかった。現在では子供が成長してから縁組を決め、互いに知り合ってから結婚というパターンが増えている。それでも、子供たちは人生経験が浅いので一生の伴侶を決めるのは親の判断に任せるべきだという意見が、現代の都市中間層の人びとの間でも根強く聞かれる。

結婚後も夫や父の優位性は折にふれて強調される。妻は常に夫（父）の意向に沿い、夫（父）の成功を支えるべきという考え方が日頃の言動や儀式で繰り返し現れるのである。その価値観が象徴的に示されるのが、映画でも重要な場面となるカルワー・チョウトの行事だ。これは秋の満月の頃に妻が夫の幸運を願って丸一日断食をし、夜になって夫が妻にその日最初の食事を与えるという行事で、インドの北西部を中心に行われている。妻の犠牲的献身の尊さが儀式で表されるのである。

映画の主人公たちは親が決めた見知らぬ相手との結婚には疑念を抱く一方、親の意向にはできるだけ沿いたいと考える。親たちも自分の苦労を子供には味わわせず、幸せな人生を送ってほしいと願っている。それでも起こる親と子の思いのずれ。映画はさまざまな立場の思いを織り込みながら、その葛藤を丹念に描きだす。そして若い世代の選択を親が認めるという大団円を迎える。ストーリーの途中では若い海外移民が「インドの誇り」を口にし、女性の純潔や男女関係の伝統的な関係を尊重するという言動を取る。この映画が九〇年代以降の内外のインドの人びとに熱く支持されたのは、このように新旧の価値観を調和させインドの伝統を誇らかに描いた点にあると言えるだろう。

協力（順不同）

ワーナー・ブラザース・ホームエンターテイメント／ビターズ・エンド／株式会社 ポニーキャニオン／株式会社 新日本映画社／ Small Talk Inc, ／一般社団法人コミュニティシネマセンター／ムヴィオラ／（株）東和プロモーション／ギャガ株式会社／
熱帯美術館／アクション／マコトヤ／関西東映ビデオ販売株式会社／ NBC ユニバーサル・エンターテイメントジャパン／ロングライド／株式会社 KADOKAWA ／株式会社エスピーオー／株式会社クロックワークス／株式会社ファントム・フィルム／（株）アミューズ／
20世紀 フォックス ホーム エンターテイメント ジャパン（株）／株式会社クレストインターナショナル／バンダイビジュアル（株）／日活株式会社／東京テアトル株式会社／株式会社紀伊國屋書店

アジアフォーカス・福岡国際映画祭／東京国際映画祭／福岡市総合図書館

原子映象有限公司／ The Match Factory GmbH ／ MIJ FILM ／ ELLE DRIVER ／ ALPHA VIOLET（World Sales）／ Holy basil productions Pvt. Ltd. ／ Percept Picture Company ／ Four Frames Pictures ／ Triplecom Media Pvt.Ltd. ／ Yash Raj Films Pvt.Ltd.

宝来興行株式会社（淡路東宝劇場）、フィールド

【編者略歴】

小長谷有紀（こながや・ゆき）

人間文化研究機構理事、国立民族学博物館併任教授。専門はモンゴル、中央アジアの遊牧社会に関する文化人類学。主な著書に『モンゴルの二十世紀――社会主義を生きた人々の証言』（中央公論新社、2004年）、『人類学者は草原に育つ――変貌するモンゴルとともに』（臨川書店、2014年）などがある。

鈴木　紀（すずき・もとい）

国立民族学博物館民族文化研究部・准教授。専門は開発人類学・ラテンアメリカ文化論。主な著書に『国際開発と協働――NGOの役割とジェンダーの視点』（共編、明石書店、2013年）などがある。

旦　匡子（だん・きょうこ）

「チャンネルアジア」代表。韓国、台湾、インド、イラン、アフガニスタンなど広くアジア映画に精通し、その配給や宣伝に従事する。

【映画解説】

服部香穂里（はっとり・かおり）

映画にまつわる執筆活動に従事。『森田芳光組』（キネマ旬報社、2003年）、『知っておきたい21世紀の映画監督100』（キネマ旬報社、2010年）などに参加。

ワールドシネマ・スタディーズ

——世界の「いま」を映画から考えよう

2016年11月15日　初版発行

編　者　小長谷有紀・鈴木　紀・旦　匡子
発行者　池嶋洋次
発行所　勉誠出版 株式会社
〒101-0051　東京都千代田区神田神保町3-10-2
TEL：(03) 5215-9021(代)　FAX：(03) 5215-9025
〈出版詳細情報〉http://bensei.jp

印刷・製本　太平印刷社
装　　丁　黒田陽子（志岐デザイン事務所）

ISBN978-4-585-27030-0　C0074

現代中国のジェンダー・ポリティクス
格差・性売買・「慰安婦」

小浜正子・秋山洋子 編

現代中国のジェンダー構造は、伝統中国や社会主義中国から如何に変化し、経済格差はどのように性別と関連し、消費社会はセクシャリティのあり方にどのような変化をもたらしたのか。中国のジェンダー研究の第一線で活躍する研究者による最新成果を紹介する。

A5判並製・256頁
本体2400円＋税

世界の出産
儀礼から先端医療まで

松岡悦子・小浜正子 編

日本、中国、インドネシアなどアジアや欧米など諸国の出産事情を、文化人類学や民俗学、社会学、歴史学、看護学などの幅広い視点から報告。医療現場従事者の実体験とフィールドワークに基づく最新の知見をふまえつつ、出産を根源から見つめなおす。

A5判並製・336頁
本体3200円＋税

出産の民俗学・文化人類学

安井眞奈美 編

医療の近代化を経て、複雑な様相を示すようになってきた現代の出産。子どもを産み育てるという、人間が長らく続けてきた行為は、この先、どのような方向へと進んでいくのだろうか。フィールドワークの成果に基づき、現代日本の出産を相対化する。

A5判上製・368頁
本体3500円＋税

アジアの出産と家族計画
「産む・産まない・産めない」身体をめぐる政治

小浜正子・松岡悦子 編

人が子供を産み育てて世代をつなぐ営みは、古来から繰り返されてきた。しかしそのあり方は、地域によって時代によって大きく異なっている。アジア各国・各地域の二〇世紀後半から現在までのリプロダクション―生殖の変化を跡づけ、比較の視野のもとに、その意味を多元的に考察する。

A5判上製・288頁
本体3200円＋税

梅棹忠夫の「人類の未来」
暗黒のかなたの光明

梅棹忠夫 著／小長谷有紀 編

未来を考えるという知的興奮！一九七〇年頃、梅棹忠夫が構想し、ついに完成させられなかった書物がある。そこには、文明学者・梅棹が想定する〈人類の未来〉が描かれるはずであった。残された当時の資料、対談記録を現代の目で読みとき、幻の著作の全貌に迫る。

A5判並製・200頁
本体1800円＋税

ひらめきをのがさない！
梅棹忠夫、世界のあるきかた

梅棹忠夫 著
小長谷有紀・佐藤吉文 編

「あるきながら、かんがえる」という梅棹忠夫の思想のプロセスを追体験しながら、その極意をつかむ。稀代の探求者の考えかたを視覚的・具体的に明らかにする、実践例題集。世界に対してあくなき好奇心を発揮し、今なおひろく実効性と応用性をもつ梅棹忠夫の頭脳をのぞき見る。

A5判並製・176頁
本体2200円＋税

食の多様性

佐藤洋一郎 著

私たちは、食べ物でできている。いま、安さの追求と大量生産の結果、その多様性が危機に瀕している。食材はもとより、調理法、生産地、季節感などなど、その多彩な世界は護られなければならない。私たちの安全と健康、そして地球の生態系のために、食べ続け、考え続けよう。

四六判並製・224頁
本体1800円＋税

アジアの人びとの自然観をたどる

木部暢子・小松和彦・佐藤洋一郎 編

自然認識と思想・言語表現の多様性と普遍性――森林・河川・沿岸域など、共有資源（コモンズ）をめぐる社会経済史とガバナンス。民俗学、言語学、環境学の視座から、自然と文化の重層的関係を解明する。

四六判上製・352頁
本体3800円＋税